大学生
积极心理品质发展指导

主 审：盖笑松　王海英
主 编：程　明　赵　娜
副主编：李欣屿　陈　阳
参编：（按姓氏笔画排序）
　　　马婕姝　王大伟　王可心　王海涛　王晨爽
　　　王翼飞　吕雨函　吕珈锐　刘　通　李厚仪
　　　杨子怡　吴宛桥　张　翀　张　硕　张春雨
　　　周小琳　赵　灼　宫依菲　徐　萌　高书雅
　　　梁丰麟

北京理工大学出版社
BEIJING INSTITUTE OF TECHNOLOGY PRESS

内容简介

本书基于积极心理学和发展心理学理论，经过多年理论与实践研究，同时参考大量相关文献资料、借鉴有关专家科研成果和一线教师教学成果编写而成。内容包括生活适应、人际关系、学业成长、生涯规划、心理自塑5个模块，共有17个项目，即心理认同感、压力管理、心理韧性、同伴关系、恋爱心理、家庭关系、学习动机、学习策略、信息素养、职业价值观、生涯规划、目标构建、自控力、品格优势、积极情绪、积极认知、积极自我，每个项目分为心路故事会、心海导航塔、心理自测台、心灵工作站4个栏目。其鲜明特色在于采用理实一体化设计，高度契合教育实践，同时注重知识呈现方式的优化。

本书既适合职业院校心理教师课堂教学使用，也适合职业院校学生将其作为自助类图书阅读。

版权专有　侵权必究

图书在版编目（CIP）数据

大学生积极心理品质发展指导 / 程明，赵娜主编 .
北京：北京理工大学出版社，2024.12.
ISBN 978-7-5763-4610-7

Ⅰ．G444

中国国家版本馆 CIP 数据核字第 20242JR962 号

责任编辑：徐艳君		**文案编辑**：徐艳君	
责任校对：周瑞红		**责任印制**：李志强	

出版发行 / 北京理工大学出版社有限责任公司
社　　址 / 北京市丰台区四合庄路6号
邮　　编 / 100070
电　　话 /（010）68914026（教材售后服务热线）
　　　　　（010）63726648（课件资源服务热线）
网　　址 / http://www.bitpress.com.cn
版 印 次 / 2024年12月第1版第1次印刷
印　　刷 / 涿州市京南印刷厂
开　　本 / 787 mm×1092 mm　1/16
印　　张 / 19.25
字　　数 / 354 千字
定　　价 / 89.00元

图书出现印装质量问题，请拨打售后服务热线，负责调换

前　言

2019年，国务院印发《国家职业教育改革实施方案》，明确指出：职业教育与普通教育是两种不同教育类型，具有同等重要地位。随着我国职业教育进入快速发展的新阶段，作为高素质技术技能人才培养的高等职业院校，迎来了前所未有的发展机遇，但也面临巨大挑战。指导大学生发展积极心理品质，提高技术技能人才心理健康水平，以适应新质生产力发展要求，是当前和未来很长一个时期高等职业院校要面临的重要任务。基于这样的时代背景和现实需求，我们编写了这本适用于高等职业院校大学生心理健康教育的教材。

本教材基于积极心理学和发展心理学理论，经过多年理论与实践研究，同时参考大量相关文献资料、借鉴有关专家科研成果和一线教师教学成果编写而成。内容包括生活适应、人际关系、学业成长、生涯规划、心理自塑5个模块，共有17个项目，即心理认同感、压力管理、心理韧性、同伴关系、恋爱心理、家庭关系、学习动机、学习策略、信息素养、职业价值观、生涯规划、目标构建、自控力、品格优势、积极情绪、积极认知、积极自我，每个项目分为心路故事会、心海导航塔、心理自测台、心灵工作站4个栏目。

与同类教材相比，本教材的主要特点是：第一，突出理实一体设计。每个项目都为学生精心安排了典型案例以及必要的理论分析，设计了形式多样的心理自测和实践作业。第二，力求贴近教育实际。教材中的人和事皆来自一线教师工作实际，让学生有更深的代入感，同时内容安排环环相扣、层层递进。第三，重视知识呈现形式。努力打造一本既通俗易懂又高效实用的心理健康教材，而不是抽象的心理健康知识堆砌或文献综述。第四，适合学生自助使用。既适合职业院校心理教师课堂教学使用，也适合职业院校学生将其作为自助类图书阅读。

由于编者水平和能力有限，本教材不可避免地还存在着一些不足甚至错漏之处，恳请心理健康教育同人和广大读者在使用中提出宝贵意见，为下一步修订做准备。

在教材编写过程中，东北师范大学心理学院盖笑松教授在教材结构、内容选定等方面给予了深入指导，在此表示衷心感谢！

编　者
2024年6月

目 录

模块一　生活适应 / 1

项目一　适应新生活——心理认同感 / 3
项目二　与压力和解——压力管理 / 16
项目三　在逆境中反弹——心理韧性 / 32

模块二　人际关系 / 47

项目四　靠近你温暖我——同伴关系 / 49
项目五　学会在爱中成长——恋爱心理 / 72
项目六　筑心灵港湾——家庭关系 / 91

模块三　学业成长 / 109

项目七　我进步我快乐——学习动机 / 111
项目八　学会学习之法——学习策略 / 126
项目九　利用网络之源——信息素养 / 137

模块四　生涯规划 / 151

项目十　择己所爱，成就未来——职业价值观 / 153
项目十一　开启人生航程——生涯规划 / 169
项目十二　带着希望启航——目标构建 / 186

模块五　心理自塑 / 209

项目十三　做行动的主人——自控力 / 211
项目十四　让品格之花绽放——品格优势 / 223
项目十五　打开快乐之门——积极情绪 / 250
项目十六　建构积极的生活观——积极认知 / 265
项目十七　发现更好的自己——积极自我 / 284

参考文献 / 299

模块一　生活适应

项目一
适应新生活——心理认同感

> **心路故事会**

1　我的新烦恼

　　我是一名大一新生，第一次离开家乡去新的城市生活，我感到好奇、兴奋、期待和紧张。军训，是新生入学的第一课，每天都要早起，要顶着烈日训练，虽然很辛苦，但我坚持了下来。军训结束后，我本以为可以轻松些，可以开启丰富多彩的大学生活了，但事与愿违。我来自江南小镇，很不适应北方的气候，时常感到身体不舒服，甚至有点轻微感冒。除了气候，饮食也是我需要适应的一大难题。我习惯吃米饭，口味清淡，但北方主要是以面食为主，饮食比较重口味，我特别怀念家里饭菜的味道，所以对食堂有抵触情绪，体重也减轻了不少。对我来说，最困难的是人际关系的不适应，由于我一直被父母照顾得很好，第一次尝试集体生活的我比较羞涩，不知道怎么和室友交流，时间长了他们说话，我总是插不上嘴，想主动和大家聊天却找不到合适的话题。一开始室友出去玩儿还问我要不要一起，我拒绝了几次后他们就不问了。而我也一直没有结交到新朋友，我感到很孤独，很寂寞。后来我听了一场心理讲座，我向心理老师寻求帮助。经过心理老师的耐心倾听以及专业指导，我走出了不适期，慢慢地融入了大学生活。

　　我发现，适当的运动可以让我更好地适应气候的变化，于是我每天坚持去健身房锻炼。我也开始尝试接受新的食物，并慢慢发现其中的美味，我会去食堂尝试不同的菜肴，也会和同学们一起探索周边的美食，我逐渐喜欢上了这里的饮食。我积极主动地与同学们交流，参加各种校园活动，加入了学校的篮球队，和队友们一起训练、比赛。这些活动让我结识了很多新朋友，也让我逐渐融入了新的社交圈子。

讨论：

1. 你的大学生活存在或曾经有过适应不良的情况吗？
2. 你是如何更好地适应大学生活的？你有哪些技巧或方法？
3. 在适应大学生活的过程中，你身边有哪些可以利用的资源？

心路故事会

2 从不满到热爱

我来自一个普通的农村家庭，虽然家庭经济并不富裕，但父母总是尽他们所能，为我创造更好的学习条件。然而，由于高考发挥失常，我因几分之差与心仪的学校失之交臂，这也成了我心中的一大遗憾。父母帮我选择了现在所读的大学和专业。随着我在学校的时间越来越长，对自己的专业有了深入了解，我发现自己并不喜欢所学专业。我觉得大学的专业课程枯燥无味，甚至还没有高中时的课程有趣。每次上课，我都像是在听天书一般，无法理解那些抽象的概念和理论，我试图去理解和吸收，但总是感觉力不从心，这种学习状态让我倍感压力。我深知自己不能一直这样下去，我应该努力改变现状。

我开始尝试从不同的角度去了解自己的专业。我主动与老师和同学交流，寻求他们的帮助和建议。我参加了一些与专业相关的课外活动，通过实践加深对理论知识的理解。我利用课余时间阅读一些与专业相关的书籍和文章，拓宽自己的视野和知识面。渐渐地，我发现自己对所学专业的认识发生了改变。我开始能够理解那些曾经觉得深奥难懂的理论知识，甚至开始对其中的一些领域产生浓厚的兴趣。我意识到，这个专业拥有独特的魅力和价值。

现在，我已经逐渐找到了学习的乐趣和动力，也进行了职业生涯规划。其实，很多事情不是因为喜欢才做得好，而是因为做得好才喜欢。未来我仍然会面临很多困难和挑战，但我相信，只要我保持积极的心态，不轻言放弃，最终一定会实现自己的价值。

讨论：

1. 你现在的专业是如何选择的？是自己喜欢的还是父母决定的？
2. 你曾经有过由于专业认同不强而产生的情绪问题吗？你是怎样应对的？
3. 影响大学生专业认同度的因素有哪些？如何提高专业认同度？

> 心海导航塔

一、大学新生适应能力

（一）自理能力

大学生的自理能力主要指的是大学生在日常生活和学习中，独立处理事务、照顾自己、管理时间以及应对各种挑战的能力。

1. 生活自理

大学生需要学会独立处理生活中的各种问题，如洗衣、整理宿舍、购买生活用品等。这些看似简单的日常事务，实际上是锻炼自理能力的重要途径。

2. 学习自理

学习是大学生活的核心任务。学会制订学习计划、合理安排时间、主动寻找学习资源并解决问题，是大学生必须具备的学习自理能力。

3. 财务自理

大学生需要管理自己的财务，包括制定预算、控制开支、学会储蓄等。这有助于培养大学生的责任感和理财能力。

4. 情感自理

面对生活中的压力和挑战，大学生需要学会调整自己的情绪，保持积极的心态。同时，也要学会与他人建立良好的人际关系，寻求支持和帮助。

5. 健康自理

保持良好的生活习惯和锻炼习惯，对大学生的身心健康至关重要。学会关注自己的身体状况，合理安排作息时间，有助于提高大学生的生活质量和学习效率。

（二）自主能力

大学生的自主能力是指大学生在学习、生活以及个人发展中能够独立自主地进行决策、行动并承担相应责任的能力。这种能力对于大学生的成长至关重要，它不仅能够促进大学生的全面发展，还有助于他们更好地适应未来社会的挑战。

1. 学习自主

学习是大学生活的核心，自主学习能力是衡量大学生自主能力的重要标准，这包括制订个人学习计划、选择适合自己的学习方法和资源、主动寻求知识和解决问题等。大学生应该能够独立思考，不依赖他人，主动拓展自己的知识领域和技能。

2. 决策自主

在面对生活中的各种选择时，大学生应具备自主决策的能力。大学生需要权衡利弊，考虑长远影响，并基于自己的价值观和目标作出决策；同时，也要学会承担决策带来的后果，从中吸取经验教训。

3. 生活自主

大学生需要独立处理日常生活中的各种事务，如安排作息时间、管理个人财务、维护人际关系等。他们应该具备独立生活的能力，能够照顾好自己，并在必要时寻求帮助和支持。

4. 职业规划自主

大学生应该对自己的未来职业发展有清晰的规划，并能够自主地进行职业探索和准备。大学生需要了解自己的兴趣、优势和目标，积极寻找实习和就业机会，不断提升自己的职业素养和能力。

（三）自控能力

大学生的自控能力是指大学生能够有效地管理和调节自身行为、情绪以及冲动的能力，以实现个人目标和适应各种环境。

1. 情绪管理

大学生面临着学业压力、人际关系、未来规划等多重挑战，因此情绪管理至关重要。自控能力强的大学生能够有效地应对焦虑、压力等负面情绪，保持冷静和理性，从而更好地处理问题。

2. 行为约束

自控能力帮助大学生抵制诱惑、克服拖延，并坚持执行自己的计划和目标。他们能够理解并接受行为的后果，从而作出对自己有益的选择。

3. 注意力控制

在信息时代，大学生面临着大量的信息和诱惑，自控能力强的学生能够集中注意力，抵制分心的因素，高效地完成学业任务。

4. 时间管理

有效的时间管理是自控能力的重要体现。大学生需要合理规划时间，平衡学习、娱乐和休息，以确保各项任务的顺利完成。

5. 自我激励

自控能力还包括自我激励和坚持不懈的精神。在面对困难和挑战时，大学生能够自我激励，保持积极的心态，并持续努力直到达到目标。

（四）规划能力

大学生的规划能力是指大学生能够有效地设定目标、制订计划，并付诸行动以实现这些目标的能力。

1. 目标设定

大学生首先需要清晰地设定自己的短期和长期目标。这些目标可以是学业上的，如获得高分、参与研究项目；也可以是个人发展上的，如提升技能、参与社会实践等。明确的目标有助于大学生保持方向感和动力。

2. 计划制订

设定目标后，大学生需要制订具体的行动计划。这包括确定任务的具体内容、时间表和优先级。一个有效的计划应该具备可操作性、可衡量性和灵活性，以适应不断变化的情况。

3. 时间管理

规划能力的一个重要体现是有效的时间管理。大学生需要合理安排学习、娱乐和休息的时间，确保各项任务得到及时完成。通过制定时间表、设置提醒和优先处理重要任务，大学生可以更好地掌控自己的时间。

4. 资源利用

在规划过程中，大学生要善于利用各种资源，如图书馆、网络、导师和同学等。通过寻找和整合这些资源，大学生可以更加高效地实现自己的目标。

二、专业认同

"认同"一词最早源于拉丁语中，表示"相同、同一"之意的词根"idem"。在心理学领域，认同被认为是一种情感、态度乃至认识的移入过程，旨在达到心理的完整和统一的状态。由此可见，认同既是一个过程，也是一种状态。

自我认同是指能够理智地看待并且接受自己以及外界，能够精力充沛，热爱生活，不会沉浸在悲叹、抱怨或悔恨之中，而且奋发向上，积极而独立，有明确的人生目标，并且在追求和逐渐接近目标的过程中会体验到自我价值以及社会的承认与赞许。自我认同既能够从这种认同感中巩固自信与自尊，同时又不会一味地屈从于社会与他人的舆论，是对自己所思所作的一种认可感。自我认同包含自我了解和自我实现两部分。

专业认同是指学生对自己所学专业的接受与认可，表现为对专业学习的积极投入，进而实现自我同一性。专业认同有助于大学生提高学习动力，进行自我定位和专业学习规划，以获得学业成就感，是影响未来职业选择的因素之一。学生缺乏专业认同感，在学习中可能会出现消极和懈怠情况，不利于专业学习和自我提升，更不利于所学专业的发展，因而加强专业认同对大学生具有重要意义。现从心理认同的认知、情感、价值和行为四个方面，探讨加强专业认同的多种方法。

（一）认知认同

认知认同是对专业的客观全面的肯定性认识。认同是从认知阶段开始的，产生认同感首先需要对事物有客观性的认识，进而形成明确的认知，这是一个循序渐进的过程。大学生对所学专业的课程内容、就业前景和培养方案等都需要进行全面的了解，了解程度由浅入深，对专业形成整体的认识。尤其是大一学生，因为对专业的不完全了解难以建立与专业的联系，不利于对专业学习的规划。其次，通过在该专业取得成就的优秀学生的经验，明确专业的可发展性，形成对所学专业的肯定性认识。大学生要认识到专业认同对自身成长具有重要意义，对专业形成客观而全面的认知和认同。

（二）情感认同

在专业范围内关联积极心理资本，在对专业全面的认识基础之上，便要继续加强情感联系。弗洛伊德曾提出："认同是与某一对象情绪联系的形式。"积极的情绪联结是促进专业学习的内驱力，有助于专业的进一步认可。大学生对专业的情感认同缺失，在面对他人和社会的评判时，可能对所学专业产生怀疑和不自信，造成专业学习的消极情绪。加强对专业的情感认同，可以利用积极的心理状态即积极心理资本。心理资本包括四项积极的心理特征：自信、希望、乐观、韧性。这就需要学生对专业持有肯定态度，加强学习信心，在情感上主动"亲近"并坚持所学专业，面临学习时的挫折与困难时，保持乐观情绪，应用心理资本加强对专业的情感认同。

（三）价值认同

明晰专业价值并能嵌入个人价值，这里的价值认同是指大学生在专业学习活动中对专业价值的内在认可或共识，通过这些认可或共识，形成自身的价值定位和定向，由此确定自己的理想与职业追求。每个专业都具有自身的价值与意义，在专业学习中，大学生要进行价值判断和价值选择，在一定价值观的基础上塑造自身、不断发展，促进个人价值的实现。同时在这个过程中，大学生还需要坚持正确的价值观的领导，避免功利化的观念对专业价值的贬低。

（四）行为认同

从模仿师长到自主践行专业要求，空有认知、情感和价值上的认同不是真正的专业认同，最重要的是实践的过程，就是对专业的行为认同。行为认同需要在价值认同的引导下，自主进行学习行为投入。行为认同的方式可以分为两种：模仿与内化。模仿是参照并践行专业学习的榜样和教师提倡的学习方式。内化是指将外在的观念、行为规范、价值观等转化为个体内在的心理品质的过程。自主践行是在内化的基础上，积极主动地进行专业学习，相比模仿，更强调学习者对学习过程的控制，两者是专业认同的外在体现。在认知情感和价值的多重影响下，进行专业的行为投入，能在更大程度上提升专业认同感。

大学是学生进行专业学习的主要也是重要阶段，加强专业认同对大学生具有现实意义，对大学生个人发展和专业发展也有重大影响。专业认同在心理认同角度上是循序渐进的动态过程，从全面认知到情感联系再到价值联结，最后到行为投入，每个方面都不可缺失。我们需要加强专业认同，内化于心，外化于行，基于模仿与自主践行来实现行为认同。

总之，大学生在学习中需要加强专业认同，使之符合心理认同的普遍规律。首先是认知认同，对专业形成客观全面的肯定性认识；其次是情感认同，在专业范围内关联积极心理资本；再次是价值认同，明晰专业价值并嵌入个人价值；最后是行为认同，从模仿师长到自主践行专业要求。

三、关系认同

心理学家马斯洛提出，"归属与爱的需要"是人的重要心理需要，培养大学生的学校归属感，就是要激发其作为群体成员的集体认同感。要让大学生健康成长、认真学习、成就自我价值，就要让大学生建立良好的归属感，培养他们具有主人翁精神，积极参与到学校的建设中，从而让他们意识到自己在集体中的地位，进而在心理上得到满足。

"学校归属感"是大学生对自己所处的班级，在认同程度、思想定位、感情投入等方面的共同的心理感受。它对于大学生的心理健康成长、学习自信心的建立，尤其在人际交往能力的提高等方面都会起到有力的促进作用。学校归属感的增加，有助于减少甚至消除大学生的疏离感，能够积极地影响大学生的自信、自尊、自我控制以及责任感。

相关研究表明，学校归属感越强，专业认同水平就越高。归属感是个体的基本需要之一，也属于个体社交层次的需要。当个体在自身所属的组织或团体中感受到被接纳和支持时，个体就会与组织或团体中的成员形成良好的人际关系。因此高学校归属感的大学生往往能在学校里建立很好的情感连接，和老师、同学等学校集体中的成员关系和谐友好，也就有了更多积极的情绪体验，能够更好地适应大学生活，有更加清晰的自我认知和努力方向，在专业学习生活中也愿意投入更多的精力。专业认同也就在这个过程中逐步建立起来了。

社会认同主要来自群体成员的身份或资格，人们努力追求或保持一种积极的社会认同，以此来增强他们的自尊。如果没有获得满意的社会认同，人们就会试图离开他们所属的群体或想办法实现积极的区分。

塔菲尔将"社会认同"定义为："个体的一些知识，这些知识是关于他从属于某一社会群体，以及对作为社会成员的他而言具有显著感情和价值的东西。"正是通过这一过程，个体附属并投身于他们所属的特定社会群体之中。

社会认同理论认为，社会认同是通过类化、认同、比较建立的。

①社会分类是一个随着分类环境而变化的过程。人们在特定的处境中会将自己归入某个社会类别，自动区分内群体和外群体。

②社会比较是指个体将自己的观点、能力、财产等与他人进行比较的过程。因此，人们进行社会比较的目的大部分是自我提升，而对群体内成员的提升可以通过对群体内外成员进行比较而获得。社会比较过程是在群体层次上进行的，群体的资格获得评价，社会认同随之得到定形和稳定化。

③积极区分是社会认同理论中的一个重要概念。它指的是个体为了获得积极的社会认同，会倾向于在自己所属的群体和其他群体之间作出区分，并且强调自己群体的优势和独特性。这种区分的目的是提升个体的自尊和自我概念。例如，在体育赛事中，某个球队的球迷会强调自己支持球队的优势，如球队球员的高超技术、辉煌的比赛成绩等，以此来和其他球队进行区分，并且在这个过程中获得作为球队支持者的自豪感。

四、教育认同

（一）什么是教育认同

教育是一个广泛而深刻的概念，它涵盖了多个层面和维度，其核心目的在于培养和发展人。学校教育、家庭教育和社会教育是构成教育体系的三大支柱，它们各自扮演不同的角色，但又相互交织，共同作用于个体的成长和发展。在这个过程中，认同是核心问题，关系到教育的质量和效果。

教育认同是指一定时期内个体或群体对其所处的教育系统的认同过程。从学生的视角来看，学习是一个从理解到认同，再到接受和融入的过程。通过培养学生的教育认同，可以激发他们的学习动力、塑造积极心态、培养责任感。

教育认同体现了个体对教育的内在价值和意义的认可。它不仅仅是对知识的追求，更是对自我成长、能力提升以及未来职业发展的期待和信念。这种认同促使个体在教育过程中保持积极的学习态度，努力提升自己的综合素质和能力。

教育认同也涉及个体对高等教育阶段的积极憧憬和期待。高等教育作为教育体系的重要组成部分，为个体提供了更广阔的知识视野、更深入的学术研究和更丰富的实践机会。个体对高等教育的认同，表现为对高等教育的质量和水平的信任，以及对通过高等教育实现自身价值和梦想的坚定信念。

教育认同还包括个体对自身在教育体系中的定位和角色的认知。个体需要清楚地认识到自己在教育过程中的位置，明确自己的学习目标和发展方向，以及自己在社会中的角色和责任。这种认知有助于个体更好地融入教育体系，实现与教育体系的良性互动。

教育认同是一个复杂而多维的概念，它涉及个体或群体对教育系统的认知、情感和行为反应，不仅有助于学生的全面发展，更能在提升教育质量和增强教学效果方面发挥积极作用。

（二）教育认同的功能

教育认同有助于增强学生的自尊心和自信心。当学生对教育系统产生认同时，他们会更加珍视在学校中获得的每一次学习和成长的机会。这种积极的自我认同和价值感，有助于学生在面对挑战和困难时保持自信，从而培养出更为坚韧和积极的心理状态。

教育认同有助于促进学生的自我实现。在教育认同的过程中，学生会更加清晰地认识到自己的兴趣、才能和激情，从而更加有目的地去追求自己的目标。这种自我实现的过程，能够让学生体验到成就感和满足感，进一步培养出积极的心理状态。

教育认同有助于培养学生的社交技能和情绪管理能力。在一个充满认同的教育环境中，学生更有可能与他人建立积极的互动关系，学习如何有效地沟通和解决冲突。同时，他们也会学习到如何管理自己的情绪，以更为成熟和理智的方式应对生活中的挑战。

教育认同能够为学生提供一个情感支持和指导的平台。在教育的过程中，教育者可以通过积极的鼓励、理解和帮助，引导学生应对挫折和困难，有效地处理压力和情绪问题。这种情感上的支持和指导，对于学生积极心理品质的培育至关重要。

课堂活动 1-1

优势盘点

你认为自己的专业有哪些优势利于自身的发展？请列举五种。

_____

_____

_____

（三）如何培养教育认同

1. 增强自我认知与自我接纳

引导学生认识自己的优势、潜力和内在价值，积极拥抱自己的优点，坦然面对并接纳自身的不足，培养自信心和自我效能感。让他们能够更加明确自己在教育体系中的定位和价值，从而增强教育认同，并将教育视为自我成长和提升的重要途径。

2. 培养积极的学习态度和情绪管理能力

教育过程中应注重激发学生的学习兴趣，帮助他们树立积极的学习态度。同时，教会学生有效地管理情绪，面对学习中的挫折和困难时能够保持冷静和乐观，这有助于增强他们对教育系统的认同感和归属感。

3. 建立支持性的师生关系

教师是学生教育认同的重要塑造者。建立支持性、理解性的师生关系是培养学生教育认同的关键。教师要以开放、包容、关爱和支持的态度去面对每一个学生，关注他们的全面发展。通过教师的关心和支持，学生可以更加积极地参与教育活动，实现自我成长和提升。因此，教师应不断努力提升自己的专业素养和教育能力，为学生创造一个更加美好的教育环境。

4. 倡导合作与共享的学习氛围

鼓励学生在班级和学校中建立积极的互动关系，倡导合作与共享的学习氛围。通过小组学习、项目合作等形式，培养学生的团队协作精神和集体荣誉感，使他们感受到教育是一个共同成长的过程。

5. 注重家庭教育的引导

家庭是学生成长的重要环境，家庭教育对于培养学生的教育认同具有重要影响。可以通过家庭教育讲座、提供实用资源（例如推荐一些优质的心理健康教育书籍、文章或在线课程等）等方式，引导家长关注孩子的心理健康教育，建立正确的教育观念和方式，营造一个和谐、支持性的家庭环境，为孩子的健康成长提供有力的支持。在这样的环境中，学生能够感受到家庭的温暖和力量，从而更加珍视和感激教育所带来的机会和收获。

心理自测台

表 1-1 共有 20 句描述语，请你根据最近一段时间内的实际情况，判断你对每一句描述语的赞同程度（"A"表示完全同意，"B"表示有些同意，"C"表示无所谓同意或不同意，"D"表示有些不同意，"E"表示完全不同意），并在相应的字母上打"√"。

表 1-1 大学生适应性量表

题目	完全不同意	有些不同意	无所谓同意或不同意	有些同意	完全同意
1. 把每次考试的试卷拿到一个安静、无人监考的房间去做，我的成绩会更好一些	A	B	C	D	E
2. 夜间走路，我能比别人看得更清楚	A	B	C	D	E
3. 每次离开家到一个新的地方，我总爱闹点毛病，如失眠、拉肚子、皮肤过敏等	A	B	C	D	E
4. 我在正式运动会上取得的成绩经常比体育课或平时练习的成绩好些	A	B	C	D	E
5. 我每次明明已把课文背得滚瓜烂熟了，可是在课堂上背的时候，却总是出点差错	A	B	C	D	E
6. 开会轮到我发言时，我似乎比别人更镇定，发言也显得很自然	A	B	C	D	E
7. 在冷天我比别人更怕冷，热天比别人更怕热	A	B	C	D	E
8. 在嘈杂、混乱的环境里，我仍能集中精力学习、工作，效率并不会大幅降低	A	B	C	D	E
9. 每次检查身体，医生都说我"心跳过速"，其实我平时脉搏很正常	A	B	C	D	E
10. 如果需要的话，我可以熬一个通宵，精力充沛地学习或工作	A	B	C	D	E
11. 当父母或兄弟姐妹的朋友来我家做客的时候，我尽量回避他们	A	B	C	D	E
12. 出门在外，虽然吃饭、睡觉、环境等变化很大，可是我很快就能习惯	A	B	C	D	E
13. 参加各种比赛时，赛场上越热闹，同学越加油，我的成绩反而越上不去	A	B	C	D	E
14. 上课回答问题或开会发言时，我能镇定自若地把事先想好的一切都完整地说出来	A	B	C	D	E
15. 我觉得一个人做事比大家一起干效率更高些，所以我愿意一个人做事	A	B	C	D	E
16. 为求得和睦相处，我有时放弃自己的意见，附和大家	A	B	C	D	E
17. 当着众人和生人的面，我感到窘迫	A	B	C	D	E

续表

题目	完全不同意	有些不同意	无所谓同意或不同意	有些同意	完全同意
18.无论情况多么紧迫,我能注意到该注意的细节,不爱丢三落四	A	B	C	D	E
19.和别人争吵起来时,我常常哑口无言,事后才想起来该怎样反驳对方,可是已经晚了	A	B	C	D	E
20.我每次参加正式考试或考核的成绩,常常比平时的成绩更好些	A	B	C	D	E

扫一扫看分析

心灵工作站

活动1:大学大不同

你觉得从中学到大学有哪些变化?你对大学生活的适应情况如何?请思考并填写表1-2。

表1-2 大学大不同

内容	中学	大学
生活		
学习		
交往		
其他		

活动2:业余生活论坛

全班分小组活动,每4人一组,讨论3分钟,回答下列问题:

1.上了大学后,你的业余生活有哪些?

2. 你对自己目前的业余生活状态满意吗？
3. 怎样改进你的业余生活呢？

章节小结

1. 大学新生适应能力层次可分为：①自理能力；②自主能力；③自控能力；④规划能力；⑤身份认同能力。

2. 教育认同是指一定时期内个体或群体对其所处的教育系统的认同过程。

3. 教育认同的功能：①有助于增强学生的自尊心和自信心；②有助于促进学生的自我实现；③有助于培养学生的社交技能和情绪管理能力；④能够为学生提供一个情感支持和指导的平台；⑤对于学生积极心理品质的培育具有重要意义。

4. 如何培养教育认同：①增强自我认知与自我接纳；②培养积极的学习态度和情绪管理能力；③建立支持性的师生关系；④倡导合作与共享的学习氛围；⑤注重家庭教育的引导。

拓展阅读

1. 麦克恩，《适应力：不确定时代的制胜之道》，人民邮电出版社，2015。

本书旨在帮助读者掌握身心调适的秘诀，塑造积极心态，增强适应能力；摒弃陈旧观念，突破经验桎梏，拥抱外界变化；积极迎接不同文化的冲击，提升对未来变化的适应能力，确保在快速变化的时代中稳健前行，实现更好的发展。

2. 津巴多，《不再害羞：如何提高你的社会适应力》，京华出版社，2016。

本书探讨了害羞者的内心世界，解释了他们在什么场景下会害羞，以及害羞如何影响他们的生活和人际关系，并提供了一系列实用的方法和技巧，帮助读者重新认识害羞，克服社交恐惧，提升社会适应力。

3. 董险峰、周玲、乔喆沅，《大学生活导航》，北京大学出版社，2005。

本书从初入大学、学习方法、管理时间、安排课余生活、理财、选择未来道路等九个方面入手，以深入浅出、亲切生动的语言，详尽介绍了大学生活的方方面面，并为新生量身打造了大量实用可靠的指导意见和建议，旨在帮助新生尽快地适应大学生活，更好地把握大学时光，创造人生辉煌。

项目二
与压力和解——压力管理

心路故事会

1　当压力来临时

当我踏入大学校园时，各种活动、社团、讲座让我应接不暇。作为一个内向的新生，我显得有些手足无措。在班里，班干部竞选的消息传来，同学们纷纷跃跃欲试；而我，却只能坐在角落里，默默地看着他们。那一刻，我心中虽然也有一股冲动，想要站上去，但最终还是被内心的恐惧和犹豫所打败。然而，我的室友们并没有放弃我，他们鼓励我，支持我，让我鼓起勇气去尝试。在他们的鼓励下，我终于迈出了那一步，走上了讲台。但是，由于过分紧张，我不仅脸红心跳，而且语无伦次，甚至说错了好几句话。竞选结果可想而知，我落选了。这次失败对我来说是一次沉重的打击，我觉得自己好像成了班里的笑柄，再也不会有人瞧得起我了。我开始怀疑自己的能力和价值，觉得自己在这个新环境中毫无用处。

为了重新证明自己，我参加了学生会、广播站和社团的招新活动。然而，由于我的内向和腼腆，我的表现并不出色。每次面试时，我都紧张得说不出话来，甚至忘记了自己要说什么。我没有得到任何一个社团的认可，觉得自己好像被这个世界抛弃了。我开始对任何事情都提不起兴趣，甚至不愿意面对现实，我陷入了深深的自我怀疑和迷茫之中。然而，我意识到我不能就这样沉沦下去，我要找到属于自己的位置和价值。我发现自己虽然内向，但善于倾听和思考，我开始主动寻找机会去锻炼自己、挑战自己。我参加了一些小型的讨论会和交流会，与同学们分享我的想法和观点，我还开始尝试写一些文章来表达自己的情感和思考。

现在回想起来那段经历，虽然充满了挫折和失败，但也让我更加成熟和坚强。

> **讨论：**
> 1. 为什么"我"在大学新的环境中找不到自己的位置？
> 2. 面对突发情况和不确定性时，如何制定应对措施并保持冷静？
> 3. 面对失败，可以怎么样调整心态？这种经历如何提升应对挑战压力的能力？

心路故事会

2 与压力和解

初入大学的我，对于大学生活充满了好奇和期待。与高中时那种紧张而充实的学习生活相比，大学里的自由时间让我感到无比兴奋。我挣脱了高中的束缚，仿佛找到了一个可以尽情挥洒青春的舞台。

我热爱运动，球场上经常能看到我奔跑的身影；我喜欢网络世界，网吧里也有我敲打键盘的声音；我还热衷于社团活动，各种活动中都能找到我的踪迹。除了上课，我把大部分时间都花在了这些活动上，享受着大学带来的自由和快乐。然而，随着时间的推移，我渐渐发现大学里的学习并不像我想象中那么轻松。大班上课的形式让我有时感到有些散漫，我开始逃课，有时候是因为运动累了想多睡会儿，有时候是因为熬夜打游戏起不来。我渐渐忽略了学习的重要性，沉浸在各种活动和玩乐中。

期末考试的成绩出来后，我震惊了。我竟然不止一门功课不及格！这个结果让我无法接受，我陷入了深深的自责和懊悔中，我开始反思自己的大学生活。更难过的是，我的女朋友也因为我的学习成绩不理想，向我提出了分手，这个打击让我更加痛苦和失落。同时，负责社团的老师也根据我的学习状况，建议我暂时辞去社团工作，把精力集中在学习上。我陷入了前所未有的低谷期，整天无精打采，上课也无法集中注意力。

幸运的是，我有一群关系很好的同学，他们在我最困难的时候陪伴在我身边，开导我、鼓励我。他们把我的情况告诉了辅导员，辅导员也多次与我谈心，建议我去接受心理辅导，并与我的家长取得了联系。在大家的共同帮助下，我逐渐走出了低谷期，重新找回了自信和笑容。

现在回想起来，那段低谷期虽然痛苦，但也让我收获了很多。我学会了面对压力和困难时保持冷静和坚强；我学会了珍惜身边的人和事；我还学会了如何更好地规划自己的生活和未来。

> 讨论：
> 1. 如何平衡大学中的学业压力与兴趣活动？
> 2. 学业失败和感情挫折如何影响个人的心理压力？
> 3. 如何在大学期间建立健康的压力应对机制？

心海导航塔

一、认识压力

（一）压力定义

"压力"在心理学中最早被称为"应激"，是指个体在适应生活环境过程中，因受到潜在或现实的威胁，而产生的一种身心紧张状态。

一般认为压力有三层含义：①压力可以看作是那些导致我们身体和心理产生紧张反应的外部或内部刺激；②压力也代表了我们身体和心理对这些刺激的回应，这种回应可能表现为一系列生理和心理上的变化；③压力还可以被理解为个体与环境之间出现的不平衡状态，这种状态可能导致我们感到身心紧张。综合来说，压力通常被看作是由外部或内部刺激引发的一种身心反应，这种反应伴随着一系列身体和心理活动的改变。

心理学研究发现，压力是生活中无处不在的现象，就像空气和水一样，是我们生活中不可或缺的一部分。适量的压力实际上能够激发个体的潜能，促使我们调动自身的能量以更好地应对挑战。它像是一种催化剂，让我们更加专注于目标，提升工作效率和创造力。然而，当压力超出我们的承受范围时，它就会转化为一种消极的力量。过度的压力会导致我们感到紧张、焦虑，甚至产生挫折感。这种长期的心理压力会破坏我们的身心平衡，引发情绪困扰，甚至对身心健康造成损害。过度的压力可能会导致失眠、焦虑障碍、抑郁等心理问题，以及身体上的不适，如头痛、胃痛等。

我们需要学会管理和应对压力，以保持身心健康。通过积极应对压力，我们可以更好地保持身心平衡，提高生活质量，实现个人的成长和发展。

课堂活动 2-1

压力反应

1. 当听到"压力"这个词的时候，你有怎样的情绪反应？

2. 你的脑海里出现了什么样的场景？

_____

_____

（二）压力源

压力源是指那些能够引发压力的刺激、事件或环境因素。这些可以来自外部的物质环境，例如工作压力、生活事件等；也可以来自个体的内部环境，如身体疾病、心理冲突等；还可以来自心理社会环境，如人际关系、社会角色等。这些因素都可能成为压力的来源，对个体的身心健康产生影响。

个体自身的压力源可能包括内心的痛苦、身体上的疾病、深刻的记忆、罪恶感以及消极的自我观念等。而环境因素，如热、冷、噪声等，也可能成为压力的来源。在人类活动中，人际关系往往是最主要的压力源，这涉及与他人的互动、期望、冲突等。总体来说，压力源可以大致划分为躯体性、心理性、社会性和文化性四大类别。

1. 躯体性压力源

躯体性压力源主要指的是那些直接影响个体身体健康的因素。例如，长期的疾病、疼痛、身体损伤或残疾等。这些因素可能导致身体功能受限，进而影响到个体的日常生活和心理健康。

2. 心理性压力源

心理性压力源主要是指那些与个体内心体验和心理状态相关的因素。例如，内心的冲突、焦虑、抑郁、恐惧、自卑等。这些心理因素可能导致个体情绪不稳定，影响认知和行为。

（1）冲突

冲突是指当两种或多种动机或行为在方向上相互冲突，导致个体在决策或行动上产生困扰或不安。

①双趋冲突：在两个或多个同时存在的、具有同等吸引力的目标或选择面前，由于资源、时间或精力的限制，使得个体难以同时满足这些目标或选择，从而产生的内心冲突和困扰。

②双避冲突：当个体面临两个都不愿意接受或面对的负面结果时，必须作出选择的心理困境。

③趋避冲突：在面对两个或多个目标时，每个目标都同时具有吸引力和排斥力，导致个体在决策过程中产生犹豫和冲突的心理状态。

（2）挫折

挫折是指个体在追求目标或满足需求的过程中，遇到无法克服的障碍或干扰，导致其动机不能实现、需要不能满足时的情绪状态。挫折可以来源于各种不同的方面，外部的挫折源包括自然灾害、意外事故、交通拥挤、人际关系的冲突等。内部的挫折源包括身体健康状况、身体缺陷、心理承受力过弱等。

（3）自我期望过高

自我期望过高是指个体对自己的期望过高，超出了自己的实际能力和水平。这种情况下，个体可能会感到沮丧、焦虑、失落等负面情绪，从而产生心理压力。

3. 社会性压力源

社会性压力源主要涉及个体与社会环境之间的相互作用。例如，人际关系问题、工作压力、经济困难、家庭矛盾、社会竞争等。这些因素可能导致个体在社会适应过程中产生压力，影响社交和职业发展。社会性压力源及压力量举例见表2-1。

表2-1 社会性压力源及压力量举例（社会再适应量表）

事件	压力量	事件	压力量
丧偶	100	受伤及大病	53
离婚	73	结婚	50
近亲死亡	63	被辞退工作	47
怀孕	40	与上司争执	23
经济状况变化	38	迁居	20
挚友死亡	37	转校	20
婆媳不和	29	改变社交活动	18
开学	26	改变食物习惯	15
生活情况改变	25		

4. 文化性压力源

文化性压力源主要是指那些与个体文化背景和价值观相关的因素。例如，文化差异、文化冲突、传统习俗、道德观念等。这些因素可能导致个体在文化适应过程中产生压力，影响认知和行为方式。

理解这四大压力源有助于个体更好地认识自己面临的压力，从而采取合适的应对方式。通过有效的压力管理，个体可以减轻压力带来的负面影响，提升身心健康水平。

（三）压力症状

当个体面临较大的压力时，其压力反应可以通过三个维度来体现：生理症状、心理症状和行为症状。

1. 生理症状

生理症状通常是压力反应最直接且明显的体现，包括：

①消化系统问题：如胃痛、腹泻或便秘等。

②睡眠问题：可能表现为失眠、易醒或睡眠质量差。

③心血管症状：如心悸、高血压或心跳过速。

④免疫系统减弱：可能导致容易生病或感染。

2. 心理症状

心理症状是压力对个体心理状态的影响，包括：

①情绪不稳定：容易焦虑、愤怒或情绪波动。

②认知障碍：如注意力不集中、记忆力减退或决策困难。

③自我认知负面：感觉无助、自责或自卑。

④思维僵化：难以灵活思考或产生创造性想法。

3. 行为症状

行为症状是指个体在面临压力或心理、生理等方面的异常状况时，在行为上表现出的一系列可观察到的变化。这些变化偏离了个体正常的行为模式，是内在压力或其他潜在问题的外在体现。当面临压力时，个体的行为反应通常也有积极和消极之分。

（1）消极的行为反应

①逃避行为：避免面对压力源或逃避责任。

②过度应对：如过度工作、学习或运动，试图通过忙碌来逃避压力。

③社交退缩：与朋友和家人疏远，减少社交活动。

④不良习惯：如过度饮酒、吸烟或依赖药物来应对压力。

⑤决策困难：在重要决策时犹豫不决或拖延。

（2）积极的行为反应

①提高注意力和专注力：当面临压力时，个体会更加专注于当前的任务和问题，这有助于提高注意力和专注力，使人更加集中精力去解决问题。

②激发创造力和创新精神：适度的压力可以激发个体的创造力和创新精神，使人更加富有想象力和创造力，从而能够更好地应对挑战和困难。

③促进自我成长和发展：压力可以促使个体不断地学习和成长，通过不断地克服困难和挑战，个体能够不断地提升自己的能力和素质，实现自我价值的提升。

④增强动力和决心：适度的压力可以激发个体的动力和决心，使人更加有毅力和恒心去实现自己的目标，从而能够取得更好的成就。

4. 心身疾病

心身疾病是指心理社会因素在疾病的发生、发展过程中起重要作用的躯体器质性疾病和躯体功能性障碍。以下是一些常见的心身疾病。

①心脏病：如冠心病、心律失常等。心理压力可能影响心脏的正常功能，增加心脏病的风险。

②高血压：心理压力也是高血压的一个重要因素。当个体面临长期的压力时，身体可能产生应激反应，导致血压升高。

③消化系统疾病：如胃溃疡、十二指肠溃疡等。心理压力可能影响消化系统的正常功能，导致胃酸过多、消化不良等问题。

④内分泌系统疾病：如糖尿病、甲状腺疾病等。心理压力可能影响身体的内分泌系统，导致激素分泌异常，从而引发相关疾病。

⑤神经系统疾病：如头痛、失眠、神经衰弱等。心理压力可能导致神经系统功能失调，引发各种神经系统疾病。

⑥呼吸系统疾病：如哮喘、慢性阻塞性肺疾病等。心理压力可能影响呼吸系统的正常功能，导致呼吸困难、气喘等问题。

课堂活动 2-2

你的压力

思考一下，你所面临的主要压力有哪些？写下五种，并按压力的大小排列。

_____

_____

二、压力反应及其应对方式

（一）压力反应定义

压力反应是指主体在觉察到压力源后，所出现的心理、生理和行为反应。这些反应可以是积极的，也可以是消极的，具体取决于个体的应对方式和压力源的性质。

面对压力，我们的反应往往经历三个阶段。首先是意识到压力源的存在；接着，我们会根据自己的经验和观念对这个事件进行评估，判断它是否构成压力，以及压力的大小；最后，当我们认为事件构成压力时，我们的身体会做出相应的反应，如心跳加速、出汗等。虽然我们不能完全控制生活中发生的事件，但我们可以选择如何看待和处理这些事件。我们的心态决定了我们是否会将某个事件视为压力源，以及我们如何应对它。比如说，假设你在路上遇到室友，你热情地打招呼，但他却没有回应，这时，你可能会对他的行为产生不同的解读。如果你认为他是故意忽视你，那么你可能会感到受伤和沮丧，从而产生压力。但如果你选择相信他可能只是没注意到或没听见你，那么你可能会一笑而过，不会把这件事当作压力源，也不会启动压力反应机制。

（二）三种不同的反应模式

1. 扭曲型反应模式

个体在面对不愉快的刺激或压力时，采用一种心理防御机制，通过扭曲现实的方式来应对内心不安。这种模式可能涉及否认、幻想或其他形式的心理扭曲，以减少个体的焦虑和心理压力。这样的反应可能会暂时减轻焦虑，但长期来看可能会妨碍个体面对和解决实际问题。

2. 无望型反应模式

个体在形成反应预案并尝试实施时，常常表现出两种相互矛盾的心理状态。一方面，他们对预案实施后的效果抱有过高的期望，追求完美的结果；另一方面，他们对自己实施预案的能力和预案的有效性缺乏信心，感到无力。这种心理矛盾可能导致他们在执行预案时犹豫不决，影响预案的实际效果。

3. 积极型反应模式

个体不仅有能力制定反应预案，而且能够全神贯注地执行其中的步骤。他们能够以开放的心态接受预案实施后可能产生的实际结果，不追求完美，也不执着于恢复原状。同时，他们对自己执行预案的能力充满信心，这种自信有助于他们在实际操作中取得更好的效果。

（三）三种不同反应模式的后果

扭曲型和无望型反应模式对于应对刺激事件和环境变化并不利，它们会加剧内心期望与现实之间的不一致，进而引发持续的心理紧张。长期的紧张状态不仅可能导致身体健康问题，还可能引发焦虑和抑郁等精神症状。这两种反应模式被视为不健康的应对机制，它们会破坏个体的心理平衡，且难以恢复和重建。

积极型反应模式对于个体应对刺激事件和环境变化具有显著益处。它不仅能够通过实际行动有效地影响刺激事件的发展方向，还可以通过调整认知来接纳已经发生的变化，从而显著降低外部事件对个人构成的威胁。此外，积极型反应模式有助于恢复环境变化与内心期望之间的一致性，帮助个体重新达到心理平衡，消除不必要的紧张感。在这一过程中，人们不仅锻炼了自身的身心反应能力，还将外部刺激转化为新的认知结构，实现了更高层次的心理平衡。因此，积极型反应模式可以被视为一个促进个体学习和进步的重要过程。

（四）应对策略

当个体遭遇明显的威胁时，他们为了处理由此产生的焦虑，会采取一系列努力，这些努力被称为应对策略（coping strategies）。面对威胁性情境时，人们可以运用的策略极其多样化，没有固定模式。例如，有些人可能会选择长时间散步来放松心情，与朋友分享类似的困扰，寻求职业咨询师的帮助，或是选择饮酒来暂时逃避焦虑；有些人可能会直接面对问题的根源；而另一些人则可能选择忽视问题的存在。锻炼、避免社交和寻找希望与祈祷也是常见的应对策略。人们并不会一成不变地使用相同的应对策略来减轻焦虑。在遭遇各种挑战后，每个人都会逐渐形成一些自认为有效的应对策略。因此，研究人员发现，个体在处理焦虑时往往呈现出一种相对稳定的模式，这种稳定性与人格特质相似，表明个体应对焦虑的方式通常是持久的，不随时间和情境的变化而改变。

1. 问题中心策略

问题中心策略聚焦于直接解决焦虑的根源。采取这种策略的人明白，即便是最简单的解决方案，也比袖手旁观来得有效。面对经济困境时，他们会努力增加收入并减少开支；面临学业挑战时，他们可能选择请家教或投入更多时间完成作业。

典型行动：

①我积极搜集与问题相关的信息。
②我制订了详细的行动计划。
③我评估了不同的解决方案，并仔细考虑了它们各自的优缺点。
④我与有过类似经历的人交流，听取他们的建议。
⑤我全力以赴，力求改善现状。
⑥我向专家请教，寻求专业的意见和建议。
⑦我为解决问题预留了足够的时间和资源。

2. 情绪中心策略

情绪中心策略侧重于减轻由问题引起的情感压力。它鼓励个体以更积极、更成熟的态度面对挫折。例如，未能进入法律学校的人可能会调整心态，看到其他可能的道路；而离婚的夫妇则可能会从痛苦中吸取教训，为未来的关系做好准备。

典型行动：

①我与朋友分享我的感受，寻求情感支持。
②我反思经历，努力从中学习。
③我接受现实，并努力向前看。
④我尝试以更积极的方式看待问题。
⑤我保持希望，寻找生活中的亮点。

⑥我从宗教信仰中寻找慰藉和力量。

⑦我与专业心理咨询师沟通，处理情绪困扰。

3. 回避策略

回避策略是通过避免直面引发焦虑的情境来管理焦虑。当面对不愿面对的问题时，个体可能会选择逃避现实，或者通过其他活动来分散注意力。

典型行动：

①我努力不去想那个问题，试图将其从脑海中排除。

②我假装问题不存在，尽量保持正常的生活节奏。

③我可能会饮酒或服用药物来暂时缓解焦虑。

④我将注意力转移到其他活动上，避免想起烦恼。

⑤我避免与那些可能引发焦虑的人或情境接触。

⑥我可能会增加睡眠时间，试图通过休息来逃避现实。

课堂活动 2-3

你的压力应对策略

一般情况下，当面临压力的时候，你是怎样来应对压力的？它们效果如何？至少写出三种方法及其效果。

_____

_____

_____

三、压力管理

（一）压力管理定义

压力管理是指个体在面对压力时，采取一系列积极的策略和行动，旨在有效地应对、缓解或减轻压力的过程。这一过程包括识别压力源、评估压力的影响、选择适当的应对方式，以及实施这些策略来减轻压力对身心健康的不良影响。

（二）压力管理策略

1. 积极应对法

压力是生活中无法避免的一部分，它源于我们与环境的互动以及我们对这些互动的主观感知。长期的压力状态可能对我们的身心健康产生负面影响，如焦虑、抑郁、身体不适等。因此，我们需要认识到压力的存在，并学会有效地应对和管理它。在应对压力时，有一些实用的方法可以帮助我们控制并减轻其影响，如：与亲密的朋友或家人分享自己的感受和困扰；合理安排休息和放松的时间；制订清晰的工作计划，将任务分解为可管理的小部分；定期参加体育活动；学习一些放松技巧，如深呼吸、冥想等。表2-2为减压26式。

表2-2 减压26式

A—Appreciation	（理解）接纳自己和他人，避免挑剔与伤神
B—Balance	（平衡）劳逸结合均作息，平衡生活最健康
C—Cry	（叫喊）无害宣泄舒愁怀，释放抑郁心轻快
D—Detour	（迂回）碰壁时候要变通，撞上南墙需回头
E—Entertainment	（娱乐）听听音乐唱唱歌，松弛神经选择多
F—Fear Not	（不害怕）遇到挫折不退缩，办法总比困难多
G—Give	（给予）自我中心土地窄，关怀他人展胸怀
H—Humor	（幽默）戴副"默"镜瞧一瞧，生活乐趣真不少
I—Imperfect	（不完美的）世上谁人算完美，只要做到尽力而为
J—Jogging	（锻炼）跑跑步，做做操，紧张情绪得舒缓
K—Knowledge	（知识）知多少，识多少，无谓烦恼减多少
L—Laugh	（大笑）每日能够笑哈哈，压力之下不会垮
M—Management	（管理）不怕多，只怕乱，管好时间解困倦
N—No	（不）你会样样都做好？必要说不也重要
O—Optimistic	（乐观）凡事多向光明看，无须惊出一身汗
P—Priority	（优先事项）工作能分轻重缓急，任务再多也从容
Q—Quiet	（心静）愈是心乱愈是慌，愈是心静愈安详
R—Reward	（奖赏）连续作业精力疲，犒劳自己好主意
S—Slow Down	（慢下来）忙过一阵喘口气，避免发生脑麻痹
T—Talk	（交谈）倾诉心声有人听，压力再大也会轻
U—Unique	（独一无二的）不去盲目攀比，相信自己最好
V—Vacation	（假期）放放假，充充电，活力充沛展笑脸
W—Wear	（穿着）着上新装亮眼睛，焕发一份好心情
Y—Yes, I can	（我行）相信自己有潜能，勇往直前事竟成
Z—Zero	（归零）不背包袱归零心态，每天都是新开端

2. 消除压力源

压力源是引发压力感受的根源，它们可以是长期的、永久性的，也可以是短暂的、暂时性的。对于大学生来说，识别并理解自己的压力源至关重要，因为这有助于他们找到有效的应对策略。一旦明确了压力源，大学生就可以有针对性地采取措施来减少或消除这些压力。例如，对于因经济困难而感到压力的大学生，他们可以通过利用大学提供的"奖、贷、补、助"等助学机制，有效地解决自己的问题，从而减轻压力，更好地专注于学习和成长。

3. 远离压力源

压力在生活中无处不在。对于大学生来说，面对学习压力时，过度的投入并不总是带来理想的回报。例如，有些同学为了追求好成绩，过度牺牲娱乐和休息时间，最终导致身心疲惫和效率低下。对于这种情况，远离压力源并不是要完全避免学习，而是要找到一种更加健康和平衡的方式来应对学习压力。大学生需要学会劳逸结合，合理安排学习和休息时间。适当的休息和放松可以帮助恢复精力，提高学习效率。例如，可以通过深呼吸、冥想、散步等方式来放松身心。此外，合理的时间管理也是缓解学习压力的关键。大学生可以制订一个明确的学习计划，将学习任务按照重要性和紧急性进行排序，优先完成重要的任务，将次要的任务暂时放一放。这样可以确保学习效率和效果，同时避免因为琐碎的任务而分散精力。

4. 完善社会支持系统

社会支持是指个体在社会中得到的来自父母、亲戚、朋友、同学或老师等各方面的帮助和支持。当大学生遭遇自身难以处理的压力时，他们可以向信任的亲人、朋友、同学或老师分享自己的感受和经历，并从中获得情感上的安慰和行动上的建议。社会支持有助于大学生重拾自信和勇气，以更加积极的心态面对生活中的压力。社会支持是大学生在面对困境时的重要资源，通过寻求和接受帮助，他们能够更好地应对压力，保持身心健康。

课堂活动 2-4

我的支持系统

请尽可能多地写出你在遇到困难时可以求助的人的名字。

---

5. 规律运动

体育锻炼对于人的身心健康具有重要的作用。在快节奏、高压力的现代生活中，我们时常感到身心疲惫，而适当的体育锻炼正是调节人体紧张情绪的一剂良方。当我们在进行体育锻炼时，身体会释放出内啡肽等化学物质，这些物质有助于缓解压力，提高心情，使人感到愉悦和满足。同时，体育锻炼还能促进身体的血液循环和新陈代谢，有助于改善睡眠质量和恢复体力。这样，我们在学习和工作中就能更加精力充沛，思维敏捷。通过锻炼，我们还可以培养积极的生活态度，增强意志力，提高自我控制能力，这些都有助于我们在面对困难和挑战时保持冷静和乐观。

6. 放松训练

放松是一个过程，它旨在使身体和精神从紧张状态转变为松弛状态，特别是能够缓解肌肉的紧张。在面临压力事件时，随着负担的累积，个体可能会感到压力沉重。在这种情况下，即使只是几分钟的完全放松，也可能比一小时的睡眠更能恢复精力。身体放松的方法包括游泳、做操、散步或洗热水澡等；精神放松的方法包括听音乐、欣赏画作、静坐或钓鱼等。此外，像练瑜伽、冥想、正念训练或打太极拳等也是常用的身心放松方法。这些活动的主要目的都是帮助个体达到身心的平衡与和谐。放松对于维护我们的身心健康至关重要，而学会在适当的时候选择适合自己的放松方式，则是我们每个人都应该掌握的生活技能。

7. 腹式呼吸

腹式呼吸方法是一种通过加大横膈膜的活动、减少胸腔的运动来完成的呼吸方式。腹式呼吸主要利用腹部肌肉进行呼吸，有助于放松身心，改善睡眠质量，并有助于减少焦虑和压力。以下是腹式呼吸的方法：使吸气与呼气变得深长而缓慢；用鼻子吸气，嘴巴吐气；注意力放在呼吸上，吸气时小腹微微鼓起，呼气时小腹微微地内收。

这些压力管理策略可以根据个体的具体情况和需求进行选择和调整。重要的是，个体需要积极采取行动，主动应对压力，并寻求适合自己的有效策略。同时，如果压力过大或持续时间较长，寻求专业心理咨询或治疗也是明智的选择。

心理自测台

青少年负性生活事件量表（见表 2-3）由 27 个题目组成，每个题目都简单陈述了一个生活事件。请仔细阅读每个题目，并思考在过去 12 个月内，你或你的家庭是否发生过下列事件。如果该事件未发生，请选 A；如果该事件发生过，请继续考虑该事件给你造成的苦恼程度，若你觉得该事件没有造成影响，请选 B；若造成了轻度影响，请选 C；若造成了中度影响，请选 D；若造成了重度影响，请选 E；若造成了极重的影响，请选 F。

表 2-3　青少年负性生活事件量表

题目	未发生	无影响	轻度影响	中度影响	重度影响	极重影响
1. 被人误会或错怪	A	B	C	D	E	F
2. 受人歧视冷遇	A	B	C	D	E	F
3. 考试失败或成绩不理想	A	B	C	D	E	F
4. 与同学或好友发生纠纷	A	B	C	D	E	F
5. 生活规律（饮食、休息）等明显变化	A	B	C	D	E	F
6. 不喜欢上学	A	B	C	D	E	F
7. 恋爱不顺利或失恋	A	B	C	D	E	F
8. 长期远离家人不能团聚	A	B	C	D	E	F
9. 学习负担重	A	B	C	D	E	F
10. 与老师关系紧张	A	B	C	D	E	F
11. 本人患急重病	A	B	C	D	E	F
12. 亲友患急重病	A	B	C	D	E	F
13. 亲友死亡	A	B	C	D	E	F
14. 被盗或丢失东西	A	B	C	D	E	F
15. 当众丢面子	A	B	C	D	E	F
16. 家庭经济困难	A	B	C	D	E	F
17. 家庭内部有矛盾	A	B	C	D	E	F
18. 预期的评选（三好学生）落空	A	B	C	D	E	F
19. 受批评或处分	A	B	C	D	E	F
20. 转学或休学	A	B	C	D	E	F
21. 被罚款	A	B	C	D	E	F
22. 升学压力	A	B	C	D	E	F
23. 与人打架	A	B	C	D	E	F
24. 遭父母打骂	A	B	C	D	E	F
25. 家庭给你施加学习压力	A	B	C	D	E	F
26. 意外惊吓，事故	A	B	C	D	E	F
27. 其他的挫折事件	A	B	C	D	E	F

扫一扫看分析

心灵工作站

活动 1：传记分析"名人的压力应对方式故事"

选择一位自己欣赏的名人，并简要阐述欣赏该名人的原因，深入剖析所选名人所经历的压力事件，以及他们采取的应对策略（见表 2-4）。

表 2-4　名人的压力应对方式

序号	欣赏的名人	压力事件	应对方式
1			
2			
3			

活动 2：压力应对方式特点的自我分析

首先，请回忆近期内你遇到的三件让你感到困扰的事情。然后，请思考你在面对这些消极情况时，你的反应属于哪一种类型（见表 2-5）。如果你曾经有过前两种反应，现在请想象一下，如果当时你选择了第三种反应方式，情况会如何发展？请尝试在内心构建这样一个场景，看看积极应对会带来怎样的不同。

表 2-5　压力应对方式记录表

事件	逃避或沉溺于幻想	感到沮丧无力、缺乏信心	积极应对、寻求解决方案
事件 1			
事件 2			
事件 3			

章节小结

1. 压力在心理学中最早被称为"应激"，是指个体在适应生活环境过程中，因受到潜在或现实的威胁，而产生的一种身心紧张状态。

2. 压力源是指那些能够引发压力的刺激、事件或环境因素。

3. 压力源可以大致划分为躯体性、心理性、社会性和文化性四大类别。

4. 当个体面临较大的压力时，其压力反应可以通过三个维度来体现：生理症状、心理症状和行为症状。

5. 压力反应分为三个阶段：识别意识；评估判断；身体反应。

6. 压力反应有三种模式：扭曲型反应模式；无望型反应模式；积极型反应模式。

7. 压力的应对方式分类：积极应对和消极应对；情绪应对和问题应对；自控应对和社会支持应对。

8. 压力管理是指个体在面对压力时，采取一系列积极的策略和行动，旨在有效地应对、缓解或减轻压力的过程。

拓展阅读

1. 鲍威尔，《释放自己：压力的自我缓解与心理调适》，四川民族出版社，2004。

本书主要探讨了如何应对和缓解压力，帮助读者在面对生活中的各种压力时，找到平衡自我、释放压力的方法，使生活更有意义。

2. 玛德琳，《走出舒适区：如何突破自我设限，获得持久行动力》，中国友谊出版公司，2020。

本书不但含有用于评估个人现状的舒适区评估工具，以助读者明确自己的现状，而且深入分析了人们难以跳出舒适区的核心障碍——那些深藏于意识之下的恐惧情感。最关键的是，它从精神层面、思维方式、情绪管理、认知改造以及行为实践等多个角度，提供了具体可行的策略，旨在帮助读者克服个人局限，轻松提升自我能力，并激发持久的行动动力。

3. 王芳，《当压力来敲门》，华夏出版社，2020。

本书深入剖析了压力的本质，从脑科学的角度揭示了压力对我们身体的影响，同时详细阐述了在压力下人体的生理反应。作者凭借多年在科研和临床实践方面的经验，精心构建了一套科学、实用的减压训练体系。包括六个核心模块：察觉压力、认知提升、释放情绪、唤醒激情、关注当下和整合工作生活，旨在帮助读者有效应对压力，提升心理韧性。

项目三
在逆境中反弹——心理韧性

心路故事会

1 我的大学故事

刚踏入大学校园时，我心中充满了期待和向往。然而，随着大学生活的深入，我渐渐感受到了压力。在学校的汽车理论课上，每当我翻开那本厚厚的教科书，看着那些复杂的原理和符号，就感觉好像在看天书一样。除了学业上的困扰，和同学们的相处对我来说也是一道难题。大家来自全国各地，有着不同的成长经历和生活习惯，我常常感到自己无法融入他们的圈子。大学原来不仅仅是想象中的那样轻松惬意，也充满了压力和挑战，这些经历让我开始有了放弃学业的想法。

后来，我参加了学校的心理健康讲座，老师向我们分享了心理品质的重要性。她说，心理韧性是指在面对困难和挫折时，能够保持积极的心态和坚定的信念，从而克服困难、实现目标的能力。那天之后，我开始思考自己之前的经历，思考是否应该锻炼更加强大的心理。于是，我主动找到老师，渴望能够通过挑战磨炼自己的意志品质，在老师的建议下，我加入了学校的技能大师工作室。在工作中，我仔细研究机器人的每一个零件，熟悉功能特点，反复调试程序；与团队成员团结协作、攻克难关；面对工作室的一项复杂项目时，我遇到了机器人的操作不精确、程序出现错误等技术问题。我们互相鼓舞不要气馁，熬夜研究资料，讨论思路，经过无数个日夜的奋战，我们完成了机器人的设计。当看到机器人能够准确无误地完成装配任务时，我想我已经找到了人生的方向和动力。

如今，我已经学会了面对困难时不退缩、不放弃，学会了在失败中汲取教训、总结经验，学会了保持自信和冷静地应对各种挑战。这些经历不仅让我更加深刻地理解了心理韧性的意义和价值，也让我更加珍惜每一次挑战和机会。

讨论：

1. 当你面对学习或生活上的挑战时，你是如何调整心态的？你认为心态调整对解决问题有何帮助？

2. 你在面对失败和挫折时是如何应对的？你认为失败和挫折对个人成长有何意义？

3. 你认为心理韧性对大学生的成长有何重要性？

心路故事会

2 生命的韧性

中学期间，我对学业充满了迷茫，便选择了辍学，踏入了社会。我以为离开学校就能找到方向，但成长的艰辛和发展的困境让我体会到了生活的复杂滋味。后来，我重新返回校园，继续学业，并考入了大学。

大学生活刚开始并没有让我感到充实，大一时的我，每天除了上课，剩下的时间都是在寝室度过。后来因为好奇，我选择参加了学校名师工作室的社团。刚加入社团的时候，我并没有很认真对待社团的活动，在一次校内专业竞赛的时候，因为我的粗心，导致机器出现了故障。比赛结束后，社团指导员没有责备我，而是语重心长地告诉我，比赛结果不是最重要的，重要的是学会磨炼意志品质；身为职业院校学子，要有冲劲和干劲，磨砺意志品质，弘扬工匠精神，这样才不愧对自己的大学生活。从那一天开始，我便尝试着迎接各种挑战和困难，磨炼自己的心性。在之后的学习生活中，我如海绵吸水般汲取知识，磨砺技艺。放假期间，我选择留校备赛，为了保障训练效果，我选择将寝室移至实训室，每日仅留 5 小时给疲惫的身体以短暂的休息。坚持睡前 30 分钟对当天的所学所得进行详尽复盘，以确保次日的学习和备赛状态能够达至巅峰。

正是这份坚持不懈的努力，让我在竞赛的舞台上屡创佳绩。我连续两届征战"京东方杯"智能制造技能大赛全国总决赛，先后获得二等奖与一等奖；在"西门子杯"中国智能制造挑战赛中，从全国初赛一路过关斩将，最终在全国总决赛中摘得特等奖的桂冠。

这些经历让我深刻体会到，只有拥有强大的心理韧性和坚定的工匠精神，才能在追求卓越的道路上不断前行、不断突破自我。

讨论：

1. 你认为工匠精神与心理韧性之间有何联系？在你的学习和生活中，你是如何体现和锻炼这两种品质的？
2. 在面对困难和挑战时，你是如何保持心理韧性的？
3. 你认为哪些因素对于培养心理韧性至关重要？

心海导航塔

一、认识心理韧性

（一）心理韧性的定义

心理韧性是指在遇到困难、逆境、创伤、灾难等重大的压力源时，人们能够良好应对的过程。心理韧性不仅能够帮助人们恢复原状，甚至使其获得成长。人的心理韧性水平是保护性因素和风险性因素平衡的结果。

关于心理韧性的概念，不同学者的定义有很多相近的地方，他们建立了心理韧性衡量的不同维度，一致认为心理韧性是一种能够促进运动表现、积极应对运动情境的重要心理资源。心理韧性对于个体来说具有提高逆境应对的能力、压力缓冲的效应，都注重强调个体经历逆境或创伤等消极生活事件之后的良好适应和发展。这些定义内涵只是具体程度和侧重方面略有不同，立场角度不同，而在大的范畴内基本接近或相似。

课堂活动 3-1

心理韧性

1. 当遇到挑战或困难的时候，你会有怎样的反应？
   _____
   _____

2. 你将如何应对挑战和困难？
   _____
   _____

（二）心理韧性的重要性

心理韧性，作为一种内在的力量，在个体面对生活中的各种挑战与困难时发挥着至关重要的作用。它不仅影响着我们的情绪状态、行为反应，更直接关系到我们的生活质量与未来发展。

1. 个人成长

心理韧性是我们在面对挫折与失败时的重要支撑。人生不可能一帆风顺，每个人都会遭遇各种困难和挑战。当面对困境时，心理韧性强大的人更能够保持冷静和乐观，积极寻找解决问题的办法，而不是轻易放弃。这种坚韧不拔的精神有助于我们在逆境中不断成长，提升自我能力。同时，心理韧性还有助于我们更好地适应环境，面对生活中的变化与不确定性。在快速变化的时代背景下，拥有强大的心理韧性意味着我们能够更好地应对各种新挑战，把握新机遇。

2. 人际关系

大学生活是一个多元化、开放性的环境，大学生需要与来自不同背景、不同性格的人进行交往。心理韧性强大的人能够以开放、包容的心态与他人相处，尊重他人的差异，善于倾听和理解他人的想法，懂得如何与他人建立良好的沟通和合作关系，从而构建积极的人际关系网络。这种积极的人际关系不仅有助于我们在大学生活中获得更多的支持和帮助，还能为未来发展积累人脉资源。

3. 自我认知和情绪管理

心理韧性不仅是一种应对挑战的能力，更是一种内在的自我成长机制。通过不断面对和克服生活中的困难与挫折，我们能够更深入地了解自己的内心世界，提升自我认知水平。同时，心理韧性还能够帮助我们更好地管理情绪，避免被负面情绪所困扰。当遇到问题时，我们能够冷静分析、理性思考，从而作出更为明智的决策。

4. 职业发展

在竞争激烈的就业市场中，拥有强大心理韧性能够更好地应对求职过程中的各种挑战和困难，以积极的心态面对求职失败，从中吸取经验教训，不断完善自己的求职策略和技能。同时，还能够在工作中保持耐心和毅力，不断学习和进步，为自己的职业发展奠定坚实的基础。

心理韧性对于提升自身综合素质的必要性不言而喻。它不仅能够提升个体的自我认知与情绪管理能力、抗压能力和适应能力，还能够激发个体的团队协作能力和人际交往能力。因此，我们应该重视心理韧性的培养和发展，通过不断学习和实践来提升自己的心理韧性水平，从而更好地应对生活中的各种挑战和机遇，实现自身综合素质的全面提升。

二、心理韧性的因素——过程框架模型

卡罗尔·孔普弗（Karol Kumpfer）的心理韧性因素——过程框架模型是一个综合性的模型，它结合了生态系统理论，强调了个体在面对压力、挑战和逆境时的心理适应过程。这个模型包括五个因素：

1. 精神因素

精神层面的驱动力在人的生活中扮演着至关重要的角色。这些驱动力包括怀揣的梦想、追求的人生目的和深层的意义、坚定不移的信念、保持独立的自我认知、强大的内部控制力、充满希望与乐观的视野，以及坚定的决心和不屈不挠的毅力。梦想和人生目的像指南针，引导我们在逆境中不屈不挠地前行，我们只有不断克服障碍，才能最终实现心中的愿景。信念则是我们面对挑战时的坚固后盾，让我们能够为了长远的目标舍弃眼前的享受，甚至忍受一时的痛苦。独立性能让我们避免盲目跟从他人，作出更符合自己目标和价值观的选择。在面对多变的环境时，内部控制能力使我们充满自信，坚信自己有能力应对各种挑战。同时，希望和乐观是我们面对当前和未来困难时的重要心理支撑，它们能让我们看到事情积极的一面，并坚信一切都会有好转的时候。而坚定的决心和毅力则是我们实现目标的关键，它们让我们在遭遇挫折时能够坚持不懈，不断调整策略，直至最终达成目标，实现自我价值。

2. 认知因素

认知因素指的是个体在思考和决策过程中所涉及的一系列心理能力。这些能力涵盖了智力、学习和工作能力、洞察力、内省力、自尊、创造力以及计划能力。心理韧性水平高的人通常展现出较高的智力水平，能够快速学习新知识并有效地将其应用于实际工作中。他们的洞察力使他们能够敏锐地识别问题的本质，提出关键性问题，并给出恰当的回应。心理韧性高的人还具备内省力，他们善于分析自己的心理和生理状态，并能将其与他人的情况进行比较，从而更全面地了解自己。自尊是指心理韧性水平高的人对自己的能力和价值有准确的认知，这种高度的自尊让他们在面对挑战时更加自信，相信自己有能力克服困难。创造力在心理韧性高的人身上也得到了充分体现，他们不仅能够通过创造新事物（如新想法、创新产品、音乐作品等）提升自己的自尊和价值感，还能通过创造性的活动（如绘画、舞蹈、写作等）缓解不良情绪，增强自我价值感。计划能力在心理韧性高的人身上同样不可或缺，他们具备预见性，能够预见不同选择可能带来的结果，并据此制订出合理的计划，为未来规划出美好的蓝图。这种能力帮助他们更好地适应环境，应对生活中的各种挑战。

3. 行为因素

行为因素在个体适应和应对生活中扮演着至关重要的角色。这些因素包括但不限于

街头智慧、问题解决能力、多元文化能力、同理心以及人际社交技能。除了专业领域内的智慧，一个人的成功同样依赖于他们在日常生活中所展现的街头智慧。这种智慧使得个体能够在不同环境下灵活应对，作出明智的决策。具备出色的问题解决能力意味着个体在面对挑战时能够迅速找到有效的解决方案。这种能力不仅带来了更多的成功经验，还增强了人们对未来的信心，使他们在面对挑战时更加从容不迫，效能感更高。多元文化能力则强调了个体对不同文化的开放态度和适应能力。在多元文化环境中，能够恰当行事的人更容易获得他人的认同和尊重，从而促进个人和社交关系的和谐发展。同理心和人际社交技能是建立积极人际关系的关键，使个体能够深刻理解他人的需求和感受，并在人际交往中给予积极的回应。这种同理心和社交技能有助于建立和维护积极的友谊关系，使个体在面临生活压力时能够获得来自他人的支持和帮助，从而增强应对挑战的能力。

4. 情绪因素

情绪因素在塑造一个人的心理韧性中起着至关重要的作用。这些情绪因素涵盖了快乐、幽默感以及情绪管理技能。心理韧性水平高的人往往能够保持一种积极的心态，他们通常是快乐的，不易陷入抑郁或对事物进行负面的评价。这种积极情绪有助于他们更好地应对生活中的挑战，并从中找到力量。幽默感是另一种重要的情绪因素，它能够帮助人们在面对压力和紧张时采取一种轻松的态度。拥有幽默感的人懂得用幽默来化解尴尬，缓解紧张氛围，这种能力不仅有助于恢复对事件的正确认识，还有助于他们与他人建立良好的关系。情绪管理技能是情绪因素中的关键一环，它指的是一个人不仅能够意识到自己的情绪，还能有效地控制那些可能产生负面影响的情绪冲动。这种技能对于维持个人的心理健康至关重要，能够帮助人们避免情绪失控，以更理智和成熟的态度面对生活中的种种挑战。情绪管理技能并非天生具备，而是可以通过不断的练习和学习来提高的。通过培养自己的情绪管理技能，人们可以更好地应对生活中的压力和挫折，提高自己的心理韧性水平。

5. 身体因素

身体因素在个体的心理韧性发展中扮演着重要的角色，涵盖了身体健康、体能、运动及才艺能力，以及外表吸引力等方面。首先，身体健康和强大的体能是心理韧性构建的基石。一个身体强健的人往往能更自信地面对生活中的各种挑战，因为他们相信自己有足够的体力和能量去应对。其次，运动及才艺能力不仅能增强个体的身体素质，还能为情绪管理提供有效途径。通过运动、唱歌、跳舞等活动，人们可以宣泄不良情绪，增强自我效能感和自我价值感。这些活动有助于个体在逆境中保持积极心态，提高心理韧性。

此外，外表吸引力也在一定程度上影响着个体的心理韧性。一个外表有吸引力的人往往更容易获得他人的支持和帮助，减少受到苛责的可能性。这种社会支持对于个体在压力和挑战面前保持心理韧性至关重要。在人与环境的交互过程中，身体因素有助于个体将高危环境转化为更具保护性的环境。通过选择性觉知，关注负性事件的积极面并发现其对成长的积极价值；通过认知重构，改变不合理的想法；通过改变环境，在力所能及的范围内影响和改变周围环境；以及通过主动应对，积极主动地面对而非回避逆境，个体可以实现心理韧性的增强和适应能力的提升。

心理韧性发展的结果可能表现为三种形式：心理韧性重组，即心理韧性水平得到提升，个体在经历挑战后变得更加强大；适应，即恢复到压力出现前的水平，个体成功地应对了挑战并保持了原有的状态；适应不良重组，即表现出较低水平的重组状态，个体在挑战面前可能出现了困难或障碍（见图3-1）。

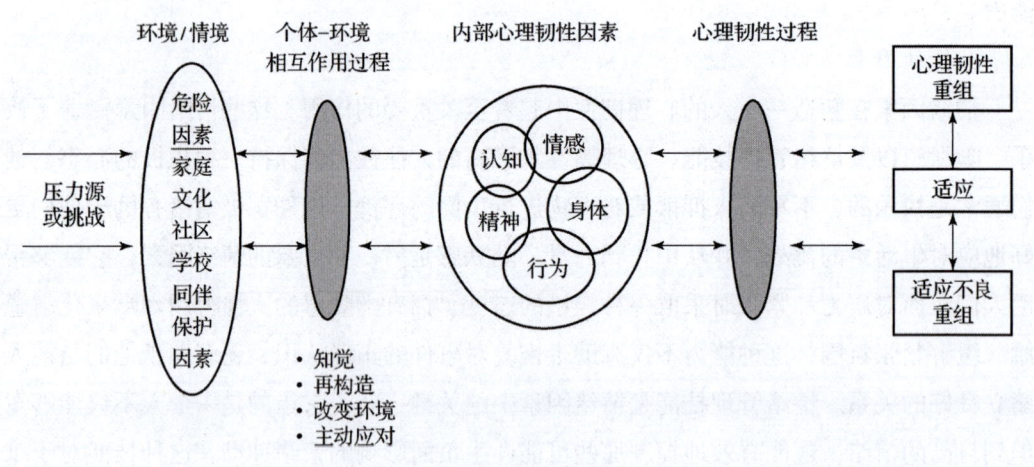

图3-1 心理韧性框架

三、心理韧性的培养与提升

（一）建立积极的自我形象

积极的自我形象，则是个体对自己持有的一种正面、肯定的态度和认知，它能够为个体提供自信、勇气和动力，从而强化心理韧性。

1. 正视自己的优点和成就

每个人都有自己独特的优点和长处，而正是这些优点和长处构成了我们的价值所在。然而，很多时候我们往往忽略了自己的优点，过分关注自己的不足和缺陷。因此，建立积极的自我形象的第一步就是要正视自己的优点和成就，认识到自己的独特之处，并为之自豪。当我们能够看到自己的优点和成就时，我们的自信心和自尊心就会得到增强，从而更有勇气面对生活中的挑战和困难。

2. 接受自己的不足和缺陷

尽管我们都有自己的优点和长处，但同样也会存在不足和缺陷，这是正常的，没有谁是完美的。然而，很多人却因为自己的不足和缺陷而感到自卑和沮丧，进而影响到他们的心理韧性。因此，建立积极的自我形象的关键之一就是要学会接受自己的不足和缺陷，不要苛求自己。当我们能够接受自己的不足时，我们就能够更加客观地看待自己，从而更加理性地应对生活中的挑战。

3. 从失败中汲取经验和教训

失败是生活中不可避免的一部分，但我们不应该因为失败而否定自己。相反，我们应该从失败中吸取经验和教训，认识到自己的不足，然后积极采取行动来改进自己。当我们能够从失败中站起来时，我们的心理韧性就会得到锻炼和提升。同时，这种积极的态度也会影响到我们的自我形象，使我们更加自信和坚定。

4. 要保持积极的心态和情绪

积极的心态和情绪是建立积极自我形象的重要保障。当我们遇到困难和挑战时，要相信自己有能力克服它们，并保持乐观和积极的心态。同时，我们也要学会调整自己的情绪，不要让负面情绪占据我们的心灵。当我们保持积极的心态和情绪时，我们的心理韧性就会得到进一步强化。

综上所述，建立积极的自我形象是强化心理韧性的有效途径。通过正视自己的优点和成就、接受自己的不足和缺陷、从失败中吸取经验和教训，以及保持积极的心态和情绪，我们就可以逐步建立起一个积极、自信、坚定的自我形象，从而更好地应对生活中的挑战和压力，展现出强大的心理韧性。

课堂活动 3-2

挫折处方

同学们 3~5 人为一组，请组中一位同学写出目前自己遇到的挫折。在小组内进行讨论，为这位同学找到应对挫折的有效方法，时间为 3 分钟。

每个小组派一位发言人向大家汇报讨论的结果：先说出同学遇到了哪些挫折，再汇报给他提出的解决方法。

（二）有效应对逆境

1. 正确认识和接纳逆境

逆境是生活中不可避免的一部分，无论是学业上的挫折、人际关系的冲突，还是生活中的不如意，都可能给我们带来困扰和挑战。然而，正确认识和接纳逆境是应对它们的第一步。我们应该明白，逆境并非终点，而是成长和进步的机会。通过正视逆境，我们能够更好地了解自己的局限和不足，从而激发自我提升的动力。

2. 学会调整心态

面对逆境时，我们往往容易陷入消极情绪中，感到沮丧、无助甚至绝望。然而，这种消极心态只会削弱我们的心理韧性，使我们更加难以应对逆境。因此，我们要学会调整自己的心态，保持积极乐观的态度。我们可以通过积极地自我暗示、寻找支持、参与有益的活动等方式来提升自己的情绪状态，从而更好地应对逆境。

3. 制订策略计划

我们可以分析逆境的原因和影响，找出解决问题的关键所在，然后制订可行的行动计划。同时，我们还要学会灵活应对，不断调整自己的策略和计划，以适应不断变化的环境和情境。

4. 吸取经验教训

每一次逆境都是一次宝贵的学习机会。我们应该认真分析自己在逆境中的表现和不足，找出问题的根源，并思考如何避免类似的问题再次发生。通过不断反思和总结，我们能够逐渐提升自己的应对能力，增强心理韧性。

5. 寻求帮助支持

面对逆境时，我们往往感到孤独和无助。然而，与他人分享自己的困境、寻求帮助和支持是应对逆境的重要途径之一。我们可以与家人、朋友或专业人士交流，分享自己的感受和困惑，听取他们的建议和支持。通过与他人共同面对逆境，我们能够获得更多的力量和信心，更好地应对挑战。

课堂活动 3-3

逆境中的力量

活动目的：培养积极应对逆境的能力。

活动道具：逆境故事卡片、彩色笔和白纸、计时器。

活动流程：

（1）主持人讲述一个逆境中的故事，引导参与者思考故事中的角色是如何应对逆境的。

（2）每个参与者随机抽取一张逆境故事卡片，阅读后思考并准备分享。

（3）主持人设定一个时间限制（如3分钟），要求参与者在这段时间内尽可能多地想出解决逆境故事中的问题的方案，并将每个方案记录在白纸上。

（4）每个参与者轮流展示自己的解决方案，其他参与者可以提问或给出建议。

（三）增强情绪调节能力

1. 了解并接纳自己的情绪

每个人都有情绪起伏的时候，这是正常的生理和心理反应。关键在于我们要学会正视并接纳自己的情绪，而不是逃避或压抑它们。通过自我观察和反思，我们可以更加清晰地了解自己的情绪状态，从而有针对性地进行调节。

2. 学会积极的情绪调节策略

在面对负面情绪时，我们可以采取深呼吸、冥想、放松训练等方法来缓解紧张情绪，恢复平静。同时，我们还可以通过转移注意力、积极思考等方式来调整自己的心态，使自己更加乐观向上。这些积极的情绪调节策略不仅有助于我们在短期内缓解负面情绪，还能在长期内提升我们的心理韧性。

3. 培养情绪管理能力

情绪管理包括对自己的情绪进行有效的控制和调节，以及对他人情绪的感知和理解。通过提高自己的情绪管理能力，我们可以更好地应对各种复杂的情绪情境，避免因情绪失控而做出冲动行为。同时，我们还可以通过倾听和理解他人的情绪，增进与他人的沟通和互动，建立更加和谐的人际关系。

课堂活动 3-4

辩论：挫折利弊之我见

全班同学分成两大组，每组推选出4名代表进行辩论。

正反：挫折对人有利

反方：挫折对人不利

（四）提升自我效能感

1. 设定明确且具体的目标

目标能够为我们提供方向，使我们更加专注于实现它所需的努力和行动。当我们设定明确的目标时，就能够更加清晰地了解自己的任务，从而更好地规划自己的行动。同时，具体的目标也更容易衡量和评估，使我们能够更准确地判断自己的进展和成果。通过不断实现这些目标，我们能够积累成功的经验，进而提升自我效能感。

2. 积极参与实践活动

实践是检验真理的唯一标准，也是提升自我效能感的有效途径。通过积极参与实践活动，我们能够不断尝试、学习和成长。同时，挑战自我也是提升自我效能感的重要方式。通过不断挑战自己的极限，我们能够突破自己的舒适区，发现自己的潜力，从而增强自信心和自我效能感。

3. 接受反馈并持续改进

反馈是了解自我表现的重要途径，通过接受他人的反馈和建议，我们能够更加客观地评估自己的表现，找出自己的不足之处，并制订改进计划。通过持续改进，我们能够不断提升自己的能力和水平，从而增强自我效能感。

4. 寻求社会支持和建立支持网络

当我们面临困难和挑战时，他人的支持和鼓励能够为我们提供力量和勇气。通过与他人的交流和互动，我们能够获得更多的建议和资源，从而更好地应对问题。同时，建立支持网络也能够使我们在需要时得到及时的帮助和支持。

课堂活动 3-5

请思考并回答以下问题：

（1）你认为自我效能感对你的心理韧性有何影响？请举例说明。
_____
_____

（2）你目前在哪些方面感到自我效能感较强？在哪些方面感到较弱？
_____
_____

心理自测台

心理韧性测试量表（见表3-1）中有27个描述心理韧性相关的题目，请你根据自己在面临挫折和逆境时的实际情况和这些题目的相符程度，在相应的位置打"√"。

表 3-1　心理韧性测试量表

题目	完全不符合	比较不符合	说不清	比较符合	完全符合
1. 失败总是让我感到气馁					
2. 我很难控制自己的不愉快情绪					
3. 我的生活有明确的目标					
4. 经历挫折后，我一般会更加成熟有经验					
5. 失败和挫折会让我怀疑自己的能力					
6. 当我遇到不愉快的事情时，总找不到合适的倾诉对象					
7. 我有一个同龄朋友，可以把我的困难讲给他/她听					
8. 父母很尊重我的意见					
9. 当我遇到困难需要帮助时，不知道该去找谁					
10. 我觉得与结果相比，事情的过程更能帮助人成长					
11. 面临困难，我一般会制订一个计划和解决方案					
12. 我习惯把事情憋在心里，而不是向人倾诉					
13. 我认为逆境对人有激励作用					
14. 逆境有时候是对成长的一种帮助					
15. 父母总是喜欢干涉我的想法					
16. 在家里，我说什么总是没人听					
17. 父母对我缺乏信心和精神上的支持					
18. 我有困难的时候会主动找别人倾诉					
19. 父母从来不苛责我					
20. 面对困难时，我会集中自己的全部精力					

续表

题目	完全不符合	比较不符合	说不清	比较符合	完全符合
21. 我一般要过很久才能忘记不愉快的事情					
22. 父母总是鼓励我全力以赴					
23. 我能够很好地在短时间内调整情绪					
24. 我会为自己设定目标，以推动自己前进					
25. 我觉得任何事情都有其积极的一面					
26. 我心情不好也不愿意跟别人说					
27. 我情绪波动很大，容易大起大落					

扫一扫看分析

心灵工作站

活动一：逆境模拟与应对

活动目标：通过模拟逆境场景，帮助参与者学会在面对困难时保持冷静，积极寻找解决方案。

活动内容：

1. 设计多个模拟逆境场景，如职场挫折、人际冲突、生活压力等。

2. 将参与者分成小组，每个小组随机抽取一个场景进行角色扮演。

3. 在角色扮演过程中，要求参与者尽可能真实地体验角色的情绪和挑战，并尝试提出解决方案。

4. 分享与讨论：每个小组分享自己的经历和应对方法，其他小组提出建议和反馈。

活动二：情绪调节训练

活动目标：帮助参与者掌握有效的情绪调节技巧，提高应对压力和挑战的能力。

活动内容：

1. 介绍常见的情绪调节技巧，如深呼吸、放松训练、积极思考等。

2. 参与者通过实际练习掌握这些技巧，并分享自己的体验和感受。

3. 设计一些挑战任务，让参与者在完成任务的过程中运用所学技巧，观察情绪变化。

4. 总结与反思：参与者分享自己在活动中的收获和成长，以及如何将这些技巧应用到日常生活中。

活动三：目标设定与实现

活动目标：帮助参与者学会设定明确的目标，并制订切实可行的计划，以应对生活中的挑战。

活动内容：

1. 参与者根据自己的实际情况，设定一个短期目标和一个长期目标。

2. 参与者分析实现目标所需的资源和条件，制订详细的行动计划。

3. 在活动过程中，定期进行目标进度的检查和调整，确保计划的有效实施。

4. 分享与庆祝：当参与者实现目标时，组织分享会，让参与者分享自己的成功经验和喜悦。

章节小结

1. 心理韧性是面对困难与压力时，能够迅速恢复并适应的能力。它帮助我们保持乐观，积极应对生活中的挑战。

2. 培养心理韧性需要学会接受并管理情绪，通过积极的心态和情绪调节技巧，增强应对逆境的能力。

3. 目标设定与坚持是心理韧性的关键。明确的目标能激发动力，持之以恒地努力则能克服一切困难。

4. 社交支持是心理韧性的重要来源。与亲朋好友、同事建立良好的关系，能在困难时提供情感支持和实际帮助。

5. 灵活适应是心理韧性的表现。面对变化，能够灵活调整策略，快速适应新环境和新挑战。

6. 自我反思与成长是提升心理韧性的途径。通过总结经验教训，不断完善自我，增强面对未来困难的能力。

7. 保持积极心态是心理韧性的基础。积极看待问题，相信自己的能力，就能在逆境中保持信心，勇往直前。

8. 心理韧性并非一蹴而就，它需要长期的积累与锻炼。通过参与各种活动、接受挑战，我们可以逐渐增强自己的心理韧性，更好地应对生活中的各种挑战。

> **拓展阅读**

1. 张晓萌，《韧性：不确定时代的精进法则》，中信出版集团，2023。

张晓萌博士在本书中深入探讨了韧性这一心理品质在不确定时代中的重要性。她结合多年的研究和实践经验，从多个维度解析了韧性的内涵和培养方法。通过阅读本书，读者可以学会如何在面对挑战和压力时保持坚韧不拔的精神，实现自我成长和精进。

2. 琳达·格雷厄姆，《心理韧性：从心理创伤中找回成长的信心》，中国友谊出版公司，2023。

本书帮助读者直面生活中的危机与挑战，运用技巧来减轻痛苦、调节身心状态、维持良好的人际关系，并通过训练提升心理素质。它告诉我们，只要拥有心理韧性，就能克服困难，走出黑暗，迎接辉煌。

3. 史铁生，《活着就是最大的幸福》，湖南文艺出版社，2011。

史铁生以其独特的生命体验和深刻的思考，在本书中传达了关于生命、幸福和心理韧性的深刻见解。他通过自己的亲身经历，告诉我们如何在困境中保持坚韧和乐观，寻找生活的意义和价值。这本书不仅是一部关于生命的哲学思考，更是一本激励人心的心理韧性指南。

模块二 人际关系

项目四
靠近你温暖我——同伴关系

> **心路故事会**
>
> ### 1 新室友你好
>
> 在刚迈进大学宿舍时，我十分焦虑和恐惧，"万一她们不好相处怎么办？""万一她们孤立我怎么办？""万一宿舍气氛很尴尬怎么办？"……我对未知的宿舍生活充满了恐惧。尽管大家远比想象中友好，但在我们相处的第一周里，我和我的室友还是爆发了一次争吵。
>
> 那天，A在群里发了一条消息，告诉我们宿舍窗户坏掉了。当时我们三个正在上课，于是我想着回去之后再解决这个问题。但让我没想到的是，A无法理解我的想法，也不愿意接受我没有在第一时间回复她的行为。最终我们大吵一架，陷入冷战之中。
>
> 面对室友A的指责与埋怨，我同样既委屈又焦虑。在和A冷战的一周中，我沉浸在自己的情绪里，不愿意承认是自己的回应方式有问题，也不想听A对于我的看法。同时我也不知道该怎么做才能完美解决这个问题，更不知道该怎么处理和室友之间的关系。
>
> 就在我思考在这种情况下该怎样度过大学四年时，善解人意的寝室长B帮助了我们，成了我们关系的枢纽。B告诉我："即使我们在家里，和爸爸妈妈相处的过程中也会出现矛盾和争吵，又怎能按照自己的生活习惯去要求他人呢？"听了B的话，我开始反思自己的回应方式是否给A造成了误会，让A以为我对集体的事情漠不关心。想通了之后，我选择直视自己的错误，向A道歉，并保证下次一定及时回复。A也表示会尊重他人的习惯。在经历这件事之后，我们寝室的关系也更加和谐了。

通过这件事，我进一步反思自己的行为方式，我想我在以前集体中的交往方式可能并不适用于新的集体，所以我开始思考该用什么样的生活方式来面对我的新室友。为了避免之前的矛盾再次发生，我邀请我的室友们进行一次"深夜谈心"，我询问她们不喜欢的和无法接受的事情，并将我讨厌的行为也告诉她们。同时，我们也对彼此敞开心扉谈论了各自的过往，还探讨了我们怎么才能一起度过愉快的四年。最终，我们决定"约法三章"：

1. 共同制定寝室规则，明确好各自的义务以及共同承担的责任；

2. 相互尊重，不歧视他人的习惯，不随意触碰他人的隐私物品，尊重彼此的私人空间；

3. 建立良好的沟通方式，及时解决问题和冲突，相互包容。

通过与室友的沟通和磨合，我明白了人与人之间不同的性格、"三观"、生活习惯、思想观念、兴趣爱好等都有可能引发或大或小的争执，但它并不是无法解决的。世界上没有两个完全契合的人，但是我们可以选择自己的沟通方式，真诚的沟通永远是必杀技！当我们用真诚的语言、理解的目光对待他人时，也会收获来自他人的爱和包容。

讨论：

1. "我"与室友 A 产生矛盾的根本原因是什么？
2. 在集体生活中，我们应该如何解决与室友间的矛盾？
3. 在集体生活中，我们应该如何建立良好和谐的寝室关系？

心路故事会

2 "I"人 or "E"人，我是真的社恐吗？

自从我记事起，我就是一个不折不扣的"I"人：在公共场合不敢讲话，在课堂上不愿发言，甚至是在关键时刻也不敢表达自己内心的想法……然而，在走进大学校园之后，我下决心要改变这样的自己，不想因为"社恐"与不可多得的机会失之交臂。

记得那是一次学校心理健康教育中心的助理面试，也是我人生中的第一次面试。从高中起就十分热爱心理学的我，自然很珍惜这次能够实现理想的机会，但由于此前从未接触过面试，我的心中充满了对未知的恐惧。在面试的前几天，我总是辗转反侧，除了担心自己能不能获得这个职位，更多的是对走上台讲话这件事感到焦虑。面试当天，我甚至紧张得动作僵硬，但仍在心里一遍又一遍地鼓励自己，并尝试接纳自己的焦虑。当我真正走到台上时，大脑却并没有像自己曾经预想的那般空白，反倒因为有些紧张而变得比平时更加清醒冷静。面试前的充分准备也让我能够顺利地回答老师们的问题。原来，面试并没有我想象中那么可怕！最终，我也如愿以偿地获得了这个职位，也因此交到了一群志同道合的朋友，学到了更多专业知识。在那之后，我又主动地报名了学校大学生艺术团、班干部等的面试和竞选，无论最终取得怎样的结果，至少我都不会像曾经那样，对表达自己感到紧张、焦虑。

另一个让我印象深刻的事是英语课堂上每学期一次的口语表达考试。那一次，老师宣布要进行口语表达考试并任命我为组长，要求我用两周的时间带领小组同学完成每人三分钟的演讲。这项任务对于刚步入大学、连使用中文演讲三分钟都做不到的我来说，脑海中想到的第一句话就是"不可能"。然而，我深知这是一次极佳的展现自己的机会，更是一次能帮助自己克服"社恐"的机会。所以在接下来两周的时间里，我每天晚上都要抽出至少半小时来练习自己的英语口语，在夜晚空无一人的教室里一遍又一遍地熟背自己的演讲稿……即便如此，在正式上台演讲的那天，我还是不可避免地出现了大脑空白的状况，但老师、同学们的包容和鼓励更让我下定决心要有所改变。从那以后，我给自己制定了一份"演讲目标计划清单"：从演讲时不要声音颤抖，到演讲时不要表情动作僵硬，再到演讲时不要大脑空白……就这样一步又一步地提高自己。在最近一次的口语水平考试里，即便我还是无法做到全程脱稿，但也终于能够直视台下听众们的眼睛，变得不再像曾经那样抵触演讲。

如今，距离我下决心要改变自己的那一刻已经过去了近一年的时间。当我回顾不断尝试、不断挑战自己的这一年，发觉名为"自信"的种子已经在心底深深扎根。尽管在面对陌生的人和事时还是会感到有些紧张，但我已经不再是曾经那个透明的、"社恐"的我，而是最真实的、敢于表达的我。

> **讨论：**
> 1. 为什么"我"会对公开发言感到焦虑和恐惧？
> 2. 是什么使"我"勇敢地决定做出改变？
> 3. 在日常生活中，我们应该怎样提高自己的社交能力？

心海导航塔

一、人际关系概述

（一）人际关系与沟通模式

1. 人际关系的含义

人际关系的内涵可划分为广义和狭义两种。广义的人际关系涵盖了所有人与人之间的关联，包括社会中各类人际关系，以及人际关系在各个方面的表现。而从狭义角度理解，人际关系是指人与人通过互动与交往所构建的直接心理关系。这种关系揭示了个人或群体在满足社会需求过程中的心理状态，是社会关系的体现形式，由认知、情感和行为三个相互关联的元素构成。

2. 沟通模式

人际交往有不同的沟通模式和类型，家庭治疗大师萨提亚提出治疗和分析无数人的看、听、动作、触摸、嗅觉及内心想法，总结出人类的五种沟通模式：讨好、指责、超理智、打岔和真实一致（见表4-1）。在面对人际关系困境时，绝大多数人会选择前四种沟通模式来掩盖自身的脆弱，仅少数人能够真实一致地表达自己。

①讨好模式：试图远离对自己产生压力的人或减轻自己因某些人所带来的压力。

②指责模式：试图表明不是自己的过错，让自己远离压力的威胁。

③超理智模式：逃避现实的任何感受，也回避因压力所产生的困扰和痛苦。

④打岔模式：让别人在与自己交往时分散注意力，也减轻自己对压力的关注，想让压力因素与自己保持距离。

⑤真诚一致模式：认可压力的存在，正视自己处于压力之中，承担起自己在压力中的责任，为有效地应对压力而作出努力。

项目四 靠近你温暖我——同伴关系

表 4-1 沟通模式

模式	言语	情感	行为	内心体验	心理影响	生理影响
讨好模式	同意："这全是我的错。""我想要让你高兴。"	乞求："我很无助。"恳求的表情和声音；软弱的身体姿势	依赖型的受难者：过分的和善，道歉，请求宽恕，哀求与乞怜，让步	"我觉得自己无足轻重。""我毫无价值。"	神经质；抑郁；自杀倾向	消化道不适：肠胃问题，如恶心呕吐、便秘等；糖尿病，偏头痛、便秘等
指责模式	否定："你总是做错事！""你到底怎么搞的？""都是你的错！"	指责："在这里我是权威"强有力的身体姿势；僵硬紧绷	攻击：独裁；批评；吹毛求疵	隔绝："我很孤单，我很失败。"	偏执狂；冲动；暴力；反社会特质等	肌肉紧张，背部酸痛，循环系统障碍，高血压，关节炎，气喘等
超理智模式	极端客观：使用抽象字眼及冗长的解释。如"什么事都与学术有关"，"我只关心事情合不合乎规定或正不正确"，"人一定要有理智"	顽固，疏离：顽固，不愿变更，保持冷静，沉着不慌乱	威权十足：顽固，不愿变更，举止合理，操作固执刻板，僵硬的身体姿势	"我感到空虚与隔绝。""我不能露出任何感觉。"	强迫性的；反社会的；社会退缩；故步自封	内分泌疾病、癌症、血液病、心脏病、胸背痛
打岔模式	漫无主题：毫无道理，抓不住重点，随心所欲，随口表示，东拉西扯。如"我自己也搞不清"	波动混乱，满不在乎。如"我心不在焉"，身体姿势特征长足不停地在动	转移注意力：不恰当的举动，多动，忙碌，插嘴，打扰	"没有人当真在意。""这里根本没有我说话的地方。"失去平衡，以打断别人的谈话来博得大家的注意	迷茫；不合时宜；精神病；不适当；不合情理，心态混乱	神经系统症状、胃疾、眩晕、恶心、糖尿病、偏头痛、便秘
真诚一致模式	尊重客观，尊重自己，尊重别人	稳定、乐观、开朗、自信	接纳压力和困难，应付自如，顾全大局，乐于助人	虽然有时惶恐，但仍充满勇气和信心，有坚强的毅力，当时和事后心里充满了坦然和安稳	合情合理、心平气和、泰然处之	全身放松、精神抖擞、健康、充满活力

53

> **课堂活动 4-1**
>
> **沟通模式**
>
> 针对以上沟通模式,你可以代入想象一下,当你面对不同沟通模式的交往对象时,你通常会有什么反应,原因是什么?
>
> _____
>
> _____
>
> _____

(二)人际交往的理论

1. 社会交换理论

社会交换理论由美国社会学家霍曼斯在 1958 年提出。该理论认为,人际交往实际上类似于商品交换,不仅是物质、资源的交换,还包括爱、声望、知识、服务等精神的交换。交往中的付出称为损失,交往中的得到称为收益。霍曼斯认为每个人都希望收益最大化、损失最小化。而人际关系便是个体或者集体彼此寻求满足的需要状态。人们得到的好处越多,相应的行为就会被不断强化,从而持续出现,成为一种习惯甚至是本能。

2. 人际需求三维理论

美国社会心理学家舒茨的人际需求三维理论指出,人们在社交中有三种基本需求:包容、支配和情感。这些需求决定了个体在交往中的行为以及如何解读和预测他人行为。包容需求是人们对建立、维持和隶属于某个群体,以及与他人保持愉悦互动的心理需求。支配需求则是在权力关系中,个体对控制或被控制的需求,旨在实现满意的人际关系。情感需求则是人们对爱与被爱,以及建立紧密情感联系的心理需求。

这三种需求在人际交往中逐渐培养和提高。在孤立环境中,难以培养包容和支配行为,更不用提情感交流。因此,健康的人际关系中,个体需满足这三种基本需求。

3. PAC 理论

PAC 理论由加拿大心理学家伯恩提出,又被称为交互作用分析理论。该理论认为,两人在相互交往时都会处在自我状态中,分别是父母自我状态、成人自我状态、儿童自我状态。

父母自我状态是指个体在生命早期与父母互动过程中,内化父母状态而形成的稳定特征。由于父母对婴幼儿主要负责身心照料和行为规范引导,个体在成年后亦会将这两方面内化,并在人际交往中呈现出来;成人自我状态是个体在成长过程中,通过与现实环境的互动，逐渐形成的理性、基于现实的判断状态。它体现了个体对环境要求的客观评价，有能力区分并整合来自父母和他人的观念，以及自我体验的观念，是思考与观念形成的过程与结果。儿童自我状态则是个体自婴儿期起即存在的自我状态，这种状态在成长过程中得到保留。在婴幼儿期，个体既表现出儿童特有的愉快、自由、创造性的一面，又展现出听话、乖巧、顺从的特点。

这三种状态在不同的情境、面对不同的交往对象和个体不同的身心状态下，出现的比例和程度会有所不同。

> **课堂活动 4-2**
>
> **人际交往理论分析**
>
> 请用人际交往理论分析你自己感受最深的一次人际交往实践。
> _____
> _____
> _____

（三）人际关系建立与发展的过程

从由浅入深的角度来看，良好的人际关系的建立和发展，一般需要经过定向、情感探索、情感交流和稳定交往四个阶段。

1. 定向阶段

定向阶段包含注意、抉择和初步沟通等心理活动。我们很难与所有人建立良好关系，而是选择性地与人交往。通常只有引起我们兴趣的人才会受到特别关注，这种关注反映了需求倾向，如选择恋人时，我们会注意与理想形象相近的异性；抉择是理性决策，不同于自发的注意选择。我们要经过理性选择过程，选择与价值观念相符的人交往。初步沟通是在选定交往对象后，试图建立联系的行动，目的是初步了解对方，判断是否适合深入交往；初步沟通是建立深刻关系的尝试，双方都希望在沟通过程中给对方留下良好印象，以便关系积极发展。定向阶段的时间跨度因情况而异，可能在一次见面时完成，也可能需要长时间沟通。

2. 情感探索阶段

情感探索阶段的目的是探索双方在哪些方面可以建立真实的情感联系，而不是仅仅停留在一般的正式交往模式。随着双方情感联系的加深，双方的沟通也会越来越广泛，自我暴露的深度与广度也逐渐增加。但在本阶段，人们的话题仍避免触及别人私密性的领域，自我暴露也不涉及自己的深层方面。尽管人们在双方关系上已开始有一定程度的情感卷入，但双方的交往模式仍与定向阶段相类似，具有很大的正式交往特征，彼此仍然注意自己表现的规范性。

3. 情感交流阶段

人际关系发展到情感交流阶段，其性质开始出现实质性变化。此时，双方的人际关系安全感已经得到确立，谈话也开始广泛涉及自我的许多方面，并有较深的情感卷入。如果关系在这一阶段破裂，将会给人带来相当大的心理压力。在此阶段，双方的表现已经超出正式交往的范围，交往的压力已经趋于消失，人们会相互提供真实的评价性的反馈信息，进行真诚的赞赏和批评。

4. 稳定交往阶段

本阶段人们心理上的相容性会进一步增加，自我暴露也更广泛、深刻，人们允许对方进入高度私密性的个人领域。但在实际生活中，很少有人达到这一情感层次，许多人际关系并没有在第三阶段的基础上进一步发展，而是仅仅在第三阶段简单重复。

（四）人际交往的心理效应

1. 首因效应

首因，即最初的印象，或称第一印象，也是我们常说的"给人留下一个好印象"。在人际交往中，人们往往注意第一次接触时的细节，如对方的表情、身材、容貌等，而对后来接触到的细节不太关注。这种基于先前的信息而形成的最初印象及其影响，就是首因效应，即我们常说的"先入为主"。第一印象所依赖的信息是有限的，第一印象不一定是真实可靠的。由于认知具有综合性，随着时间的变化、认识的深入，人完全可以把这些不完全的信息贯穿起来，用思维填补空缺，形成一定程度的整体印象，也就是我们所说的"路遥知马力，日久见人心"。

2. 近因效应

近因，即最后的印象。近因效应指最后的印象对人们的认知具有影响。最后留下的印象，往往是最深刻的印象，这也就是心理学上所阐释的后摄作用。首因效应与近因效应不是对立的，而是一个问题的两个方面。在对陌生人的认知中，首因效应比较明显；而对熟识的人的认知，近因效应比较明显。这就告诉我们，在与他人进行交往时，既要注意平时给对方留下的印象，也要注意给对方留下的第一印象和最后印象。

3. 晕轮效应

晕轮效应又称光环效应，指在人际交往中，人们常将对方所具有的某个特性泛化到其他相关的特性上，根据部分信息形成一个完整的印象，即根据最少量的情况对别人作出全面的结论。所谓"情人眼里出西施",说的就是晕轮效应。晕轮效应实际上是个人主观推断的结果。在晕轮效应下,一个人的优点或缺点一旦被扩大,其缺点或优点也就隐退到光环的背后而被别人忽视了。

4. 投射效应

投射效应是指在人际交往中,形成对别人的印象时总是假设他人与自己有相同的倾向。所谓"以小人之心,度君子之腹",就反映了投射效应。投射可分为两种类型。一种是个人没有意识到自己具有某些特性,而把这些特性加到了他人身上。例如,一个对他人有敌意的同学,总感觉对方对自己怀有仇恨,似乎对方的一举一动都有挑衅的色彩。另一种是指个人意识到自己的某些不称心的特性,而把这些特性加到他人身上。例如,在考场上想作弊的同学总感觉到别的同学也在作弊,倘若自己不作弊就吃亏了。其目的是通过这种投射重新估价自己的不称心的特性,以求得心理上的暂时平衡。

5. 刻板印象

刻板印象是社会上对于某一类事物或人物的一种比较固定、概括而笼统的看法。这种现象主要体现在人际交往过程中,表现为过于主观和机械地将交往对象归为某一类别,无论对方是否具备该类人的特征,都将其视为该类人的典型代表,进而将对此类人的评价强加于他。刻板印象作为一种固定化的认识,虽然有利于对某一群体作出概括性的评价,但也容易产生偏差,造成"先入为主"的成见,阻碍人与人之间深入细致的认知。例如,男性普遍认为女性心思细腻、胆量较小、性格温柔;而女性则普遍认为男性心胸宽广、胆识过人、自信满满。

6. 登门槛效应

登门槛效应,又称得寸进尺效应,是一种心理学现象。当一个人在面对他人提出的微不足道的要求时,为了避免认知上的不协调或为了展现前后一致的形象,可能会进而接受更大的要求。这一现象揭示了人们在面对请求时的心理变化和决策过程。这种现象,犹如登门槛时要一级台阶一级台阶地登,这样能更容易、更顺利地登上高处。心理学家认为,在一般情况下,人们都不愿接受较大、较难的要求,因为这样的要求费时费力又难以成功;相反人们却乐于接受较小的、较易完成的要求,在实现了较小的要求后,人们才慢慢地接受较大的要求,这就是登门槛效应对人的影响。明代洪自诚也曾谈到这个问题,他在《菜根谭》中说:"攻人之恶勿太严,要思其堪受;教人之善勿太高,当使人可从。"

二、大学生人际交往

(一)大学生人际交往的特点

随着社会进步,信息化浪潮席卷而来,当代大学生的人际交往呈现出多元化与开放性相结合的新态势,主要表现在交往范围、交往方式、交往动机、交往内容、交往手段几个方面。

1. 交往范围扩大

步入大学之后,随着现实环境与心理成长需求的转变,个体之间的交往范围亦发生了显著变化。大学生与父母、教师、辅导员的空间距离显著扩大,相处时间相应减少。在此背景下,大学生的人际互动主要集中在同龄人之间,交往对象从过去的亲缘、朋辈转变为更为广泛的社会交往群体,涵盖了家人、教师、同学,以及同辈群体和其他社会角色群体。

2. 直接交往与间接交往并重

大学生每天的生活基本是教室—食堂—图书馆—寝室"四点一线",因此,大学生的人际交往以日常面对面的接触为主。大学往往淡化了班级的概念,寝室是大学生在校期间生活和学习的主要场所。在寝室,大学生可以畅所欲言,互相帮助、互相照顾。在这种亲密的接触和交流中,舍友之间能够自然地产生淳朴的同窗情谊,建立良好的同学关系。但随着交往和了解的深入,不同的成长环境、家庭背景、性格特点、生活习惯都有可能成为继续交往的障碍。伴随着信息技术的飞速发展,网络凭借其自由、平等、共享、隐蔽、弱规范性和开放性等特点,为大学生提供了一个可以自由、平等表达情感、思想和观念的平台,摆脱了现实生活中人际交往的社会规范约束,因此,网络交流逐渐成为当代大学生人际交往的重要方式。网络交往打破了时空壁垒,拓宽了交往范围,使大学生的信息获取和储存量空前提升。如今,大学生的交往形式呈现出直接交往与间接交往并重的特点。

3. 情感型交往与功利型交往并重

在人际交往方面,大学生抱有强烈的意愿,期望通过交往觅得"知己良朋"。他们在人际交往过程中,重视情感的传递与交流,强调志同道合与心灵契合。然而,伴随着社会变迁与进步,大学生的交往目的逐渐趋向于"理性化"和"世俗化",交往动机变得更为复杂。他们在交往中开始关注互惠互利,重视交往结果与效益。部分大学生更倾向于与那些能够助力自身成长的人建立联系。因此,大学生的人际交往在强调情感交流的同时,也逐渐重视与自身社会利益相关的务实性,呈现出情感型交往与功利型交往并重的态势。

4. 交往内容具有丰富性

大学生的交往活动以学业为核心展开。凭借共同的兴趣、爱好以及互相促进和帮助的精神,许多同学逐渐建立了友谊。他们热衷于对社会问题进行调研,关注时事,并积极参与社会实践。通过参与公益活动、勤工助学等方式,增加对社会的认知,拓展社会交往范围,提升独立谋生的能力。

5. 交往手段具有多样性和灵活性

当代大学生的交往手段灵活多样,他们不仅采用互访、聊天等传统手段进行交往,还利用社团活动、聚会、体育活动、结伴出游以及其他集体活动认识朋友、发展友谊。现代科学技术使得网络人际交往成为一种新型的、重要的人际交往手段，大学生通过短视频平台、论坛、聊天软件等在虚拟世界中聊天、交友、游戏，人际交往变得更方便、快捷，交往范围也更广泛。

6. 富于理想，期待较高

大学生所处的发展阶段特性使其对人际关系持有相对理想化的期待。他们期望亲密关系能遵循自身理想化的标准发展，受到网络信息与文学作品的深远影响，对同伴和伴侣的要求较高。随着关系的推进，他们逐渐发现人际关系的现实状况与理想存在较大差距，从而产生不满或失望情绪。因此，部分学生倾向于避免与大学同学建立交往，反而寻求与中学时代同学的联系，反映出对当前人际关系圈的不满与疏离。

（二）大学生人际交往的分类

1. 同学关系

同学关系，以专业学习为基础，是大学生最重要、最基本、最稳定的人际关系之一。大学生重视同学关系，以同学行为为参照，在意同学评价，看重同学认可。多数大学生远离家庭，在新环境中需建立归属感，被同龄人和团体接纳是建立归属感的重要途径之一。在人际交往中，大学生注重情感成分，希望将同学关系发展为朋友关系，以便在遇到困难时获得社会支持。室友关系是同学关系中时空接近、纠纷集中的人际关系，差异大的大学生之间可能产生矛盾和冲突。

2. 朋友关系

朋友关系可以是同性间或异性间的。大学生的朋友关系建立在共同兴趣、爱好和关键时刻的互助上。朋友的影响有时甚至超过家长或教师。但过于亲密的朋友关系可能导致双方失去自由和个性，形成人际束缚和张力。大学生通常有理想化的朋友观念，期望朋友间亲密无间并以双方利益为重。然而，保持适度的时空距离更有助于发展和巩固朋友关系，但过大的时空距离可能导致朋友关系疏远。

3. 亲子关系

父母是大学生的重要依靠，与父母的关系贯穿孩子的一生。父母在人际互动方面的态度和行为方式，会对孩子产生潜移默化的影响，在一定程度上决定孩子在人际交往问题上最基本的价值取向，有时会直接影响孩子与他人交往过程中的行为反应模式。

4. 师生关系

与教师交往的能力是大学生需要锻炼的能力之一。很多大学生觉得上大学后与教师的关系疏远了，很少有机会与教师交流。事实上，教师不是不想和学生交流，而是学生不会主动和教师交流。

5. 网络中的人际关系

大学生是网络应用的主力军，网络为他们提供了人际交往平台。有些大学生选择网友为主要倾诉对象，但网络交往有时会掩盖真实的自我，也可能促进流露真实自我。因为网络的虚拟性，许多人敢于在网络上说出平时不敢说的话。然而，如果长时间陷入虚拟与现实的冲突，大学生可能会对自身角色认同感到混乱。

网络交往不能替代现实交往，过度关注网络可能导致忽视现实生活。例如，有些大学生遇到问题时更愿意求助于网友而非身边的同学，这可能导致自我封闭，降低与周围群体交往的可能性。尽管现代交往方式方便、快捷，但也可能导致人们回避现实人际接触。

（三）大学生人际交往的意义

马斯洛认为，人人都有归属需要——得到他人的爱与尊重，这些社会需要是与吃饭穿衣等生理需要同等重要的需要，否则人们将丧失安全感，进而出现心理问题。大学生正处于身心全面发展的时期，人际交往对大学生个体成长具有重要意义。

1. 人际交往是大学生社会化进程的推进器

人际交往是个人社会化的必经之路。社会化即个人学习社会知识、生存技能和文化，从而取得社会生活资格的过程。如果没有其他人的合作，个人是无法完成这个过程的。人际关系所带来的信息、机遇，可以助力个体走上一条成功之路。

2. 人际交往是大学生正确认识自我的重要途径

通过自己在他人身上的影响来审视自己的人生态度、人格状况、人际关系等，并以此来警示自己、教育自己。大学生都生活在以集群为载体的社会关系中，群体对个人都有一个现实的评价和定位，这就是个体在群体中的映像自我。同时个体可以通过这个"群体映像自我"，明确自身在社会集体中的位置，认清自己的社会价值。

3. 人际交往是大学生实现个性全面发展的重要手段

社会心理学研究证实：愉快、广泛和深刻的人际交往有助于个性发展与身心健康，一个人如果长期缺乏稳定而良好的人际关系，往往就有明显的性格缺陷。健康的人格总是与健康的人际关系相伴随的，人格健康水平越高，与别人交往越积极，越符合社会的期望，与别人的关系也越深刻。

4. 人际交往是大学生保持心理健康的有效方式

现代心理学研究发现，人际关系失调是导致人类心理病态的主要原因。与人冲突会使人心灵受创，导致精神紧张和抑郁，甚至引发心理障碍和内分泌功能紊乱，进一步导致生理变化。分享快乐和倾诉忧愁是减轻心理压力、缓解紧张的有效方式。缺乏必要的社交交往会导致心理负荷过重。

> **课堂活动 4-3**
>
> **人际关系的重要性**
>
> 1. 进入大学后,你认为和你关系最好的朋友是谁?(你不一定要写出他的名字,可以用代号来表示)你为什么把他当作朋友?
> _____
> _____
> _____
>
> 2. 请你写出在成长过程中对你影响最大的三个人。
> _____
>
> 3. 当你在生活、学习中遭遇困难或挫折的时候,你第一时间对谁倾诉?为什么会是他?
> _____
> _____
> _____

(四)大学生人际交往的常见问题

在大学生群体中,特别是新生群体中,主要存在以下三种常见人际交往问题。

1. 不敢交往

在人际交往的实践中,每个人其实都有不同程度的恐惧感,只是每个人的反应程度不同而已。有一部分大学生反应特别强烈,由于害羞、自卑等心理的作用,在与人交往时显得特别紧张、心跳气喘、面红耳赤、两眼不敢正视对方;在交谈时显得语无伦次、词不达意;在人多的场合或者在集体活动中更感到恐惧,不敢和人打交道,不敢表现自己,严重的可导致社交恐惧症。

2. 不愿交往

有的大学生在经历了"千军万马过独木桥"之后,发现自己不如在中学时那么出类拔萃了,进而形成因嫉妒或自卑心理造成的人际交往障碍,缺少人与人之间必要的信任与理解。有的同学遇事总是回避退让,整日郁郁寡欢,缺乏交往的愿望和兴趣,他们自我封闭、孤芳自赏,但又特别敏感,心理承受力差,独来独往,不愿抛头露面,不愿与人交往。

3. 不懂交往

进入大学之后,大学生大都有强烈的交往欲望,但又常常感到人际交往很困难。

主要原因是大学生对人际交往的追求往往带有较浓的理想色彩，以友谊的理想模式为标准来衡量现实生活中实际的人际关系，导致高期待与高挫折感并存。大学生未能充分认识到日常交往的重要性，他们总是期待他人主动关心自己，期待他人与自己建立联系，而自己则始终保持被动姿态；抑或在急需他人协助时，才临时寻求帮助，这使得对方在物质和精神层面均无法获得满足，甚至感到负担过重，从而导致交往关系的终止。

（五）产生人际交往问题的原因

产生人际交往问题的原因复杂多样，从发展心理学的角度看，与个体的家庭养育环境和教养方式有关；从学习心理学的角度看，与个体的过去经历中的模仿对象有关；从认知心理学的角度看，与个体的思维方式和认知风格有关。以下主要从大学生的认知、情绪和性格出发，探讨产生人际交往问题的常见原因。

1. 认知偏差

人际交往中的认知偏差指不能够正确地看待他人和自己，主要包括对自我的认知偏差和对他人的认知偏差。对自我的认知偏差，即没有摆正自我在人际关系中的正确位置，过低或者过高地评价自己。有些大学生可能自视过高，目中无人，习惯于自我中心。有一部分大学生则相反，他们在与他人的交往中看不到自己的价值，认为自己处处不如人，低估自己，从而产生自卑心理。对他人的认知偏差主要表现为社会刻板印象，指人们对某一类人产生的固定、概括、笼统的看法。个体没有对他人进行全面深刻的了解，缺乏充分依据，且过于主观和片面，会导致交往受阻。

2. 过度情绪化

情绪化指一个人的心理状态容易发生情绪波动，表现出喜怒无常的特点。情绪的过度波动会导致甚至加深个体的认知偏差，使个体出现行为失控，并造成人际交往恶化。此外，情绪具有感染性，一方的不良情绪往往会使得另一方产生消极情绪。因此，交往过程中的情绪反应影响交往的发展方向。个体情绪反应过激，会给人以轻浮不实之感；情绪反应太冷淡，则容易被人视为麻木无情。

3. 羞怯和自卑

大学生在人际互动中，有时会出现胆怯、畏惧之情，甚至产生自我封闭的现象。部分大学生由于性格胆小或内向孤僻，导致在与他人交往过程中充满紧张与担忧，进而回避退缩。在社交场合中，过度拘谨的个体言谈举止僵硬不自然，势必会影响正常交往的效果。这种害羞胆怯的心理使其倾向于自我封闭，不愿主动与他人建立联系，从而加剧了人际关系的困境。

4. 猜疑和戒备

大学生在交往过程中对人不信任，在自己与他人之间设置一堵无形的墙，处处防范他人，在与人交往中仿佛戴着面具，会产生令人不舒服的交往体验。部分大学生在交往的时候，喜欢主观猜测，怀疑对方，这样的猜忌会让个体内心产生对别人的防御心理，导致双方都非常不愉快，加大人与人之间的心理距离，造成心理隔膜和感情上的疏远，致使交往停留在表浅状态，因此猜忌是人际交往的一大障碍。

三、大学生人际交往能力的提升

（一）明确人际交往的原则

积极、全面而良好的认知态度是健康交往的基础。为了使大学生交往行为能引起良好的行为反应，在交往中应遵循一定的原则。

1. 平等的原则

平等是建立良好人际关系的基石，是人际交往的首要原则。社会心理学研究指出，人际关系建立在相互扶持和重视之上。大学生虽出身、经济、能力各异，但并无高低贵贱之分。无论成绩、能力或家庭条件如何，大学生应平等对待他人，坦诚交流，避免强加己意。傲慢自大、缺乏尊重将导致他人疏远，而自卑封闭也难以建立良好的人际关系。唯有平等相处、理解他人，才能促进人际关系的和谐与融洽。

2. 尊重的原则

每个人都有自尊心，都希望不被伤害。自尊心的高低取决于自我价值感。自我价值感强烈的人，自尊心较高；自我价值感不强的人，自尊心较低。心理学研究表明，人们在交往中倾向于维护自我价值感。自我价值感主要来自他人反馈，肯定增强自我价值感，否定则威胁到它。威胁他人自我价值感会引起对方的强烈排斥，破坏人际关系。

3. 真诚的原则

交友之道在于豁达与坦诚，真心付出才能赢得友谊。真诚是大学生人际交往中最重要的原则，也是高尚品德的体现。1968年，美国心理学家设计了测试表，发现人们最看重的品质是真诚，与之相关的形容词包括真诚、诚实、忠诚、真实、信赖和可靠。虚伪则是评价最低的品质。因此，真诚是建立深厚友情的必要条件。

4. 宽容的原则

宽容是在非原则问题上展现大度，能够接纳和尊重他人差异。这种态度有助于减少人际冲突，促进和谐交往。遇到不愉快的人和事时，宽容的态度能避免恶性循环，促进彼此理解和友好关系。在人际交往中，宽容是赢得友谊的关键，它让人愿意与你交往，同时也让你在交往中感受到愉悦。

5. 谦逊的原则

谦逊是一种美德。谦虚好学者，人们总是乐于与之交往；反之，人们往往避而远之。在人际交往中，大学生一定要有豁达的胸怀，谦逊谨慎，戒骄戒躁，虚心学习他人之长，切勿狂妄自大、傲视他人，更不能不懂装懂、知错不改。

6. 理解的原则

"金玉易得，知己难寻。"知己指能够理解和关心自己的人。相互理解是人际沟通的必要条件。了解他人处境、心理、特性、好恶、需求等，并主动调整或约束自己行为，给予关心、帮助和方便，多为他人着想，是大学生在人际交往中应有的态度。

（二）把握人际交往的尺度

人际交往上的"度"指的是保持良好人际关系所需要把握的方向、广度、深度、距离、频率等。

1. 交往方向要明确

大学生的交往对象与其过往所接触的人群存在显著差异。初入校园的大学生思想相对纯真，因此在人际交往过程中，明确交往方向显得尤为关键。若交往方向模糊不清，将直接制约个人的健康发展。

2. 交往的广度要适当

当代大学生已经深刻意识到人际交往的重要性，绝大多数人皆具备亲密交往的朋友，这无疑是值得肯定的现象。然而，若仅局限于狭窄的社交圈子，排斥那些本可结交的益友，便无法实现信息渠道的畅通，进而阻碍正常人际关系的成长。此外，大学生在拓展交往范围时也应有所节制，倘若人数过多、范围过大，必将导致精力分散，从而影响学业，长此以往，实则得不偿失。

3. 交往时间适度

人的社会性需求除交往外，还有工作、学习等。交往对事业有帮助，但社交与学习在时间和精力上矛盾，大学生需把握时间分配的"度"，重视学习，防止忽视学习。

4. 交往距离适度

同学关系好不必形影不离，不和也不必老死不相往来，应疏密有度，有利于心理健康和人际关系发展。

5. 与异性交往适度

正常异性交往有助于身心健康和人格发展。大学生过分沉溺于不成熟的异性恋情，会减少与同学接触机会，甚至忽视学习，影响进步与发展。

（三）掌握人际交往的技巧

人际交往是人与人之间的心理互动过程，只有注意观察、体验，调整自己的认知结构，掌握一定的人际交往技巧，才能提高交往能力。

1. 消除戒备，敞开心扉

在人际交往中，部分大学生虽有建立和谐关系的意愿，但却对交往观念存在误解。一些同学认为，"率先与他人互动会显得自己地位较低"；"若我率先与他人交谈，但对方冷淡回应，该如何应对"？另一些同学则秉持"害人之心不可有，防人之心不可无"的信念，将人际关系理解为钩心斗角，担忧在交往过程中遭受他人的算计，因此行事小心翼翼，缺乏积极主动和热情。然而，事实上，要想获得他人的友谊，首先要主动向对方传递友好的信号，"爱人者，人恒爱之；敬人者，人恒敬之。"

2. 建立良好的第一印象

初入校园的大学生在与新朋友交往时，应高度重视给对方留下良好的第一印象。美国学者伦纳德·曾宁博士在其著作《接触头四分钟》中指出，在新结识人际关系时，头四分钟的作用至关重要。他认为，在结识新朋友的过程中，至少应在前四分钟内保持高度专注，避免分心、东张西望或心有旁骛，以免给对方带来不适。

3. 真诚地肯定对方

在人际交往过程中，人们普遍倾向于寻求认同与肯定。对于大学生这一群体而言，由于自尊心尤为强烈，他们在与他人交往时，务必给予对方肯定与尊重，努力发掘对方的优势与特长，并真诚、大方地赞美对方。如此方能顺利开启交往之路，建立良好的人际关系。

4. 礼尚往来，学会回报

人际交往中，真诚与热情会赢得对方的肯定。人际交往本质上是一种社会交换，不同于市场上的买卖交换。在生活中，互相帮助的人往往关系更紧密。回报的形式多样，包括物质和精神的、直接和间接的。但应注意，回报不是等价交换，也往往不是同步和等量的。大学生提供帮助时，不应以对方回报为前提，而应对他人帮助给予适时回报。

5. 学会表达，善于倾听

语言交流在人际交往中起着至关重要的作用，作为最直接且常用的沟通方式，它对于顺畅开展交往活动具有重要意义。掌握交谈技巧、善于表达、使用恰当的称呼以及关注倾听等方面，均有助于交往过程的顺利进行。

①学会表达。以明确、简洁、富有幽默感、生动、易懂、流畅的语言表达个人的观点和见解。在交流过程中，务必关注对方的意见与反馈，而非一味地陈述个人观点。同时，避免阿谀奉承、言辞肉麻，令人难以忍受；亦勿频繁质疑对方，让对方感受到被审问的压力。交谈的主题和形式应符合对方的知识背景、经验，满足对方心理需求和兴趣。

②善于倾听。交谈过程中，应充分关注对方意见，最佳方式为设身处地、全神贯注地倾听对方所表达的意涵，避免在倾听过程中频繁打断或展示出焦躁不安的情绪。

（四）改善人际关系的训练活动

针对改善人际关系的训练活动，通常着重于提升大学生的自我认知水平及社交技巧。这些活动均包含情境创设和协同学习两个环节，其过程为：将大学生引入与主题相关的情境之中，通过扮演各类角色，使他们获得深刻的体验和认识。在此基础上，进行角色互换、协商、辩论和分享，进而深化对活动内涵的理解，澄清非理性观念，实现认知上的突破。通过一系列精心设计的活动，将认知、行为和情感的心理过程有机地融为一体，达到和谐统一的效果。

1. 敏感性训练

敏感性训练是一种从团体心理疗法发展起来的团体训练技术，又叫 T 小组训练。它的活动方式主要是语言交流。这类团体通常由 5~15 人组成，其中包括 1 名团体心理辅导人员。训练期限可以是 1~4 周。

敏感性训练团体主要以非指导性的方式为参与者提供真实体验"此时此地"的情境。在活动开始时，团体成员之间往往先谈论参加这种活动的意图，想解决的和感兴趣的问题。随着沟通的深入，团体成员会逐渐了解他人对自己当时表现的反应。当团体成员之间的信任感和真诚的气氛建立起来后，每个团体成员都会逐步地在团体中暴露真实自我。敏感性训练活动包括"盲行""同舟共济"等。

2. 角色扮演法

角色扮演法作为一种个体训练技术，旨在帮助个体摆脱既有角色关系的限制。该方法通过让参与者扮演特定角色，引导他们从全新视角去体验、理解和感知他人的内心世界，从而掌握自身反应的适宜性。这一过程有助于提高参与者的自我意识水平，增进移情能力，并改变过往行为模式，使之更加符合个人社会角色定位，进而提升社交技巧。

3. 赞美训练法

赞美能使人的能量得以激发。在现实中，人们常常很吝啬赞美的语言，殊不知，赞美会在人际交往中创造奇迹。当一个人受到别人真诚的赞美或感谢时，情绪也会因此振奋飞扬。赞美是人际关系中一道不可或缺的桥梁，它能够带来愉悦的心情，增强自信，激发潜能，帮助我们更好地面对生活和工作中的挑战。

4. 利他行为实践法

利他行为是指在人际互动过程中，无私地协助他人而不追求任何外在奖励或回报的行为。研究发现，利他行为与心理健康之间存在关联，具有高度利他行为的人往往具备较高的心理健康水平，反之亦然。相较之下，低利他者在人际关系、焦虑、抑郁等方面与高利他者存在显著差异，这源于高利他者具有强烈的社会责任感和维护社会正义的信念，从而拥有较高的道德义务感和责任感。实施利他行为能让我们感受到被需要。在日常生活中，大学生可以在学业之余，为舍友或同学做一些力所能及的事情，如打扫卫生、承担一些他人不愿从事的任务等。

无论是在大学校园还是步入社会，我们都生活在人际关系网络中，每个人的成长和发展都离不开人际交往。具有良好的人际关系，是我们心理正常发展，具有安全感、归属感、幸福感的基础。具备了与他人良好互动的能力，能够从人际关系中获得他人的支持、理解和帮助，我们就能更好地享受大学生活。认识自己与他人的关系，了解影响人际关系的因素，把握人际交往的基本原则，掌握处理人际关系的方法，是每一位大学生的必修课。

心理自测台

人际关系自我评定量表

请你仔细阅读下列 16 个问题，每一个问题后面，各有三个答案，请你按照自己的真实情况任选其一。

1. 在人际交往中，我的信条是（　　）。

A. 大多数人是友善的，可与之为友

B. 人群中有一半是狡诈的，一半是友善的，我将与友善的人交友

C. 大多数人是狡诈虚伪的，不能与之为友

2. 最近我交了一批朋友，原因（　　）。

A. 我需要他们

B. 他们喜欢我

C. 我发现他们很有意思，令人感兴趣

3. 旅行时，我总是（　　）。

A. 很容易交上新朋友

B. 喜欢一个人独处

C. 想交朋友，但又感到很困难

4. 我已经与一位朋友约定去看望他，但我因太累而失约了。在这种情况下，我感到（　　）。

A. 这是无所谓的，对方肯定会谅解我

B. 有些不安，但又总是在自我安慰

C. 很想了解对方是否对自己有不满意的情绪

5. 我与朋友结交的时间，一般是（　　）。

A. 数年之久

B. 不一定，合得来的朋友能长久相处

C. 时间不长，经常更换

6. 一位朋友告诉我一件极有趣的个人私事，我应该（　　）。

A. 尽量为其保密，不对任何人讲

B. 根本没考虑要扩大宣传此事

C. 当朋友刚一离去，随即与他人议论此事

7. 当我遇到困难时，我（　　）。

A. 通常是靠朋友解决的

B. 要找自己可信赖的朋友商议

C. 不到万不得已，决不求人

8. 当朋友遇到困难时，我觉得（　　）。

A. 他们大都喜欢找我帮忙

B. 只有那些与我关系密切的朋友才来找我商量

C. 朋友都不愿意来麻烦我

9. 我交朋友的一般途径是（　　）。

A. 班级

B. 各种社团活动

C. 花费大量的时间，并且还相当困难

10. 我认为选择朋友时他们最重要的品质是（　　）。

A. 具有吸引我的才华　　　　B. 可以信赖　　　　C. 对方对我感兴趣

11. 我给人们的印象是（　　）。

A. 经常引人发笑

B. 经常在启发人们去思考问题

C. 和我相处时别人会感到舒服

12. 在晚会上，如果有人提议让我表演或唱歌时，我会（　　）。

A. 婉言拒绝　　　　　　　　B. 欣然接受　　　　C. 直截了当地拒绝

13. 对于朋友的优缺点，我喜欢（　　）。

A. 诚心诚意地当面赞扬他的优点

B. 会诚实地对他提出批评意见

C. 既不奉承，也不批评

14. 我所结交的朋友（　　）。

A. 只能是那些与我利益密切相关的人

B. 通常能和任何人相处

C. 有时愿与同自己兴趣相投的人和睦相处

15. 如果朋友和我开玩笑，我总是（　　）。

A. 和大家一起笑

B. 很生气并有所表示

C. 有时高兴，有时生气，依自己当时的情绪而定

16. 当别人依赖我的时候，我是这样想的（　　）。

A. 我不在乎，但我自己不喜欢依赖别人

B. 这很好，我喜欢别人依赖我

C. 要小心点！我愿意对一些事物的可靠度持冷静、清醒的态度

扫一扫看分析

心灵工作站

活动 1：一周人际关系检测

记录一周内每天发生（冲突）的事件、处理方法、效果、交往对象反馈及你的心情（见表 4-2）。依此自我反思，提升人际交往能力，最后可交流总结经验。

表 4-2　人际关系检测表

日期	发生（冲突）的事件	处理方法	效果	交往对象反馈	你的心情

活动 2：人际关系处理方式分析

请回忆在你的生活中你认为善于处理人际关系的三个人，哪一事件使你觉得他们人际关系处理得当呢？他们身上又有哪些品质呢？填写表 4-3。

表 4-3 人际关系处理方式记录表

人物	事件	处理方式	品质

章节小结

1. 人际关系的内涵有广义和狭义之分。从广义的角度来看，人际关系是指人与人之间的关系，包括社会中所有的人与人之间的关系，以及人与人关系的一切方面。从狭义的角度来看，人际关系是人与人之间通过交往与相互作用形成的直接的心理关系，它反映了个人或群体满足其社会需要的心理状态，是社会关系的表现形式，由认知、情感、行为三种相互联系的成分构成。

2. 人际交往的理论主要包括社会交换论、人际需要的三维理论、PAC 理论。

3. 人际关系建立与发展主要是经过定向、情感探索、情感交流和稳定交往四个阶段。

4. 人际交往的心理效应主要包括首因效应、近因效应、晕轮效应、投射效应、刻板印象以及登门槛效应。

5. 大学生人际交往主要呈现以下六种特点：交往范围扩大；直接交往与间接交往并重；情感型交往与功利型交往并重；交往内容具有丰富性；交往手段具有多样性和灵活性；富于理想，期待较高。

6. 大学生人际交往可分为同学关系、朋友关系、亲子关系、师生关系、网络中的人际关系。其中朋友关系又可分为同性交往与异性交往两种。

7. 大学生人际交往对大学生的个人成长有重要意义：第一，人际交往是大学生社会化进程的推进器；第二，人际交往是大学生正确认识自我的重要途径；第三，人际交往是大学生保持心理健康的有效方式；第四，人际交往是大学生保持心理健康的有效方式。

8. 大学生人际交往中常见以下三种问题：不敢交往，不愿交往，不懂交往。

9. 导致大学生群体产生人际交往问题主要原因：认知偏差，过度情绪化，羞怯和自卑，猜疑和戒备。

10. 大学生提高人际交往能力需要遵循人际交往原则，把握人际交往的尺度，掌握人际交往技巧并且注重相关的训练活动。

> **拓展阅读**
>
> 1. 克劳德，《他人的力量：如何寻求受益一生的人际关系》，机械工业出版社，2017。
>
> 每个人都在各式各样的人际关系中扮演着不同的角色，也在被这些人际关系不断影响、不断塑造。这本书可以帮助我们去审视自己所处的人际关系，审视自己在其中所处的位置，了解这些人际关系对自己的影响和意义，进而认识到如何去建立更健康、积极的人际关系，如何通过这些关系帮助自己成长成一个更加丰富、饱满、勇敢的人。
>
> 2. 卢森堡，《非暴力沟通》，华夏出版社，2018。
>
> 如果仔细体会生活中的不同沟通方式带给我们的感受，就不难发现有些语言确实会伤害他人。指责、嘲讽、否定、说教、任意打断、拒不回应、随意出口的评价和结论给我们带来的情感精神上的创伤甚至比肉体的伤害更加令人痛苦。这些无心或有意的语言暴力让人与人之间变得冷漠、敌视，破坏了人际关系。该书指导我们转变谈话和倾听的方式，不再条件反射式地做出反应，而是去明了自己的观察、感受和愿望，有意识地使用语言。我们既诚实、清晰地表达自己，又尊重与倾听他人。该书教会我们如何用不带伤害的方式化解人际冲突，促进与自己及他人的联系，建立和谐的生命体验。

项目五
学会在爱中成长——恋爱心理

> **心路故事会**
>
> **1 心之向往：我心中的爱情蓝图**
>
> 大学的第一年，在阳光下的图书馆角落，我遇见了她。那是一个秋日的午后，阳光透过高大的窗户，洒在书架上，也洒在她的发丝上。她静坐在窗边，手里拿着一本厚厚的书，眉头微蹙，似乎在思考着什么深刻的问题。那一刻，我仿佛看见了爱情的真实面貌，它不是轰轰烈烈的激情，而是平静中的一抹温柔。
>
> 随后的日子里，我们如朋友般相处，探讨学术，分享生活的琐碎。在图书馆的长桌上，我们讨论着哲学的深奥、数学的逻辑、文学的浪漫，她总能用她独特的视角，给我带来新的启发。我曾认为爱情像图书馆外那一片蓝天，广阔而深远，但时间让我懂得，真正的爱情除了心动与甜蜜，更需深度与包容。
>
> 面对学业的压力，她没有责怪，只是静静地听我诉说，给予我支持。在那些熬夜复习的夜晚，她会递给我一杯热茶，或是一块巧克力，用她的方式告诉我，无论多难，她都会在我身边。在那一刻，我知道理想的爱情是在困境中相互扶持，共同成长的。
>
> 大学第二年，我们开始了异地恋。这段经历让我懂得，真正的爱情还需要自由与信任。虽然我们无法时时相伴，但我们坚信对方的承诺。通过电话与信息，我们分享彼此的日常，这种距离反而让我们的关系更加坚固。我逐渐明白，即使相隔千里，但心可以紧紧相连，真正的爱情是不受空间限制的。
>
> 观察不同的情侣，我发现有的关系平和，而有的充满控制，这让我思考，理想的爱情应建立在平等与尊重之上。在爱情中，我们应尊重并支持对方的选择与梦想，而非试图改变对方以满足自己的需求。我们应学会倾听，学会理解，学会在不同的意见中寻找共识。

毕业前夕，我们面临职业选择的挑战。我们有过分歧与迷茫，但选择了通过沟通共同面对未来。这段经历让我理解，理想的爱情能在变化中成长，在坚持中深化。我们不是彼此的负担，而是彼此的动力，是对方最坚强的后盾。

在我心中的爱情蓝图中，爱情是简单而纯粹的，同时也是深度与包容的，是自由与信任的，是平等与尊重的，是坚持与成长的。我相信，只要我们坚守这些信念，爱情就能像那窗外的阳光，温暖而持久。

岁月流转，我们的故事在继续。从图书馆的初遇，到异地恋的坚持，再到职业选择的共同面对，每一步都印证了我们的爱情信念。我们学会了在平凡中发现不平凡，学会了在挑战中寻找机遇，学会了在变化中坚守自我。

我们的故事，是关于成长的故事，是关于爱情的故事。它告诉我们，爱情不是一时的激情，而是一生的承诺。它需要我们去经营，去呵护，去不断地学习和适应。在这个过程中，我们不仅成为更好的自己，也成为对方生命中不可或缺的一部分。

爱情，就像那窗外的阳光，无论春夏秋冬，无论风霜雨雪，它总是在那里，温暖着我们的心灵，照亮着我们的前行之路。我们相信，只要心中有爱，就有力量去面对一切，就有勇气去追求梦想。这份爱，将伴随我们走过每一个春夏秋冬，直到永远。

讨论：

1. 真正的爱情需要哪些基本要素？
2. 异地恋中，如何维持和加深彼此的感情？
3. 在面临重大生活决策时，如何在爱情关系中保持平衡和谐？

心路故事会

2 心理园地，探寻爱的奥秘

从我还是个蹒跚学步的小孩开始，奶奶就是我的世界。她有一双温暖的手和无尽的耐心，每天晚上，她都会用她那沙哑的声音给我讲着她年轻时候的故事，那时的她也是个爱冒险的少女。她的故事里有浩瀚的星空、神秘的远航，以及那些勇敢的心。在这些故事中，我学到了勇气和好奇心，但最重要的是，我学会了信任和依赖，这正是心理学家约翰·博尔比所说的"安全型依恋"。

奶奶的家是一个充满魔法的地方。墙壁上挂着她年轻时的黑白照片，每一张都记录着不同的冒险和故事。她喜欢坐在摇椅上，手里拿着那本翻旧了的相册，一边翻看，一边讲述。我坐在她脚边，听着她的声音，感受着她的温暖，仿佛整个世界都安静了下来。

她的花园里种满了各种花草，每当春天来临，我们就会一起在花园里忙碌。她教我识别每一种花的名字和特性，告诉我它们的故事和传说。我记得有一次，我们在花园里种下了一棵小树苗，奶奶说："这棵树会和你一起长大，见证你的成长和变化。"那些时光，我仿佛和整个自然界都建立了某种神奇的联系，这让我在后来的生活中，总能从自然中找到安慰和力量。

成长的道路从来不是一帆风顺的。小学时，我因为害羞而难以融入新环境。记得有一次，我在学校的角落里哭泣，是奶奶来接我回家的。回家的路上，她并没有直接询问原因，而是告诉我一个她小时候的故事，关于她如何克服恐惧，勇敢站在全校师生面前演讲的经历。她的故事给了我勇气，我开始尝试开口与同学交谈，慢慢地，我也有了自己的朋友圈。

青春期的到来带给我更多的挑战。那是我人生中的第一次恋爱，心中充满了对未知的期待和不安。那时的我，情窦初开，对感情的处理既笨拙又焦虑。一如既往，是奶奶的智慧引导了我。她教我如何在独立与依赖之间找到平衡，如何在爱中保持自我而不失去温柔。她说："爱一个人，就是要理解他的需要，同时也要坚持自己的原则。这样的爱，才能长久。"她的话，像是迷雾中的一盏明灯，照亮了我的感情世界。

随着年岁的增长，我对依恋理论有了更深入的理解。我开始意识到，依恋不仅仅是儿时的记忆，它是一个贯穿一生的情感线索。每一个亲密关系，无论是友情还是爱情，都在不断考验和塑造我们的依恋模式。我开始尝试去理解他人，去建立更深层次的联系，去给予他人安全感。

现在，作为一个成年人，我更加理解奶奶当年的教诲和她为我打下的基础。她通过无数个日夜的陪伴和故事，不仅教会了我如何去爱，更重要的是，教会了我如何成为一个能够给予他人安全感的人。我希望自己也能成为别人生命中的那盏明灯，就像奶奶对我做的那样。

讨论：
1. 安全型依恋关系对一个人未来的人际关系和心理健康有何重要性？
2. 家庭成员在形成儿童依恋类型中的角色和责任是什么？
3. 如何通过自我反省和学习改善非安全型依恋，并促进个人的情感发展？

> 心海导航塔

一、认识爱情

（一）爱情的概述

爱情，作为一种复杂而深刻的情感体验，不仅贯穿人类历史，更在每个个体的生命中留下深远印记。爱情不仅仅是一种生理冲动，更是一种心灵的交融。在大学生群体中，对于爱情的认知常常受到社会、文化和家庭等多方面因素的影响。有些人可能在家庭中见证了积极的爱情模式，从而将其视为支持和温暖的力量；相反，另一些人可能经历了痛苦或不稳定的爱情关系，导致对爱情存在疑虑或恐惧。

我们对爱情的认知往往受到社交媒体和大众文化的影响。虚拟世界中的爱情呈现给我们各种理想化或浪漫的画面，可能导致我们对实际爱情的期望过高。这种社会压力和期望会对我们造成一定的心理负担，影响我们对爱情的看法和选择。在我们的认知中，爱情也常与自我身份和成熟度有关。我们可能通过恋爱来寻找自我认同和存在感，将爱情视为塑造个体形象和价值观的关键元素。这种借助爱情来探索自我并建立身份的过程，对我们的成长和发展具有重要意义。

此外，爱情的定义在不同文化和社会中也存在差异。一些文化注重传统的婚姻观念，将爱情视为婚姻的基石；而另一些文化可能更注重个体自由和选择，将爱情视为追求幸福的手段。这种文化差异对我们的恋爱观念和决策产生深远的影响。

爱情是一种深刻而复杂的情感体验，涵盖了个体之间的亲密连接、情感投入和关怀。它不仅仅是生理冲动的表达，更是心灵深处的默契与理解。在爱情中，个体经历着相互扶持、共同成长的过程，体验着欢笑与泪水、支持与理解。爱情在人类生活中扮演着重要角色，为个体带来归属感、幸福感，同时也是人际关系中的一种独特而宝贵的情感连接。我们需要认识爱，表达爱，学会如何正确处理恋爱中的问题，这可以帮助我们更好地建立内在和谐，实现个人成长。

课堂活动 5–1

我心中的爱情

1. 你对爱情的理解是什么样的？
   _____

2. 你心中的爱情有什么关键特征？
   _____

（二）恋爱心理

恋爱心理是指个体在涉及感情、吸引力和情感投入的关系中所表现出的心理过程和行为。它涵盖了个体对他人的吸引力、情感需求、依恋样式、情感表达、情绪调节、沟通技能，以及与他人建立和维持关系的能力。恋爱心理的研究深入探讨了个体在恋爱过程中所经历的心理变化、情感体验和行为表现，旨在理解人类情感关系的本质和特点，包含多个理论基础。

1. 弗洛姆爱情理论

德国心理学家埃里希·弗洛姆在其经典著作《爱的艺术》中详细阐述了这一理论。弗洛姆认为，爱情是一种积极的努力和行动，是一种基于自我成长和对他人的关怀的能力。他将爱情视为一种技能，需要通过努力和学习来发展和培养。

（1）爱的概念

弗洛姆将爱定义为一种积极的生命力量，它包括了对他人的关怀、尊重、理解和支持。爱不仅仅是一种情感体验，更是一种行为和态度，是个体与他人建立亲密关系和互动的基础。

（2）自我爱

在弗洛姆的理论中，自我爱是爱的起点。他认为，只有拥有自我爱的个体才能真正去爱他人，因为自我爱是对自己价值的肯定和尊重，是建立健康、稳定爱情关系的基础。

（3）爱的能力

弗洛姆认为，爱是一种技能，需要通过学习和实践来培养和发展。爱的能力包括了对他人的尊重、理解、关心、包容和支持等方面，个体需要通过与他人的互动和体验来不断提升自己的爱的能力。

（4）爱的成长

弗洛姆认为，爱情是一个持续发展和成长的过程，需要个体不断地投入和努力去维护和加强。他强调了爱情关系中的自由、责任和互相支持的重要性，认为只有在这些基础上，爱才能得到健康和持久的发展。

（5）爱的障碍

在弗洛姆看来，爱情关系中存在着各种障碍和阻碍，如自私、焦虑、嫉妒等负面情绪。这些障碍会影响个体对爱的体验和表达，因此需要通过自我认知和努力来克服。

总的来说，弗洛姆爱情理论强调了爱是一种积极的行为和态度，需要通过学习和努力来培养和发展。他认为，只有拥有自我爱和对他人的关怀和尊重，个体才能真正体验到健康、稳定的爱情关系，并从中获得满足和成长。

2. 依恋理论

爱情的依恋理论是由约翰·鲍尔比（John Bowlby）和玛丽·艾茵斯沃思（Mary Ainsworth）等学者在20世纪初提出的。该理论基于对人类早期依恋关系的研究，认为个体在童年时期形成的依恋模式会影响其后的恋爱关系。依恋理论将个体的依恋类型分为安全型、回避型和焦虑型三种类型，这些类型会影响个体在恋爱关系中的行为和情感反应。

（1）安全型依恋

安全型依恋的个体通常在童年时期与主要照顾者建立了安全、稳固的依恋关系，他们对于自己的价值和自尊有着健康的认知，能够有效地表达自己的情感和需求。在恋爱关系中，安全型依恋的个体会表现出对伴侣的信任和支持，能够建立稳定、健康的恋爱关系。

（2）回避型依恋

回避型依恋的个体通常在童年时期经历了与主要照顾者的分离和冷漠，导致他们对于依恋关系持有一种冷漠、疏离的态度。在恋爱关系中，回避型依恋的个体会表现出对于亲密关系的回避和疏远，他们可能会避免过多地表达情感和需求，以及避免与伴侣建立深度联系。

（3）焦虑型依恋

焦虑型依恋的个体通常在童年时期经历了与主要照顾者的不稳定性和不可靠性，导致他们对于依恋关系持有一种焦虑和不安的态度。在恋爱关系中，焦虑型依恋的个体会表现出对伴侣的过度依赖和不安全感，他们可能会过分关注伴侣的行为和情感，担心被拒绝或者被遗弃。

依恋理论认为，个体的依恋类型会影响其在恋爱关系中的选择、行为和情感反应。安全型依恋的个体更容易建立稳定、健康的恋爱关系，而回避型和焦虑型依恋的个体则可能面临着一系列的挑战和问题。因此，理解个体的依恋类型对于建立健康、稳定的恋爱关系至关重要，同时也有助于个体更好地认识和应对自己在恋爱关系中的情感和行为。

3. 爱情的三角形理论

爱情的三角形理论是由美国心理学家罗伯特·斯腾伯格提出的，用于描述和解释爱情关系中的不同成分和维度。该理论将爱情描述为一个由三个基本元素构成的三角形，这些元素分别是亲密、激情和承诺。这三个元素相互作用，共同塑造了不同类型的爱情。

（1）亲密

亲密指的是彼此之间的情感亲近程度和信任度。在一个亲密的爱情关系中，人们感觉到能够与对方分享内心深处的想法、感受和经历，同时也能够接受对方的支持和理解。亲密感是建立稳固、持久爱情关系的基础，它使得伴侣之间能够建立深厚的情感联系和互相依赖的关系。

（2）激情

激情指的是个体对于伴侣的强烈情感和欲望。在一个充满激情的爱情关系中，人们经常体验到强烈的情感冲动和欲望，他们对于伴侣产生强烈的吸引力和热情。激情是爱情关系中的重要元素之一，它能够增强伴侣之间的吸引力和亲近感，同时也为爱情关系增添了一种充满活力和激情的氛围。

（3）承诺

承诺指的是个体对于维持爱情关系的决心和投入程度。一个承诺度高的爱情关系意味着个体愿意为了维持这段关系而付出努力，包括时间、精力和资源等方面的投入。承诺度与亲密感相互作用，它能够帮助爱情关系在面对挑战和困难时保持稳固和持久。

根据这三个基本元素的不同组合，斯腾伯格提出了七种不同类型的爱情，包括喜欢式爱情、迷恋式爱情、空洞式爱情、浪漫式爱情、伴侣式爱情、愚蠢式爱情、完美式爱情七种类型。每一种类型的爱情都代表了不同程度和组合的亲密、激情和承诺。

总的来说，恋爱心理的研究涉及多个方面，包括爱情类型、依恋理论、恋爱关系的发展过程等。通过深入探索个体在恋爱过程中的心理活动和行为模式，恋爱心理研究为我们理解和促进健康、稳定的恋爱关系提供了重要的理论基础和实践指导。

课堂活动 5-2

完美的爱

思考一下，你心中"完美的爱"包含哪些要素？对比斯腾伯格爱情三角理论，你的爱情属于七种类型中的哪一种？

_____

_____

_____

（三）性心理

性心理是心理学领域中研究与性相关的心理过程、行为和心理状态的分支，涵盖了个体的性取向、性别认同、性心理健康，以及与性相关的心理机制和影响因素。性心理学关注个体对性的感知、情感、认知和行为的心理学特征，以及这些特征如何受到社会、文化、生理和个体差异等因素的影响。性心理学的研究内容包括但不限于性别认同的建立、性取向的形成和发展、性别角色的塑造等方面。

1. 性别认同的建立

性别认同是个体对于自身性别的认知和情感体验，涵盖了对于传统性别角色和社会期望的理解。这一概念强调了一个人对于自身性别的个体差异性体验，以及这种认同是动态、复杂而独特的。性别认同的形成是一个渐进、多阶段的过程，从婴儿期开始，随着个体的生长发展而逐渐深化。早期家庭和社会环境对性别认同的塑造起到关键作用，而在青春期和成年期，个体经历的性别角色转变和社会压力也对性别认同的形成产生显著影响。性别认同表现出显著的多样性，包括传统的二元性别认同、跨性别认同、非二元性别认同等。这种多样性需要被全面理解和尊重，以促进社会对不同性别认同的包容性。

2. 性取向的形成和发展

性取向的形成和发展涉及个体对于恋爱和性吸引的认知、情感和倾向。性取向的形成受到生物学、心理社会因素的共同影响，而其发展则在个体生命周期中经历着多个阶段的演变。

（1）生物学因素

基因和神经生物学因素可能与性取向有关，影响着大脑的发育和神经途径。这些因素可能在个体早期的生命阶段就开始发挥作用，为性取向的基础奠定了生物学的基础。

（2）心理社会因素

家庭环境、亲子关系以及个体与同龄人的互动都可能对性取向发展产生影响。家庭和社会对于性别角色的期望和传统观念，以及亲密关系中的经历，都在个体的性取向形成中发挥着关键作用。

（3）社会文化因素

在个体生命周期中，性取向可能经历着多个阶段的发展。在青春期，个体开始认识到自己的性别身份和性吸引的对象，形成初步的性取向。然而，这一过程并非线性的，性取向可能在成年期和老年期经历着一些变化，受到生活经历和个体认知发展的影响。性取向可能具有一定的可塑性，因环境和社会情境的变化而发生变化。

3. 性别角色的塑造

性心理中的性别角色塑造是指社会对于男性和女性所期望展现的特定行为、角色和性格特质的过程。这一现象反映了文化对于性别的普遍认知和期待，同时也是个体在社会化过程中接受和内化的一种重要方面。性别角色塑造是多层次、复杂而互动的，深受家庭、教育、媒体和社会文化等多个因素的共同影响。

（1）家庭影响

在家庭环境中，性别角色的形成开始于婴幼儿时期。父母和其他家庭成员在对待男女婴儿时可能采用不同的态度，例如在穿着、玩具选择和活动分配上存在差异。这种差异化对于儿童形成性别角色认知起到了初步的塑造作用。通过模仿父母和亲属，儿童逐渐接受了与其生理性别相关的性别角色模式。

（2）教育影响

在学校环境中，教育体系中对于男女学生期望的不同，可能导致性别角色认知的差异。这体现在对于不同性别学生的学科期望、参与课外活动的偏好，以及对于领导能力和沟通技能的评估上。学校所传递的性别刻板印象对于学生的性别认知和社交化有着深远的影响。

（3）媒体影响

通过电视、电影、广告等媒体，社会接收到了一系列对男女性别的刻板印象。这些媒体呈现的角色模式，强化了社会对于男性和女性应该具备何种特质和行为的先入之见。从超级英雄到家庭广告，媒体中的性别刻板形象对塑造个体对于性别角色的认知起到了直接而强烈的作用。

（4）社会文化影响

社会期望和价值观对于性别角色形成产生了直接影响，社会认同的性别角色认知成为一个人行为和决策的基础。这体现在职业选择、社交行为、家庭角色分工等多个层面。

课堂活动 5-3

性别刻板印象

在你看来，大学校园中可能存在哪些常见的性别刻板印象？它们是如何影响学生的生活和交往的？

_____

_____

_____

二、大学生恋爱的心理特点及常见的心理困惑

（一）大学生恋爱的心理特点

1. 理想化期待

大学生在恋爱中往往怀着浪漫和理想化的期待，希望找到完美的伴侣，拥有美好的未来。他们可能会将对方理想化，忽视一些现实中存在的缺点。

2. 盲目性

由于缺乏足够的恋爱经验和成熟的判断能力，大学生有时候会在恋爱中表现出盲目

性，容易被感情冲昏头脑，忽视对方的不良特质或者关系中的问题。

3. 冲突

大学生处于自我认知和个性发展的关键阶段，恋爱中可能会出现各种各样的冲突，如意见不合、彼此间的独立性和依赖性之间的平衡等。

4. 开放

大学生对恋爱持有比较开放的态度，愿意接受新的恋爱观念和方式。他们可能会积极地探索不同类型的关系，寻找适合自己的方式。

5. 抗挫能力弱

由于大学生的心理和情感还在发展中，他们的抗挫能力可能相对较弱。在恋爱中遇到挫折或者失败时，可能会表现出较大的情绪波动，甚至产生消极的情绪和行为。

（二）大学生恋爱的心理困惑

1. 单恋

单恋又称为单相思，是一种常见的情感体验，特别是在大学生群体中。它指的是一个人单方面对另一方产生爱慕之情，而另一方并不以同样的感情回应。这种情感状态可能会给个体带来一系列的心理困扰和压力。

（1）带来强烈的情感波动

单恋者常常陷入对对象的思念之中，无法自拔，导致情绪的波动不断，情感的起伏剧烈，影响到日常生活和学业。

（2）导致社交隔阂

单恋者可能会过分专注于对方，忽视了周围的人和事，导致与他人的交流和沟通减少，从而造成社交上的隔阂和孤立感。

2. 多角恋

多角恋是指一个人同时对多个人产生爱慕之情，或者同时被多个人所追求的情感状态。这种情感状态可能会给个体带来一系列的心理挑战和困扰。

（1）带来情感的混乱和不安

个体可能会陷入选择困难中，无法确定自己的真实感受，也无法确定对方的真实感受，导致心理上的紧张和焦虑。

（2）引发个体之间的竞争和冲突

多个人之间的竞争可能会导致关系的紧张和不稳定，甚至可能伤害到某些个体的情感和自尊心。

（3）导致个体的自我认同和身份认同的混淆

个体可能会在不同的关系中扮演不同的角色，导致自我认同的混乱和困惑，甚至可能迷失自我。

3. 失恋

失恋指的是在一段恋爱关系结束后，个体经历的情感痛苦和心理困扰，是一种普遍存在且影响深远的心理挑战。特别是对于年轻的大学生群体而言，失恋往往伴随着多种复杂的情绪和心理反应，这些反应可能会对个体的心理健康和社交功能产生负面影响。

（1）引发个体的情绪低落和抑郁

失去与恋人之间的亲密关系会给个体带来巨大的情感打击，导致心情沮丧、悲伤和绝望等负面情绪的出现。个体可能会经历睡眠障碍、食欲改变、注意力不集中等身体上的反应，进而影响到日常生活和学业。

（2）引发个体的自我怀疑和自卑情绪

个体可能会怀疑自己的魅力和吸引力，认为自己不值得被爱，从而陷入自我否定的状态。这种自我怀疑和自卑情绪可能会严重影响到个体的自尊心和自信心，进而影响到对未来的信心和期望。

（3）导致个体的社交退缩和孤立感

失去恋人的支持和陪伴，个体可能会感到孤独和孤立，导致社交上的隔阂和交流减少。个体可能会避免与他人接触，逃避社交场合，进而影响到与他人的良好关系和社交网络的建立。

课堂活动 5-4

恋爱心理困惑

你在恋爱方面遇到过哪些心理困惑？你是如何应对的？

_____

_____

_____

三、恋爱心理问题的自我调适

（一）端正恋爱动机

1. 明确自己的动机

在开始恋爱之前，大学生应该自我反省并明确自己为何想要开始一段恋爱关系。是因为寻找亲密关系、共同成长，还是因为社会压力或孤独感？真实地了解自己的动机是端正恋爱动机的第一步。

2.建立健康的自我价值观

大学生应该建立基于尊重和平等上的恋爱观念，而不是基于虚荣、控制或利用他人。了解自己的价值，不轻易将自己的幸福寄托在他人身上。

3.重视情感诚实和透明度

端正恋爱动机包括坦诚地表达自己的感受和期望，以及尊重对方的感受。避免隐瞒或欺骗对方，建立在真实和诚实基础上的恋爱关系更加稳固可靠。

4.寻找共同的目标和价值观

真正的爱情应该建立在双方的共同目标和价值观上，而不是单方面的满足或利益。大学生应该和那些与自己目标相符的人建立关系，而不是为了外在因素而选择恋爱对象。

5.关注健康的发展和成长

恋爱关系应该是互相促进成长和发展的平台，而不是阻碍个人发展或自由的枷锁。大学生应该确保恋爱关系对自己的成长有积极影响，并学会平衡个人发展与恋爱关系之间的关系。

（二）树立正确的恋爱观

1.建立健康的自我意识和自尊心

认识自己的价值，不要因为恋爱而牺牲自己的尊严或原则。了解自己的需求和边界，并坚持它们，不轻易妥协自己的核心价值观。

2.尊重和理解他人

尊重对方的独立性、意见和感受。要学会倾听、体谅和包容，尊重对方的个人空间和生活选择。

3.培养良好的沟通技巧

坦诚、诚实和开放的沟通是建立健康恋爱关系的基础。学会表达自己的想法和感受，同时也要善于倾听和理解对方。

4.理性对待感情

不要被浪漫主义的观念所迷惑，而是要理性思考和分析恋爱关系。考虑双方的长期目标和生活价值观是否一致，以及是否做好充分准备来面对恋爱关系中的挑战。

5.自我成长和发展

将恋爱作为人生的一部分，而不是全部。要保持对个人成长的追求，并找到平衡，将恋爱与学业、事业等其他方面相结合，实现全面发展。

（三）培养爱的能力

大学生在培养爱的能力时，应该注重诚实、尊重和坦诚沟通。通过真诚地表达自己的感受，尊重他人的选择和边界，以及善于倾听和理解他人的需求，建立健康、平等的人际关系。同时，学会处理表白、拒绝和接受等情感问题时，保持善意、理解和尊重，这样能够更好地促进个人成长和爱的发展。

1. 智慧的接受与拒绝

（1）表白

诚实坦率：在表白时，要坦诚并真实地表达自己的感受，不隐瞒或掩饰情感。

尊重对方：表白过程中要尊重对方的感受和选择权，不要强迫或施加压力。

接受结果：无论对方的回应如何，都要接受并尊重对方的决定，不要过度执着或纠缠不清。

（2）拒绝

坦诚善意：当需要拒绝他人的表白时，应以善意和坦诚的态度回应，避免伤害对方的自尊心。

解释理由：如有可能，可适度解释自己拒绝的理由，让对方理解你的想法和感受。

保持尊重友好：拒绝不代表结束关系，要保持尊重和友好，避免尴尬或冲突。

（3）接受

真诚回应：当收到别人的表白时，要真诚地回应，避免敷衍或回避对方的感受。

慎重考虑：接受表白前要慎重考虑自己的感受和未来发展，确保作出的决定理性和明智。

尊重关怀：无论接受还是拒绝对方的表白，都要尊重和关怀对方的感受，表现出你的诚意和友善。

2. 学会给予与宽恕

给予是表达爱和支持的方式之一。合理的给予意味着在关系中平衡个人需求和对方需求，不是一味地为对方付出，也不是只关注自己的需求。合理的给予需要建立在相互尊重、信任和理解的基础上，确保给予不是出于牺牲自己的原则，而是出于真诚的关心和尊重。

宽恕是关系中解决冲突和矛盾的重要方式之一。合理的宽恕并不意味着对对方的错误和伤害视而不见，而是在经过深思熟虑之后，选择放下对过去的怨恨和仇恨，接受对方的道歉或者寻求解决问题的方式。宽恕需要建立在对方真诚认错和改正的基础上，同时也需要考虑自身的感受和底线，确保不是无限制地接受对方的错误行为。

3. 保持独立的人格

保持独立的人格可以让个人在恋爱关系中更加健康地成长，同时也能够增强个人的自信和魅力，使关系更加平衡和稳定。这意味着在与他人建立亲密关系的同时，仍能够保持自己的价值观、兴趣爱好和生活目标。

（1）独立决策

在作出重要决定时，不仅要考虑到恋人的意见，也要听从自己内心的声音。保持独立决策的能力能够让个人在关系中保持自主性和独立性。

（2）保持个人空间

在恋爱关系中，尊重彼此的个人空间和独立性是至关重要的。每个人都应该有自己的兴趣爱好、朋友圈子和个人时间，这样可以保持心灵上的独立。

（3）追求个人成长

保持独立的人格意味着不断追求个人成长和进步，通过学习、探索和发展自己的兴趣爱好，不断提升自己的能力和素养。

4. 提高恋爱的抗挫能力

正确看待恋爱中可能会遇到的挫折，学会从失败和挫折中吸取教训，不断成长。建立健康的自我认知和自尊心，明确自己的价值和需求，不因他人的否定或失败而动摇自己的信念。同时，积极寻求社会支持和情感支持，与朋友、家人或专业人士分享自己的感受和困扰，获得理解和支持。培养积极乐观的心态，将挫折视为成长的机会和挑战，不断提升自己的心理韧性和应对能力。保持良好的生活习惯和心理健康，如适当的运动、良好的睡眠和健康的饮食，有助于增强个人的心理抵抗力和应对挫折的能力，建立健康、稳定的恋爱关系。

（四）性心理困扰的调适

1. 接受自己的性身份和情感

首先要接受自己的性身份和情感，不论是性取向、性别认同还是性特征，都要尊重和接纳自己的真实感受。这包括认识到性是多样化的，每个人都有权利追求自己真实的性别认同和性取向。

2. 寻求专业支持

面对性心理困扰时，可以寻求心理咨询师或性健康专家的帮助，他们具有专业知识和经验，可以提供个性化的建议和指导，帮助你厘清思绪、解决困惑。

3. 探索性健康教育资源

大学校园通常提供性健康教育资源，包括讲座、课程和工作坊等。参加这些活动可以帮助你了解更多关于性健康、性行为和性心理方面的知识，增强自我认知和自我保护意识。

4. 建立支持网络

与亲密的朋友、家人或志同道合的群体分享你的感受和困扰，寻求情感支持和理解。这些人可以给予你鼓励、支持和建议，让你感受到自己不是孤单的。

5. 培养健康的性观念

学会建立健康、平等的性观念，包括尊重他人的性别和性取向、理解性行为的责任和风险，以及提倡性别平等和性别多样性。

6. 寻求身心健康的平衡

保持身心健康的平衡对于处理性心理困扰至关重要。通过运动、艺术、放松技巧等方式来减轻压力，保持身心的舒适和平衡。

课堂活动 5-5

树立积极健康的恋爱观

列举三个健康恋爱观，并分析自我价值在树立健康恋爱观中的作用，结合自身提供案例加以说明。

_____
_____
_____

心理自测台

爱情态度量表（见表 5-1），主要用来了解你对爱情所持的态度。题目中的"他/她"，是指目前与你密切交往的男/女朋友（请以你目前的恋人为回答依据；若目前没有恋人，请就上任恋人作答；若没有谈过恋爱，也请你想象一个再作答）。请针对每一题目所叙述的情形，选出你认为最能反映你实际状况的数字。

表 5-1 爱情态度量表

题目	完全不符合	不符合	没意见	符合	完全符合
1. 我和他/她属于一见钟情型	1	2	3	4	5
2. 我很难明确地说我和他/她是何时从友情变成爱情的	1	2	3	4	5

续表

题目	完全不符合	不符合	没意见	符合	完全符合
3. 对他/她做承诺之前，我会考虑他/她将来可能变成的样子	1	2	3	4	5
4. 我总是试着帮他/她渡过难关	1	2	3	4	5
5. 和他/她的关系不太对劲时，我的身体就会不舒服	1	2	3	4	5
6. 我试着不给他/她明确的承诺	1	2	3	4	5
7. 在选择他/她之前，我会先试着仔细规划我的人生	1	2	3	4	5
8. 我宁愿自己痛苦，也不愿意让他/她受苦	1	2	3	4	5
9. 失恋时，我会十分沮丧，甚至会有自杀的念头	1	2	3	4	5
10. 我相信他/她不知道我的一些事，也不会受到伤害	1	2	3	4	5
11. 我和他/她很来电	1	2	3	4	5
12. 我需要先经过一段时间的关心和照顾，才有可能产生爱情	1	2	3	4	5
13. 我和他/她最好有相似的背景	1	2	3	4	5
14. 有时候，我得防范他/她发现我还有其他情人	1	2	3	4	5
15. 我和他/她的亲密行为很热情且很令我满意	1	2	3	4	5
16. 我有时会因为想到自己正在谈恋爱而兴奋地睡不着觉	1	2	3	4	5
17. 我可以很容易、很快地忘掉过往的恋情	1	2	3	4	5
18. 他/她如何看待我的家人是我选择他/她的主要考量	1	2	3	4	5
19. 我希望和曾经相爱的他/她是永远的朋友	1	2	3	4	5
20. 当他/她不注意我时，我会全身不舒服	1	2	3	4	5
21. 我和他/她的爱情关系最理想，因为是由长久的友谊发展而成的	1	2	3	4	5
22. 我觉得我和他/她是天生一对	1	2	3	4	5
23. 自从和他/她谈恋爱后，我很难专心在其他任何事情上	1	2	3	4	5
24. 他/她将来会不会是一个好父亲/母亲是我选择他/她的一个重要因素	1	2	3	4	5
25. 除非我先让他/她快乐，否则我不会感到快乐	1	2	3	4	5
26. 如果他/她知道我和其他人做了某些事，他/她会不高兴	1	2	3	4	5
27. 我和他/她的感情、亲密行为进展得很快	1	2	3	4	5

87

续表

题目	完全不符合	不符合	没意见	符合	完全符合
28. 我和他/她的友情随着时间逐渐转变为爱情	1	2	3	4	5
29. 当他/她太依赖我时，我会想和他/她疏远一些	1	2	3	4	5
30. 我通常愿意牺牲自己的愿望，达成他/她的愿望	1	2	3	4	5
31. 我和他/她的爱情是一种深刻的友情，而不是一种很神秘的情感	1	2	3	4	5
32. 他/她可以任意使用我的东西	1	2	3	4	5
33. 我和他/她非常了解彼此	1	2	3	4	5
34. 当我怀疑他/她和其他人在一起时，我就无法放松	1	2	3	4	5
35. 他/她如何看待我的职业会是我选择他/她的一个考量	1	2	3	4	5
36. 他/她的外貌符合我的理想标准	1	2	3	4	5
37. 我享受和他/她及一些不同的情人玩爱情游戏	1	2	3	4	5
38. 当他/她对我发脾气时，我仍然全心全意、无条件地爱他/她	1	2	3	4	5
39. 在和他/她深入交往之前，我会试着了解他/她是否有良好的遗传基因	1	2	3	4	5
40. 为了他/她，我愿意忍受任何事情	1	2	3	4	5
41. 如果他/她忽略我一阵子，我会做出一些傻事来吸引他/她的注意力	1	2	3	4	5
42. 我和他/她的爱情关系最令人满意，因为是由良好友情发展成的	1	2	3	4	5

扫一扫看分析

心灵工作站

活动1：恋爱观自我评估

请根据你的回答，反思自己对恋爱的观念和期待（见表5-2）。

表 5-2 恋爱观自我评估

序号	题目	回答
1	你对恋爱的期待是什么？	
2	你认为理想的伴侣应该具备哪些特质？	
3	你如何看待恋爱中常见的问题，比如争吵和分歧？	

活动 2：我的爱情三角形

请你认真回想，找出你最想分析的一段情感经历（最好是亲身经历），根据斯腾伯格爱情三角形理论，尝试找到三个顶点（亲密、激情、承诺）的具体位置，画出属于你的爱情三角形，审视这是否是你内心期待的三角形状？如果是，没问题；如果不是，缺陷在哪？思考自己有哪些可以改进的地方？可以尝试和伴侣交流，画出属于你们的爱情三角形。

章节小结

1. 爱情是一种深刻而复杂的情感体验，涵盖了个体之间的亲密连接、情感投入和关怀。它不仅仅是生理冲动的表达，更是心灵深处的默契与理解。

2. 恋爱心理是指个体在涉及感情、吸引力和情感投入的关系中所表现出的心理过程和行为。它涵盖了个体对他人的吸引力、情感需求、依恋样式、情感表达、情绪调节、沟通技能，以及与他人建立和维持关系的能力。

3. 性心理学的研究内容包括性别认同的建立、性别角色的塑造等方面。

4. 大学生恋爱的心理特点：理想化期待，盲目性，冲突，开放，抗挫能力弱。

5. 大学生恋爱的心理困惑：单恋，多角恋，失恋。

6. 恋爱心理问题的自我调适：端正恋爱动机，树立正确的恋爱观，培养爱的能力，性心理困扰的调适。

拓展阅读

1. 赵永久，《积极恋爱心理学》，北京联合出版公司，2014。

这是一本很有趣的书，它探讨了积极心理学在恋爱关系中的应用。赵永久教授在书中提到了如何培养积极的恋爱态度，如何建立健康的恋爱关系，以及如何处理恋爱中的挑战和困境等内容。这种心理学的观点有助于我们更好地理解恋爱中的情感和行为，并为建立更加美满的恋爱关系提供指导。

2. 凯瑟琳·伍德沃德·托马斯，《理性分手》，中国青年出版社，2020。

本书探讨了在恋爱关系中作出理性决策并实现和平分手的重要性，同时讨论了如何在结束一段感情时保持理智和尊重，以及如何通过沟通和妥善处理情绪来解决分手过程中的问题。它提供了一些实用的技巧和建议，帮助读者在面对分手时更好地应对和处理情感。

3. 肖三蓉，《爱情与人格：恋爱心理成长分析》，上海社会科学院出版社，2011。

本书深入探讨了个体人格在恋爱关系中的发展和影响，包括对恋爱心理学的理论和实践的分析，探讨了个体的人格特征对恋爱关系的形成、维持和解决问题的影响。作者结合心理学理论和案例研究，从不同角度探讨了爱情和人格之间的关系，并提供了一些实用的建议，帮助读者更好地理解自己和他人在恋爱关系中的行为和情感。

项目六
筑心灵港湾——家庭关系

> 心理故事会

1　沟通点亮心灯

我是一名大二学生，上大学以前，我一直与父母住在一起。妈妈比较严厉，尤其对我的学习要求很严格。爸爸平时说话居高临下，让我很有压迫感。妈妈主要负责照顾我的学习生活，平时与她相处交流最多，但她习惯于否定和指责，认为我"什么都做不好"，并且妈妈的情绪非常不稳定，经常因为小事跟我发脾气。长此以往，我发现我和父母越来越难以沟通，不敢向他们表达自己内心的感受和想法。

我在高一的时候，成绩特别优秀，从高二开始，我的情绪状态不明原因地变差，成绩也下降了。但是我不敢跟父母说明我的情绪状况，他们会认为我是在给成绩下滑找理由。我也更加恐慌，觉得成绩不好将来的生活也一定会很糟糕，所以我强迫自己完成高强度学习任务。当时未解决的心理压力也一直积攒着，没有得到释放。从高中开始我就郁郁寡欢，这种状态一直持续到大学。我以为上大学后，我就可以拥有空间和自由了，但是妈妈对待我还是像对待小孩子一样。她知道我几点钟下课，会在下课的时候打电话或者发微信问我；知道我什么时候上出租车，也会马上打电话或者发微信过来。母亲这种无孔不入、密不透风的管控让我觉得很压抑，但我却不知道怎么说出口，害怕让她伤心。后来辅导员见我状态持续低落，帮我预约了心理咨询老师。

心理咨询老师帮助我通过如何对待情绪，表达宣泄压抑已久的情绪，练习放松技术等调控情绪。为了让父母了解我的真实状况和内心需求，明确如何调整和改变，心理咨询老师邀请我的父母到咨询室，我们一起探讨了日后的调整方法，与家庭成员多增加情感交流和互动，走进彼此的内心世界。自那以后，我的状态越来越好，和父母的关系更加融洽了，也比以前更加开朗了。

讨论：

1. 你有从小最需要但没有满足的心理需求吗？是什么？
2. 你与父母之间的互动模式是怎样的？你觉得原生家庭对你的影响有哪些？
3. 什么样的沟通是比较有效的？你认为如何才能营造和谐的家庭氛围？

心理故事会

2 我和妈妈的故事

我的妈妈是一个全职母亲，我从小到大她一直陪伴着我，从未缺席我的任何一个重要时刻。在高中的时候，妈妈怕我住校不适应，特意租了学区房来陪我。妈妈每天准时6:00送我上学，等我进入校园她才转身离开。晚自习下课，我走出校门，第一眼就能看见笑盈盈的妈妈，回到家还有暖乎乎的夜宵。

我们的相处更像朋友，妈妈是我忠实的倾听者，我可以和妈妈分享任何事情，她总是耐心倾听并给我鼓励和建议。记得有一次，我因为一次重要的考试而倍感压力，整天忧心忡忡。妈妈看在眼里，却并没有直接安慰我，而是带着我去公园散步。她告诉我，放松一下心情，享受一下大自然的美好，也许就能找到解决问题的灵感。果然，在公园里走了一圈后，我的心情变得轻松了许多，考试也顺利通过了。

如今，我已经成为一名大学生。离开了母亲的身边，来到了一个陌生的城市。还记得开学前，她一路拉着我的行李把我送到宿舍，细致地将我所有行李收拾好，连床铺都帮我收拾得整整齐齐。初入大学，我时常感到孤独和迷茫，但妈妈总是在电话那头给予我鼓励与支持。临近假期，妈妈总是问我回不回家，得到肯定的答案便开始提前准备。每次她都会去车站接我，并为我准备一桌丰盛的佳肴。上了大学我最想念的饭就是妈妈做的饭。每当我遇到困难和挫折时，我都会想起母亲的鼓励和支持。她的爱是我前进的动力，让我变得更加坚强和自信。

项目六 筑心灵港湾——家庭关系

> 我和妈妈的故事，是一幅跨越时间长河的连续画卷，由无数温馨而珍贵的场景拼凑而成，每一帧都充满了爱与陪伴。亲爱的妈妈，您曾用您坚实的臂弯为我撑起一片蓝天，今后我也要用我日益丰满的羽翼为您遮挡风雨。
>
> **讨论：**
> 1. 在你的家庭中，哪个人对你的影响最大？他/她是如何影响你的？
> 2. 如果你做错了事情，你的父母会以什么样的态度对待你？你的感受如何？
> 3. 如果让你给你和父母之间的关系打分，满分100分，你会打几分？为什么？

心海导航塔

亲子关系是指父母与子女之间的关系，也指父母如何引导、教育和关爱子女，以及子女如何回应、理解和尊敬父母的一种双向互动的社会关系。它是家庭关系中最早建立的最基础、最重要的人际关系。在亲子关系中，父母的品行、教养方式以及与子女的互动模式等，都会对子女的成长产生直接影响。

一、家庭结构

家庭是由具有婚姻关系、血缘关系或收养关系的人们所组成的社会生活的基本单位。家庭结构多种多样，包括核心家庭、单亲家庭、主干家庭、联合家庭、夫妻家庭等。每种家庭结构都有其独特的优势和挑战，但都承载着家庭成员间的相互关爱与责任。家庭作为社会的基本细胞，承载着人类传承与发展的重任。它不仅是个人成长的摇篮，更是情感交流、价值观形成的重要场所。

家庭是大学生成长的关键因素，直接影响大学生的身心健康发展。一个充满温暖、支持和稳定的家庭环境，能够为大学生提供坚实的情感后盾。在这样的环境中，他们更容易形成积极的自我形象和自尊心，也更有能力去面对和应对生活中的挫折与压力。相反，如果家庭环境不和谐，如存在家庭冲突、家庭暴力或亲子关系紧张等问题，大学生可能会因此感到自卑、焦虑，进而影响其学业表现和整体的生活质量。

（一）核心家庭

核心家庭通常指的是由父母（包括继父母）和未婚子女组成的家庭。在某些情况

93

下,仅有夫妻组成的家庭也可以被视为核心家庭的一种特殊形式,因为他们构成了家庭结构的基础单元。核心家庭具有人口少、辈分少等特点,使得家庭关系相对简单和直接。

1. 核心家庭的优点

(1) 家庭关系简单,成员间关系密切

由于家庭成员数量少,关系链条短,成员之间的交流和互动更为直接和频繁,从而更容易建立深厚的情感纽带。

(2) 内聚力强,容易形成教育合力

在核心家庭中,父母的教育理念和目标往往更为一致,他们更容易在孩子教育问题上达成一致,形成合力,为孩子的成长提供有力的支持。

(3) 父母年富力强,富有事业心

通常情况下,核心家庭的父母年龄适中,身体健康,精力充沛,他们更有能力和意愿为孩子的成长和发展投入更多的时间和精力。同时,他们在事业和生活中充满进取心,也会成为孩子学习的榜样。

(4) 民主、平等的家庭氛围

在核心家庭中,父母更容易以民主、平等的态度对待孩子,尊重他们的个性和意愿,鼓励他们独立思考和自主决策。这种氛围有助于培养孩子的自信心和独立性,为他们未来的成长奠定坚实的基础。

(5) 耐心、理解、爱护和关心

核心家庭的父母通常更加关注孩子的成长和发展,他们愿意花费更多的时间和精力去了解孩子的内心世界和需求,给予他们足够的关爱和支持。这种耐心、理解和爱护是孩子成长过程中不可或缺的养分。

2. 核心的不足

(1) 封闭且互动性不足

在核心家庭中,由于家庭成员相对较少,家庭环境相对封闭。同时,由于父母双方通常都需要工作,导致他们与孩子之间的互动时间和机会减少。这种缺乏互动的环境可能不利于孩子情感的培养和社会交往能力的发展。孩子可能更多地与保姆或电视为伴,缺乏与同龄伙伴和更广泛社会环境的接触,从而影响了他们的社交技能和情感表达。

(2) 家庭暴力的风险

尽管家庭暴力并非只发生在核心家庭中,但核心家庭由于成员关系紧密,一旦发生家庭暴力,其影响往往更为直接和严重。孩子往往成为无辜的受害者,他们可能遭受冷落,成为父母的"发泄筒"。这种环境不仅会对孩子的身体造成伤害,更会对他们的心理健康产生深远影响，如导致抑郁、焦虑、恐惧等心理问题。

（3）经济补偿与情感忽视的潜在风险

在核心家庭中，父亲或母亲可能会因为工作忙碌而忽略了对孩子的情感关注。为了弥补这种忽视，他们可能会选择用经济上的满足作为对孩子情感上的补偿。然而，这种做法往往会导致孩子在物质上过于养尊处优，缺乏面对困难和挑战的勇气和能力。同时，他们也可能因为过度依赖父母的经济支持而失去自我意识和独立思考的能力。

（二）主干家庭

主干家庭是由两代或两代以上夫妻组成，且每代最多不超过一对夫妻，中间无断代的家庭。这种家庭结构通常包括父母和已婚子女，可能还包括其他亲属，如祖父母等。在主干家庭中，家庭成员之间的关系相对复杂，涉及多个层面的互动和责任分配。由于存在几代同堂的情况，家庭成员之间可能会面临不同的价值观、生活习惯和代际差异等挑战。然而，这种家庭结构也有其独特的优势，如能够提供更多的家庭支持和资源，增强家庭成员之间的凝聚力和归属感。

1. 主干家庭的优点

（1）家庭支持丰富

祖父母可以协助父母照顾、管理和教育第三代。孩子在这样的家庭环境中可以得到更多的爱和更充分的教育和照顾。老一辈通常有丰富的生活经验和育儿经验，能够更加耐心和细心地照顾孙辈，对孩子的成长产生积极影响。

（2）情感联系紧密

主干家庭中的成员由于长时间的共同生活，情感联系往往非常紧密。家庭成员之间的互相支持和关爱有助于培养孩子的家庭责任感和亲情观念。

（3）传承优秀品质

老一辈通过他们的言谈举止向年轻一代传递家庭价值观、社会经验和人生智慧。孩子在这样的环境中成长，更容易从父母那里学到关心他人、照顾老人的好品质，从而形成良好的道德品质和社交能力。

（4）代际交流频繁

主干家庭为不同年龄段的家庭成员提供了更多的交流机会，通过代际交流，老年人和年轻人可以互相学习、互相理解，促进家庭内部的和谐与融洽。

（5）家庭氛围温馨

主干家庭往往充满温馨的氛围，在这样的环境中成长的孩子，更容易形成积极向上、乐观开朗的性格，有利于他们健康成长和全面发展。

2. 主干家庭的不足

（1）教育方式的过度宽容

在主干家庭中，祖父母往往对孙辈表现出过度的溺爱和宽容，这种教育方式可能导致孩子缺乏自我约束和忍耐能力，难以适应社会的规则和期望。他们可能过于以自我为中心，自控能力较差，道德观念薄弱，缺乏明确的行为准则和规范。长期依赖成人照顾，他们在与人交往时可能表现出不适应，容易产生对立和仇视情绪。

（2）家庭矛盾的复杂性

主干家庭的结构复杂，人口众多，这可能导致家庭成员之间的冲突和矛盾更加频繁和复杂。婆媳矛盾、父子矛盾等家庭内部问题可能时常发生，如果这些问题得不到妥善解决，经常争吵不休，将对孩子的成长产生不利影响。孩子在这样的环境中成长，可能感到压抑、无助和困惑，影响他们的身心健康和人格发展。

（三）联合家庭

联合家庭是一种特殊的家庭结构，指的是家庭中有任何一代含有两对或两对以上夫妻的家庭。这种家庭结构可能包括父母和两对或更多已婚子女组成的家庭，也可能是兄弟姐妹结婚后选择不分家而形成的家庭。在联合家庭中，家庭成员之间的关系更为复杂，涉及更多的互动和责任分配。由于存在多对夫妻，家庭成员之间的价值观和生活习惯可能更加多样化，这既可能带来丰富的家庭文化和交流，也可能导致一些冲突和摩擦。

1. 联合家庭的优点

（1）家庭矛盾的缓解与解决

联合家庭由于几代同堂、成员众多的特性，往往能形成一种更为紧密的监督和互助机制。祖父母的权威和妯娌间的相互监督、交流，使家庭中的矛盾和问题更容易得到妥善处理和解决。这种家庭环境能为孩子提供一个相对宽松、和谐的生活环境，减少家庭暴力和父母情感问题对孩子造成的负面影响。同时，孩子在这种环境中也能潜移默化地学习到如何与人友好相处，培养良好的社交能力。

（2）提供丰富的学习与交流环境

联合家庭为孩子提供了一个独特而富有竞争力的学习环境。在这个大家庭中，孩子可以与同辈的兄弟姐妹一起学习、交流，这种互动不仅能促进他们在学业上的相互帮助和共同进步，还能培养他们的合作精神和竞争意识。此外，这种家庭环境也有助于孩子在情感、心理和社会技能等方面得到全面发展。通过与不同年龄层次的家庭成员相处，孩子能够学会如何与不同年龄段的人交往，提升他们的社交能力，为将来的社会生活打下坚实的基础。

2. 联合家庭的不足

（1）溺爱的风险

在联合家庭中，由于祖父母往往拥有多个孙辈，他们可能会倾向于对每个孩子都表现出过度的关爱和纵容，这种过度的溺爱可能会导致孩子缺乏自我约束力和独立性，难以适应社会的规则和期望。他们可能会变得过分依赖，缺乏独立解决问题的能力，以及面对挫折时的应对能力。

（2）教养方式的冲突

联合家庭中的祖父母和父母往往有着不同的教养观念和方式，当孩子犯错时，这种差异可能会导致冲突，比如父母想要进行适当的惩罚以教育孩子，而祖父母则可能过度保护孩子，使父母陷入左右为难的境地。这种不一致的教养方式也会让孩子感到困惑，不知道应该如何行为，甚至可能产生投机心理，试图在不同的家庭成员面前表现出不同的行为。

（3）社交能力的局限

在联合家庭中，孩子可能过多地沉浸在与家人的互动中，缺乏与陌生人交往的机会，这可能会导致他们在面对新的社交环境时表现出不适应，比如害羞、沉默寡言、不合群等。虽然他们在家里可能表现得活泼、调皮，但在一个陌生的环境中，他们可能会感到孤独和无助。

（4）偏爱导致的心理问题

在儿孙满堂的联合家庭中，祖父母可能无法对所有的儿孙都保持均衡的关爱，可能会偏爱某个或某些儿孙，这种偏爱容易引发其他儿孙的嫉妒和被忽视感，长期下来可能会导致他们产生报复心理或其他负面情绪。这不仅会影响家庭氛围的和谐，还可能对孩子的心理健康产生负面影响。

（四）单亲家庭

单亲家庭是指由单身父亲或母亲与其未婚子女组成的家庭。这种家庭结构通常是由于离婚、分居、配偶去世等原因形成的。特点是家庭结构相对简化，即家庭成员数量较少。

单亲家庭可能会面临更多的经济、心理和社会压力，孩子原本所依赖的家庭给予的安全感和归属感瞬间崩塌，取而代之的是一种深深的失落感和无助感。更令他们难以承受的是，他们可能面临着失去父亲或母亲，甚至是失去双亲的残酷现实。这种失去至亲的痛苦对于年幼的孩子来说，无疑是难以承受的。

如果这些问题得不到及时的解决和疏导，孩子可能会逐渐走向极端，甚至陷入犯罪的深渊。他们可能会因为缺乏关爱和归属感而寻求其他途径来填补内心的空虚，比如加入不良团伙、参与违法活动等。

（五）夫妻家庭

夫妻家庭是指仅由夫妻两人组成的家庭结构。这种家庭类型在现代社会中越来越普遍，涵盖了多种不同的情况，如夫妻自愿选择不育的丁克家庭、子女已经离家独立生活而形成的空巢家庭，以及尚未生育子女的年轻夫妻家庭。在夫妻家庭中，由于没有其他家庭成员的参与，夫妻之间的关系更加紧密，彼此之间的情感交流和依赖程度也更高。因此，这种家庭结构对于夫妻双方的情感支持和心理健康具有重要意义。

对于丁克家庭而言，夫妻双方通过共同决策选择不生育子女，这体现了他们对生活方式的独特追求和对家庭责任的重新定义。在这样的家庭中，夫妻双方更加注重个人成长、事业发展和精神层面的满足。

空巢家庭则是指子女已经离家独立生活，夫妻两人独自居住的家庭。这种家庭结构在子女成年后逐渐形成，对于夫妻双方的适应能力、心理调节能力以及社交活动等方面提出了新的挑战。然而，空巢家庭也有其独特的优势，如夫妻两人可以更加专注于彼此的关系，享受更加独立和自由的生活。

尚未生育的夫妻家庭则处于人生阶段的某个阶段，他们可能正在为未来的家庭计划做准备，或者正在享受二人世界的甜蜜时光。这种家庭结构对于夫妻双方的未来发展、事业规划以及家庭角色的塑造都具有重要意义。

课堂活动 6-1

家风的传承

请写出你的家庭中一个好的特质或传统，并且是你想带入未来的亲密关系与家庭中的；再写一个不良特质或传统，并且是你不想带入未来的家庭中的。

_____

_____

_____

二、家庭教养方式

美国心理学家戴安娜·鲍姆林德在 1971 年的研究中，深入探讨了父母的教养行为对孩子成长发展的长远影响，并将父母的教养方式划分为四种类型：权威型、专制型、放纵型和忽视型。

（一）权威型

权威型教养方式普遍被认为是对孩子成长最有益的一种。在这种模式下，父母不仅展现出坚定的权威，更重要的是，这种权威是建立在尊重孩子的个性、需求以及独立思考能力的基础之上的。他们会根据孩子的年龄和能力，提出恰如其分的要求，设定具有挑战性的目标，并在孩子的行为出现偏差时，以恰当的方式进行引导和限制。与此同时，权威型父母不会忽视对孩子情感上的关爱与支持，他们经常与孩子进行深入的交流，认真聆听孩子的想法和感受，给予孩子足够的关爱和鼓励。这种教养方式既保证了孩子的行为符合社会规范，又充分尊重了孩子的个性和需求。

权威型教养方式的特点在于其严格性与民主性的结合。父母在设定规则和期望时，会充分考虑孩子的实际情况和意愿，同时也会给予孩子适当的自主权和决策权，让孩子在遵守规则的前提下，能够自由地表达自己的意见和选择。

在这种教养方式下长大的孩子，通常能够形成较强的自信心和自控能力。他们相信自己有能力面对各种挑战，同时也能够控制自己的情绪和行为，避免作出冲动的决定。此外，这些孩子往往比较乐观、积极，能够积极地看待生活中的困难和挑战，以更加健康、积极的心态面对未来的生活。

（二）专制型

专制型教养方式的特点在于其严格性和缺乏民主性。这种类型的父母倾向于采用权威且不容置疑的方式教育孩子，他们往往要求孩子无条件地服从自己的意愿，很少考虑孩子的个性和需求。父母可能会为孩子设定高标准、严要求，而这些要求有时可能并不符合孩子的实际情况或能力范围。

在专制型教养方式下，孩子往往会感受到较少的自由度和选择权，他们很难在家庭中表达自己的意见和感受。这种不平等的关系可能导致孩子在与父母互动时感到压抑和束缚，进而产生焦虑、退缩等负面情绪和行为。然而，尽管专制型教养方式存在诸多弊端，但在某些情况下，孩子在学校中可能会表现出较好的纪律性和服从性。他们可能比较听话、守规矩，但这并不意味着他们真正理解和认同这些规则，更多的是出于对权威的畏惧和服从。

从长远来看，专制型教养方式可能对孩子的心理健康和个性发展造成不利影响。缺乏自主权和决策权的孩子可能难以形成独立思考和解决问题的能力，也可能在社交和人际关系方面遇到困难。

（三）放纵型

放纵型教养方式的特点是父母对孩子表达出了大量的爱和期待，但很少设立明确的规则、要求或对孩子的行为进行限制。这种教养方式通常给予孩子极高的自由度，让孩子几乎在没有约束的情况下成长。

在这种环境下长大的孩子，由于很少面对规则和限制，往往难以发展出良好的自我控制能力和社会行为规范。他们可能显得较为幼稚、不成熟，并且在面对生活中的挑战和困难时，往往缺乏应对的能力。此外，由于放纵型父母很少对孩子的行为进行限制或纠正，孩子可能会形成一种以自我为中心的观念，认为自己的需求和欲望应该被无条件地满足。一旦他们的要求不能被满足，他们可能会表现出强烈的情绪反应，如哭闹、发脾气等。

这种依赖性强的孩子往往难以适应需要自我管理和约束的环境，比如学校或工作场所。他们可能缺乏恒心和毅力，难以坚持完成一项任务或达成一个目标。这种性格特质可能会对他们的学业和职业生涯产生不利影响。

（四）忽视型

忽视型的父母表现为对孩子缺乏足够的关注和投入。他们不设定明确的行为准则或期望，同时也很少表达对孩子的爱和关心。这种教养方式主要侧重于满足孩子的基本物质需求，如食物、住所和衣物，但在情感支持和精神引导方面则显得严重不足。

在这样的环境下成长的孩子，由于缺乏父母的有效引导和情感支持，他们往往难以形成健康的心理发展和社会适应能力。他们可能会表现出适应障碍，如在学校或社交场合中难以融入群体，自我控制能力差，情绪管理能力较弱等。这些孩子还可能因为缺乏自信和安全感，在面对挑战和困难时表现出退缩和逃避的态度。

课堂活动 6-2

我和我的父母

1. 我的父母认为我是_____
2. 父母希望我是_____
3. 我和父母之间最大的问题是_____
4. 我希望妈妈_____
5. 我希望爸爸_____

三、家庭沟通

家庭内部的沟通模式能够对个人内心世界产生深远影响。理想的家庭沟通应当是开放、坦诚和表达内心真实感受的，而非充斥着攻击性、翻旧账和贴标签的方式。这种直接的沟通模式对于有效传达信息至关重要。如果家庭内部采取攻击性的沟通方式，原本希望传达的可能是希望对方调整某种让我们不适的行为，但这样的表达往往会被对方解读为指责，导致对方产生抵触情绪，进而可能以同样的攻击性方式回应。这种沟通循环只会加剧双方的误解和冲突，使原本想要传达的信息无法有效到达对方。

我们与他人建立的沟通模式，往往源于我们与父母的沟通经验。这种沟通不仅包括言语上的交流，还包括非言语的交流，如情绪的表达（如微笑、流泪）和身体的接触（如拥抱、打骂）。我们倾向于以情绪记忆的方式存储这些早期的沟通模式，并在日后的人际交往中应用这些模式。例如，如果我们在童年时期体验到的家庭沟通是充满惩罚和指责的，我们可能会感到无所适从，缺乏安全感。这种感受可能会在我们成年后延续，使我们对他人的预期充满疑虑，认为他们随时可能对我们构成威胁。这就是家庭治疗中提到的"双重束缚"现象，即个体在感受到既无法满足他人期望又无法逃避其责难的情况下所经历的内心冲突。这种沟通模式在某些情况下，甚至可能与严重的精神健康问题相关联。

（一）萨提亚沟通模式

萨提亚沟通模式是由美国心理治疗师维吉尼亚·萨提亚（Virginia Satir）提出的，也称为"萨提亚模式"或"联合家庭治疗"，在家庭沟通中是一种非常有效的工具，它强调在沟通中保持自我、他人和情境的和谐统一。萨提亚发现，在人际互动中，人们对于同一问题或情境的反应往往呈现出多样化的沟通姿态，这些姿态反映了人们如何表达自己、如何看待他人以及如何处理特定的情境等。

1. 讨好型

讨好型占总体人群的30%。沟通者常常忽略自己，内心充满自责和羞耻感，言语中经常流露出"这都是我的错""我想要让你高兴"之类的信息。他们倾向于避免冲突，过度适应他人，以满足他人的需求。家庭特征表现为和谐但表面化，缺乏真实的情感交流，冲突被压抑。

2. 指责型

指责型占总体人群的30%。沟通者习惯于攻击和批判他人，将责任归咎于对方，内心充满了愤怒。他们的言语中常含有"你从来都没做过对""你总是……"等表达方式。指责型的人往往难以建立亲密的人际关系。家庭特征表现为紧张和对立，成员之间缺乏信任，冲突频繁。

3. 超理智型

超理智型占总体人群的15%。其主要特点体现在过于强调情境的逻辑性、道理和规则，而忽视了个人的情感和感受，倾向于压抑自己的情感，逃避对感受的深入体验，并且在沟通中几乎不关注他人的情感需求。家庭特征表现为冷漠和疏离，情感表达受到压制，成员之间的互动缺乏温情。

4. 打岔型

打岔型占总体人群的0.5%。沟通者常常回避或转移自己不愿面对的话题，不直接回答问题或提出建设性的意见。他们可能通过幽默、插科打诨或改变话题来避免直接面对问题。家庭特征表现为混乱和不确定，成员之间的沟通缺乏连贯性，问题得不到有效解决。

5. 一致型

一致型占总体人群的4.5%。这是萨提亚所倡导的目标沟通模式。一致型的沟通者能够同时关注到自己、他人和情境，表达真实的自我，同时也尊重他人和情境。他们通过有效沟通，达到双赢的结果。家庭特征表现为开放和支持，成员之间充满信任和理解，情感交流真实而深入。

前面所描述的四种沟通模式——讨好型、指责型、超理智型和打岔型，尽管在表现形式上各不相同，但它们内在的自我价值感都偏低。这些沟通模式往往源于对自我和他人的不正确认知，以及对情境的片面理解，从而导致了沟通中的不平衡和冲突。相比之下，一致型的沟通模式则真正体现了高自我价值。一致型的人能够清晰、真诚地表达自己的感受和需求，同时也能够尊重并理解他人的感受和需求。他们能够在沟通中保持自我、他人和情境的和谐统一，寻求双赢的解决方案。这种沟通模式不仅有助于解决问题，还能够促进家庭关系和人际关系的和谐与成长。

（二）无条件积极关注

无条件积极关注是罗杰斯以人为中心的疗法中的核心概念。它指的是一种无条件的、非评价性的、完全接纳的态度，向个体传达出无论他们做什么、说什么或感受什么，他们都是有价值的、被爱的和被理解的。

当我们还是孩子时，我们非常依赖父母的关注、喜爱和认可来建立我们的自我价值感。然而，如果父母的关注是有条件的，比如只在我们表现良好、达到他们的期望时才给予，那么我们就可能学会将自己的价值与这些条件联系在一起。这可能导致我们在没有达到这些条件时感到自己毫无价值，从而扭曲我们的自我认知。

罗杰斯提出的无条件积极关注理念强调，父母应该向孩子传达出他们无条件地被爱、被接纳的信息，无论孩子的行为如何。这样的环境有助于孩子建立起坚实的自我价值感，使他们能够更加自信地面对生活中的挑战，更加真实地表达自我，而不是为了迎合他人的期望而扭曲自己。无条件积极关注是一种接纳和尊重的态度，它鼓励我们以真实的自我去生活，而不是为了满足他人的期望改变自己。在教育中，无条件积极关注可以帮助孩子建立健康的自我价值感，促进他们健康成长。

> **课堂活动 6-3**
>
> **家庭的影响**
>
> 请思考你的家庭对你的人际关系的三种影响。
> _____
> _____
> _____

四、家庭教育

家庭教育在大学生成长和发展过程中的作用不容忽视，尤其在大学生健全人格的培养、人际关系的发展以及崇高理想的树立等方面，扮演了不可或缺的角色。

（一）助力大学生全面发展

在新时代背景下，大学生作为独生子女居多的一代，往往面临着独特的成长挑战。由于从小在家庭的悉心呵护下成长，他们的独立生活能力普遍较弱，当进入大学独立生活时，常常会遇到各种问题和困扰，无法独自应对，这使他们对家长的依赖心理更为显著。此外，应试教育的影响使得许多家庭在教育中过于注重学习成绩的提升，而相对忽视了对孩子其他能力如情感、心理、社交等方面的培养，这进一步加剧了大学生在面对独立生活时的不适应。

家庭教育在大学生全面成长中扮演着不可或缺的角色。首先，家庭是大学生情感支持的重要来源。在离家求学的过程中，家庭的理解和关心对于大学生的心理健康和情感稳定至关重要。其次，家庭教育能够影响大学生的价值观和人生观，父母的言传身教和家庭氛围的熏陶会对大学生的行为和道德选择产生深远影响。此外，家庭教育还能帮助大学生培养社交能力和心理调适能力，使他们更好地适应大学生活和社会环境。

家庭教育并不只是单向的。大学生作为家庭的一员，也会通过自己的言行和观念影响家庭成员。他们接受现代文明教育所形成的理念和知识，可以为家庭成员提供咨询和帮助，促进家庭成员的成长和进步。此外，大学生是未来社会的重要组成部分，他们也将成为未来的父母。因此，大学生家庭教育中涉及未来父母教育问题的重要性不言而喻。通过加强对大学生的家庭教育，可以有效提升未来父母的整体素质，为构建和谐社会奠定坚实基础。

（二）延续和深化教育过程

大学生家庭教育，作为之前家庭教育阶段的自然延伸与深化，具有无可替代的重要性。在大学这个充满挑战与机遇的阶段，大学生需要独自面对众多人生十字路口的抉择，其中最为关键的就是职业规划与爱情观的建立。

家庭教育在这个阶段能够为大学生提供深入探索自我的机会。相较于初高中阶段，大学生有更多的自由时间和空间来思考自己的兴趣、优势、价值观和人生目标。父母可以通过与孩子的交流，引导他们更加全面地了解自己，发现潜在的兴趣和能力，并鼓励他们勇于尝试和挑战。

家庭教育在职业规划中扮演着至关重要的角色。父母可以利用自己的经验和资源，为孩子提供职业信息、行业趋势和就业市场的分析，帮助他们了解不同职业的特点和要求。同时，父母还可以引导孩子思考自己的职业兴趣和目标，制定合理的职业规划，并鼓励他们积极参加实习、实践等活动，提升职业素养和竞争力。

家庭教育对于大学生爱情观的建立同样重要。在爱情问题上，父母可以通过分享自己的经验和故事，引导孩子树立正确的爱情观和价值观。他们可以教育孩子尊重他人、珍惜感情、理性对待爱情中的得与失，并培养他们的情感沟通和解决问题的能力。这样的家庭教育能够使大学生在爱情道路上更加成熟和理性。

家庭教育还能够为大学生提供情感支持和心理安慰。在大学阶段，大学生可能会面临学业压力、人际关系问题、情感挫折等困扰，父母可以通过倾听、理解和鼓励，给予孩子情感上的支持和安慰，帮助他们渡过难关，增强自信心和应对能力。

（三）促进家校社协同发展

在新时代的教育背景下，高等教育体系的优化离不开家庭教育的积极参与和贡献。高等教育强调的不仅是知识的传递，更是学生综合素质的培养和全面发展。为了实现这一目标，学校、社会和家庭三方必须紧密协作，形成教育合力，共同推动教育的可持续发展。

家庭教育作为高等教育体系中的重要一环，其独特性和价值不容忽视。家庭是孩子成长的第一课堂，父母是孩子的第一任老师。家庭教育在孩子的情感、心理、价值观等方面具有深远的影响，这些方面是学校和社会教育难以替代的。因此，将家庭教育纳入高等教育体系中，与学校教育和社会教育相互补充、相互促进，是优化高等教育体系的必然选择。

随着高校扩招和大学生数量的持续增加，学校面临着巨大的教育资源压力。单纯依靠学校资源来满足所有学生的教育需求变得日益困难。而家庭教育作为一种天然的教育资源，具有独特的教育优势和潜力。父母可以通过与孩子的日常交流、言传身教等方式，为孩子提供个性化的教育支持和指导，帮助孩子更好地适应大学生活，提升综合素质。充分发挥家庭教育的作用，将家庭教育纳入高等教育体系中，与学校教育和社会教育共同构成完整的、协调的教育网络，能够更好地满足大学生的教育需求，推动学生的全面发展，实现高等教育体系的优化和升级。

心理自测台

请回想父母在日常生活中与你相处的方式并回答以下问题（见表 6-1）。每个题目的答案均有 1~4 个等级，"从不、有时、经常、总是"。请分别在最适合你父亲或母亲的对应栏内打"√"。每个题目只选一个答案。

表 6-1　父母教养方式量表（S-EMBU-C）

题目	从不	有时	经常	总是
1. 父/母亲常常在我不知道的情况下对我大发脾气				
2. 父/母亲赞美我				
3. 我希望父/母亲对我正在做的事不要过分担心				
4. 父/母亲对我的惩罚往往超过我承受的程度				
5. 父/母亲要求我回到家里必须向他/她说明我在外面做了什么事				
6. 我觉得父/母亲尽量使我的青少年时期的生活更有意义和丰富多彩				
7. 父/母亲经常当着别人的面批评我懒惰又无用				
8. 父/母亲不允许我做一些其他孩子可以做的事情，因为他/她害怕我出事				
9. 父/母亲总是试图鼓励我，使我成为佼佼者				
10. 我觉得父/母亲对我可能出事的担心是夸大的、过分的				
11. 当遇到不顺心的事情时，我能感到父/母亲在尽量鼓励我，使我得到安慰				
12. 我在家里往往被父/母亲当作"替罪羊"或"害群之马"				
13. 我能通过父/母亲的言谈、表情感受到他/她喜欢我				
14. 父/母亲以一种很难堪的方式对待我				

续表

题目	从不	有时	经常	总是
15. 父/母亲常常允许我到我喜欢去的地方，而又不会过分担心				
16. 我觉得父/母亲干涉我做的任何一件事				
17. 我觉得与父/母亲之间存在一种温暖、体贴和亲热的感觉				
18. 父/母亲对我该做什么，不该做什么都有严格的限制且决不让步				
19. 即使是很小的过错，父/母亲也惩罚我				
20. 父/母亲总是左右我该穿什么衣服或者打扮成什么样子				
21. 当我做的事情取得成功时，我觉得父/母亲很为我感自豪				

扫一扫看分析

心灵工作站

活动1：家的思考

你眼中的父母是什么样子的？请你仔细回想一下，回答下面四个问题，将答案写在表6-2中。

表6-2 家的思考

我眼中的父母	我与父母的关系
我希望我眼中的父母	我希望我与父母的关系

活动 2：时光印记

找一个充裕的空闲时间，一家人围坐在一起，翻阅以前的照片，按下述步骤交流分享，共同度过家庭的美好时光。

1. 由家中长辈讲述照片的故事；
2. 其他成员可以选择彩笔把美好记忆写在照片背面；
3. 每人都在照片后留下一句话。

章节小结

1. 亲子关系是指父母与子女之间的关系，也指父母如何引导、教育和关爱子女，以及子女如何回应、理解和尊敬父母的一种双向互动的社会关系。

2. 家庭是由具有婚姻关系、血缘关系或收养关系的人们所组成的社会生活的基本单位。家庭结构多种多样，包括核心家庭、单亲家庭、主干家庭、联合家庭、夫妻家庭等。

3. 美国心理学家戴安娜·鲍姆林德将父母的教养方式划分为四种类型：权威型、专制型、放纵型和忽视型。

4. 依恋理论由英国心理学家约翰·鲍尔比在20世纪50年代提出，深入探讨了人在生命全过程中如何与重要他人建立起一种强烈而持久的情感联系。

5. 无条件积极关注是罗杰斯以人为中心的疗法中的核心概念。它指的是一种无条件的、非评价性的、完全接纳的态度，向个体传达出无论他们做什么、说什么或感受什么，他们都是有价值的、被爱的和被理解的。

6. 家庭教育的作用：助力大学生全面发展，延续和深化教育过程，促进家校社协同发展。

拓展阅读

1. 简·尼尔森，《正面管教》，京华出版社，2016。

在教育孩子的过程中，家长们往往纠结于严厉与溺爱之间，不知如何把握尺度。本书倡导一种既不惩罚也不娇纵的管教方法，通过和善而坚定的态度，帮助孩子培养自律、责任感、合作以及解决问题的能力，让亲子关系在相互尊重与理解中更加和谐。

2. 盖瑞·查普曼,《爱的五种语言》,江西人民出版社,1992。

本书用简洁生动的语言介绍了表达和接受爱的五种沟通方式,引导读者调动内心世界的非言语信息——爱不是光靠说说而已,还要靠行动来体现。本书对改善和家人、朋友、邻居、师长等人际关系有很好的指导作用。

模块三　学业成长

项目七
我进步我快乐——学习动机

心路故事会

1 探秘学习动机

　　我来自一个普通的农村家庭。小时候，每当看到老师在讲台上神采飞扬，我的内心就会涌起一股莫名的向往，觉得老师是最博学、最神气的，从那时起，我便立志要成为一名老师。

　　然而，进入大学后，面对专业学习、社团活动、学生会工作、谈恋爱、打游戏那么多的选择，我突然有些茫然、不知所措，对成为一名老师也失去了热情，不知道自己学习是为了什么，更不知道自己的大学生活到底应该追求点什么才更有意义。直到有一天，我参加了一场学术讲座，那位主讲老师的激情演讲深深地触动了我。

　　老师讲述了自己从一个普通学生成长为学术界佼佼者的经历。他提到了自己在大学期间如何克服种种困难，坚持不懈地追求学术梦想。他说："学习不仅仅是为了考试和分数，更是为了培养我们的思维能力和创新精神。只有真正热爱学习，才能在其中找到乐趣和动力。"

　　听完老师的演讲，我受到了触动，开始慢慢寻找自己学习的方向和目标。学习不仅仅是为了应付考试或者找工作，更是为了提升自己、实现自己的价值。我开始重新审视自己的学习动机，并尝试从中找到真正激发自己学习热情的因素。

　　我从小就很喜欢数学，感觉数学很神奇，对数学有着特殊的兴趣。每当解决一个复杂的数学问题时，我都会感到一种难以言喻的成就感。于是，我决定将数学作为自己的主攻方向。我参加了数学建模社团，还在老师的指导下和学长一起参加了全省数学建模大赛，在备赛的过程结识了很多志同道合的小伙

111

伴，我们经常一起探讨数学问题，我感觉我的生活无比充实。

在学习的过程中，我也遇到了很多挑战和困难。有时候，会因为一道难题而熬到深夜；有时候，会因为一次不理想的比赛成绩而感到失落。但是，我相信，能在自己喜爱的领域奋斗是一件幸福的事情，只要坚持下去，就一定能够克服一切困难，实现自己的梦想。

随着时间的推移，我的学习成绩逐渐提高，数学能力也得到了很大的提升。我开始在学术刊物上发表论文，参加学术会议，与来自全国各地的学者交流思想。

对于我来说，最重要的并不是荣誉和成就，而是我找到了自己学习的真正动力和目标：不再为了应付考试或者迎合别人的期望而学习，而是真正为了自己的成长和发展而学习；学习是为了让自己变得更好，更有能力去实现自己的梦想和目标。

回首这段大学生活，我感慨万千，感谢那些曾经给予我帮助和支持的人，也感谢自己那份坚持不懈的努力和追求。我相信，在未来的日子里，我会继续保持对学习的热情和追求，不断提升自己的能力和素质，为实现自己的梦想和目标而努力奋斗。

讨论：
1. 为什么"我"在进入大学后会感到迷茫？
2. 如何挖掘自己的内在动机？
3. 在学习的过程中会面对各种挑战和困难，哪些方法可以帮助我们迎难而上？

心海导航塔

一、学习动机的奥秘

（一）什么是学习动机

学习动机是一个多维度、深层次的概念，它涉及个体内在的心理过程以及外在环境的刺激与影响。简而言之，学习动机是指推动个体进行学习活动的内在动力和愿望，是学习者为达到一定的学习目标而表现出的强烈意愿和行动倾向。

从心理学角度看，学习动机是个体在学习过程中产生的一种内部驱动力。这种驱动力源于个体对知识的渴望、对成就的追求以及对未来美好生活的向往。当个体意识到学习能够满足其某种需求或实现某种目标时，便会产生强烈的学习动机，进而主动投入学习，积极克服学习中的困难。

学习动机具有多种类型和表现形式。内在动机是其中最核心、最持久的类型，它源于学习者对学习内容的兴趣、好奇心和自我提升的需求。当学习者对某个领域或主题产生浓厚兴趣时，他们会自发地投入学习，享受学习过程，无须外部奖励或惩罚的驱动。相比之下，外在动机虽然能在一定程度上推动学习行为的发生，但其效果往往不如内在动机持久和稳定。

影响学习动机的因素众多且复杂。首先，个体的个性特点、兴趣爱好、价值观等内部因素对学习动机起着决定性作用。例如，自信、自律、好奇心强的学习者往往更容易对学习产生兴趣并投入其中。其次，家庭、学校、社会等外部环境也对学习动机产生重要影响。家庭的支持与鼓励、学校的良好氛围、社会的认可与期望等都能激发学习者的学习动机。此外，学习任务的性质、难度，教师的教学方式，以及学习资源的丰富性等因素也会对学习动机产生直接或间接的影响。

总之，学习动机是推动个体进行学习活动的内在动力和愿望。了解学习动机的定义及影响因素有助于我们更好地把握自己的学习需求和心理特点，从而为我们提供更有针对性的教学支持。同时，学习者也应积极调整自己的学习态度和动机水平，以更好地适应学习环境和实现个人发展目标。

（二）学习动机的分类

学习动机作为推动个体学习的内在动力，其种类繁多且各具特色。深入了解学习动机的分类，有助于我们更精确地了解自己的心理需求，从而寻求更具针对性的外部支持。

从动力来源的角度，学习动机可分为内部动机和外部动机。内部动机源于学习者自身的兴趣、好奇心和自我提升的需求，如对知识的渴望、对解决问题的兴趣等。这种动机使学习者能够自发地投入学习，享受学习过程，并从中获得满足感和成就感。与外部动机相比，内部动机具有更强的稳定性和持久性，更能够促进我们深度学习和长远发展。外部动机则是由外部因素激发的，如奖励、惩罚、社会期望等。当学习者为了获得某种外部奖励或避免惩罚而学习时，他们的动机就属于外部动机。虽然外部动机在一定程度上能够推动学习者学习，但其效果往往不如内部动机持久和稳定。此外，过度依赖外部动机还可能导致学习者对学习本身失去兴趣，产生依赖性和被动性。

除了动力来源，学习动机还可根据与学习活动的关系分为直接动机和间接动机。直接动机是由学习活动本身直接引起的，如对学习内容的兴趣、对学习结果的期待等。这种动机使学习者能够直接关注学习任务本身，享受学习过程，并从中获得乐趣。间接动机则与学习活动的社会意义和个人前途相关，如为了将来的职业发展、社会地位等而学习。间接动机使学习者能够将学习与个人目标和社会期望相联系，从而产生更强的学习动力。

此外，根据学习动机的内容和社会意义，还可将其分为高尚的动机和低级的动机。高尚的动机以利他主义为核心，学习者将学习与国家和社会的利益相联系，追求的是社会价值的实现。而低级的动机则以利己主义为核心，学习者更多关注的是个人利益的满足和自身需求的实现。

学习动机的分类多种多样，每种分类都反映了不同的心理需求和学习动力。我们需要了解这些分类，以便更好地识别学习动机，寻求更具针对性的支持和引导。同时，我们还应注重激发和维持内部动机，建立对学习的持久兴趣和热情，从而实现更好的学习效果和更全面的发展。

课堂活动 7—1

学习动机知多少？

1. 你所了解的学习动机有哪些？
   _____
   _____
   _____

2. 对你而言最重要的学习动机是什么？
   _____
   _____
   _____

（三）学习动机对学习成效的影响

学习动机对学习成效的影响是显而易见的。学习动机能够激发我们的学习兴趣和热情，使我们在学习过程中更加投入和专注。当我们对学习内容产生浓厚的兴趣时，我们会更加主动地去探索、思考和实践，从而取得更好的学习效果。

学习动机能够促使我们制订明确的学习目标和计划，并为之付出努力。有了明确的目标和计划，我们就能更有针对性地进行学习，避免盲目和无效的努力。同时，学习动机还能够激发我们的毅力和耐力，使我们在面对困难和挑战时能够坚持不懈地追求目标。

学习动机还能够影响我们的学习策略和方法。内在动机使我们更加关注学习的过程和体验，倾向于采用深度学习和探索式学习的方式；而外在动机则可能使我们更加注重学习的结果和外部评价，倾向于采用应试和机械记忆的学习方式。因此，了解并激发学生的学习动机，有助于我们选择更加适合自己的学习策略和方法，提高学习效率和质量。

二、内在动机：热爱学习的源泉

内在动机，作为学习的重要驱动力，源于个体对知识的渴望、对挑战的追求以及对自我实现的期望。它使我们在学习过程中体验到乐趣和成就感，从而更加热爱学习、享受学习。

（一）内在动机的内涵与特点

内在动机是指个体出于自身兴趣、好奇心和自我实现的需求而自发产生的学习动力。它不同于外在动机，后者依赖于外部的奖励或惩罚来推动学习行为。内在动机具有以下几个显著特点：

1. 自主性

内在动机源于个体内心的需求和渴望，具有高度的自主性。它不需要外部因素的诱导或强制，能够自发地产生学习动力并推动个体进行学习活动。

2. 持久性

内在动机具有持久的驱动力。一旦个体对某个领域或主题产生兴趣，这种兴趣往往会持续很长时间，甚至伴随终身。这种持久的动力使个体能够在学习过程中不断克服困难、追求卓越。

3. 深度参与

内在动机促使个体更加深入地参与到学习过程中，他们不仅关注表面的知识和技能，更注重对知识的理解和应用。这种深度参与有助于个体形成更加全面、深刻的知识体系。

4. 自我满足

内在动机使个体在学习过程中体验到乐趣和成就感。当他们通过努力取得进步或解决难题时，会感到内心的满足和愉悦。这种自我满足进一步增强了他们的学习动力。

（二）内在动机的影响因素

内在动机的形成和发展受到多种因素的影响，以下是一些主要的影响因素：

1. 兴趣和好奇心

兴趣和好奇心是内在动机的核心要素。当个体对某个领域或主题产生兴趣时，他们会主动地去探索、学习相关知识。好奇心则驱使他们不断提出问题、寻求答案，从而推动学习的深入进行。

2. 自我效能感

自我效能感是指个体对自己能够完成某项任务的信心和期望。当个体认为自己有能力完成某项学习任务时，他们更有可能产生内在的学习动力。因此，提高个体的自我效能感是激发内在动机的重要途径。

3. 目标设置

明确、具体的学习目标能够激发个体的内在动机。当个体为自己设定了具有挑战性的目标时，他们会更加努力地学习以实现这些目标。同时，目标的可实现性也对内在动机产生重要影响。过于遥远或无法实现的目标可能导致个体失去学习动力。

4. 学习环境

良好的学习环境有助于激发个体的内在动机，包括提供丰富的学习资源、创设积极的学习氛围，以及给予个体足够的自主权和选择权等。在这样的环境中，个体能够自由地探索、发现和学习，从而体验到学习的乐趣和成就感。

（三）如何激发内在学习动机

学习动机是学习行为的重要推动力，它决定了学习者是否愿意投入时间和精力去学习，以及学习的效果如何。而内在学习动机，更是推动学习者持续、深入学习的关键因素。从心理学的角度来看，我们可以通过一些方法来激发自己的内在学习动机。

1. 明确学习目标与意义

设定明确、具体的学习目标，有助于我们更好地聚焦学习内容和方向。当我们清楚地知道自己要学习什么，以及学习这些内容能带来什么好处时，就会更有动力去学习。此外，理解学习的意义也至关重要。学习不仅仅是为了应对考试或完成任务，更重要的是为了提升自己的能力、拓宽视野、实现梦想。当我们意识到学习的深远意义时，就会更加珍惜每一次学习的机会，更加努力地投入其中。

2. 建立自我效能感

自我效能感是指个体对自己是否有能力完成某一任务的推测和判断。当我们对自己充满信心，相信自己能够完成学习任务时，就会更加积极地投入学习。为了建立自我效能感，我们可以从简单的任务开始，逐步挑战更难的任务。每当完成一个任务时，我们都会有一种成就感，这种感觉会激励我们继续前进。

3. 培养学习兴趣与热情

"兴趣是最好的老师"，当我们对某一领域产生浓厚兴趣时，就会自然而然地投入更多的时间和精力去学习。为了培养学习兴趣和热情，我们可以尝试多样化的学习方式和方法，例如通过阅读相关书籍、观看相关视频、参加实践活动等方式来深入了解学习内容。同时，也可以将学习与自己的兴趣爱好相结合，让学习变得更加有趣和有意义。

4.运用心理暗示与自我激励

心理暗示和自我激励也是激发学习动机的有效方法。通过积极的心理暗示，我们可以更加自信地面对学习挑战并相信自己有能力完成任务；同时，学会自我激励也很重要，每当遇到困难或挫折时，我们可以用"我一定可以""我能行"等积极的话语来激励自己继续前进，这种自我激励能够让我们更加坚定地追求自己的目标，并克服一切困难。

激发自己内在学习动机的心理学方法多种多样，我们可以根据自己的实际情况选择合适的方法。例如，通过明确学习目标与意义、利用好奇心与求知欲、建立自我效能感、寻求社会支持与反馈、培养学习兴趣与热情，以及创设成功体验与奖励机制等方法，我们可以更加积极地投入学习并实现自己的学习目标，同时保持持续的学习动力和热情，不断追求进步和成长。

此外，还有一些其他心理学上的小技巧可以帮助我们激发内在学习动机：

①心锚：心锚是一种心理上的触发器，可以唤起某种特定的情绪或状态。例如，每次学习前都听同一首歌，这首歌就可能成为你进入学习状态的心锚。当你需要快速进入学习状态时，只需播放这首歌即可。

②运用冥想与放松技巧：学习前的冥想或放松练习可以帮助你平静心情、集中注意力。通过深呼吸、渐进性肌肉松弛等技巧，你可以降低学习前的紧张和焦虑，从而更高效地投入学习。

③可视化目标：将你的学习目标以图像的形式呈现出来，如制作一个愿景板或在学习空间中贴上相关图片。这样做可以让你的目标更加具体和可视化，从而增强你对实现目标的渴望和动力。

④定期回顾与反思：每隔一段时间回顾自己的学习成果和进步，不仅可以让你看到自己的努力得到了回报，还可以及时发现并纠正学习中的问题和不足。这种正向反馈可以进一步增强你的学习动机和自信心。

课堂活动 7-2

你的内在动机

你的内在动机有哪些？请写下三种。结合自己的亲身经历，分享你认为最有效的激发内在动机的方法是什么。

_____
_____
_____

三、外在动机：学习的外部驱动力

外在动机，作为学习的另一种重要驱动力，来源于外部的奖励、惩罚或社会期望等因素。它促使我们在学习过程中追求某种外在的目标或结果，以获取外部的认可或避免负面的评价。

（一）外在动机的内涵与特点

外在动机是指个体因外部因素而产生的学习动力。这些外部因素可能包括奖励、惩罚、社会期望、竞争压力等。与内在动机相比，外在动机具有以下几个显著特点：

1. 依赖性

外在动机的产生依赖于外部因素的刺激和诱导，一旦外部因素消失或改变，学习动力也可能随之减弱或消失。

2. 目标导向性

外在动机使个体在学习过程中明确追求特定的目标或结果，这些目标或结果通常与外部的奖励或惩罚相关联。

3. 有限性

外在动机的驱动力通常较为有限，它可能只能激发个体在特定情境下的学习行为，而无法持续推动个体进行长期、深入的学习。

（二）外在动机的作用机制

外在动机的作用机制涉及多个方面，包括奖励与惩罚、社会比较与竞争、社会期望与认可等。

1. 奖励与惩罚

奖励与惩罚是外在动机中最为常见的刺激因素。奖励能够激发个体的学习积极性和努力程度，而惩罚则能够抑制不良学习行为并促使个体改正错误。然而，过度依赖奖励和惩罚可能导致个体对学习的内在兴趣减弱，甚至产生厌学情绪。

2. 社会比较与竞争

社会比较与竞争也是外在动机的重要来源。个体在与他人进行比较时，可能会产生赶超他人的动力；而在竞争中获胜则能带来成就感和满足感。然而，过度的社会比较与竞争也可能导致焦虑、压力等负面情绪，影响个体的学习效果。

3. 社会期望与认可

社会期望与认可对个体的学习行为具有重要影响。当个体感受到来自家庭、学校或社会的期望时，他们可能会为了满足这些期望而努力学习。同时，获得他人的认可也会使个体感到满足和自豪，从而增强学习动力。

（三）如何激发外在学习动机

外在学习动机主要指的是由外部因素或奖励驱动的动机，如成绩、奖励、他人的认可或避免惩罚等。与内在学习动机相比，外在学习动机更侧重于外部的奖励或惩罚机制。以下是一些心理学方法，可以帮助激发自己的外在学习动机。

1. 适度运用奖励与惩罚机制

奖励与惩罚作为外在动机的重要手段，可以在一定程度上激发我们的学习动力。奖励要与我们的努力程度和进步情况相匹配。例如，每完成一个学习阶段或达到某个学习目标后，可以给自己一些奖励，如看一场电影、购买一件心仪的物品等。这种奖励机制能够让我们更加期待和珍视自己的学习成果，从而增强外在学习动机。惩罚则应针对不良行为或态度，帮助我们改正错误并树立正确的价值观。例如，我们可以为自己设定一个明确的学习期限，要求自己在规定时间内完成学习任务；如果未能按时完成或未达到预期的学习效果，则可以给自己设定一些惩罚措施，如减少娱乐时间、增加学习任务等。这种惩罚机制能够让我们更加珍惜学习时间并努力提高学习效果，从而增强外在学习动机。

2. 利用社会比较与评价

人们往往会在与他人比较中寻找自己的位置和价值。在学习过程中，我们可以适当地将自己与他人的学习成果进行比较，以此来激发自己的竞争意识和学习动力。同时，我们也可以寻求他人的评价和建议，从而了解自己的优点和不足，及时调整学习策略和方法。这种社会比较与评价机制能够让我们更加明确自己的学习方向和目标，进而增强外在学习动机。

3. 创造竞争与合作的学习环境

竞争与合作是激发外在学习动机的重要手段。在学习过程中，我们可以参与学习小组或团队，与他人共同完成任务和解决问题。通过与他人的合作与竞争，我们可以更加清晰地认识到自己的优势和劣势，进而激发自己的学习动力。同时，竞争也能让我们更加努力地追求更好的学习成果，以满足自己的好胜心和荣誉感。

4. 寻求外部认可与鼓励

外部的认可与鼓励对于激发外在学习动机具有重要作用。在学习过程中，我们可以将自己的学习成果展示给他人，如老师、同学或家人等，以寻求他们的认可与鼓励。这种认可与鼓励能够让我们更加自信地面对学习挑战，并激发自己的学习动力。同时，我们也可以参加一些学习竞赛或活动，通过获得荣誉和奖项来增强自己的学习动机。

以上方法可以单独或结合运用来增强我们的外在学习动机并提高学习效果。通过不断地实践和调整这些方法，我们可以找到最适合自己的学习动机激发方式，并在实现学习目标的同时享受学习的过程。

此外，还有一些额外的建议可以帮助激发和维持外在学习动机：

①分解任务：将大的学习任务分解成若干小任务，每完成一个小任务都给予自己适当的奖励，这样可以让学习变得更加有趣和有成就感。

②寻找榜样：找到一个你尊重并希望效仿的榜样，这可以是一个公众人物、老师、学长或者身边优秀的同学。以他们为榜样，可以激励自己向他们看齐，努力学习。

③保持积极心态：遇到困难时不要轻易放弃，要相信自己有能力克服一切。保持积极的心态对于维持外在学习动机非常重要。

总之，激发和维持外在学习动机需要综合运用多种方法，并根据个人情况进行调整和优化，让学习变得更加有趣和高效。

课堂活动 7-3

你的榜样

写出一个你尊重并希望效仿的学习榜样，写出他（她）最吸引你的特质。

_____

_____

_____

四、平衡与融合：激发全面学习动机

在学习动机的领域中，内在动机和外在动机各自扮演着重要的角色，然而，真正高效的学习往往来源于两者的平衡与融合。

（一）理解内在动机与外在动机的相互作用

我们需要深入理解内在动机与外在动机的相互作用。内在动机源于个体的内在需求，如对知识的渴望、对挑战的追求以及对自我实现的期望。它使学习成为一种自发、自主的行为，具有持久性和深度。而外在动机则是由外部因素如奖励、惩罚或社会期望所驱动的，它可以在短期内激发学习行为，但长期过度依赖外在动机可能导致学习变得功利化和表面化。

然而，内在动机和外在动机并非相互排斥，而是可以相互促进的。适度的外在奖励可以作为对内在努力的认可，增强个体的自信心和满足感，从而进一步激发内在动机。同时，内在动机的增强也可以使个体更加自主地追求学习目标，减少对外部奖励的依赖。

（二）学习动机的个体差异与自我培养

需要注意的是，每个人的学习动机都可能存在差异。有些人可能更偏向于内在动机，他们热爱学习，享受探索的过程；而有些人则可能更依赖于外在动机，他们需要通过外部的奖励或惩罚来推动自己前进。这种个体差异不仅影响着我们的学习方式和策略，也决定了我们在面对不同学习情境时的反应和表现。因此，我们需要探索自己的学习动机倾向，有针对性地激发我们的学习动力。内在动机较强的人，可以充分发挥自己的主动性和创造性；外在动机较强的人，可以通过设定明确的目标和奖励机制逐渐转向内在动机的驱动。

（三）持续监控与调整策略

学习动机的激发是一个动态过程，需要持续监控与调整策略。在学习过程中，我们要定期评估自己的学习动机状况，也可以寻求老师或他人的反馈和建议，以便及时了解自己的学习进度和效果。我们可以与老师保持良好的沟通，勇敢表达自己的想法和感受，以便老师更好地了解我们的内心世界并提供有针对性的支持。

（四）培养自我调控能力

自我调控能力是我们有效管理和调节自己学习行为的关键。我们可以通过学习学习策略、制订学习计划、培养自己的时间管理技巧等方式提升自我调控能力，更好地平衡内在动机和外在动机，根据我们的学习需求和目标来调整学习行为。

平衡与融合内在动机和外在动机是激发全面学习动机的关键。通过内在动机与外在动机相互作用、持续监控与调整策略、培养自我调控能力共同推动，建立健康、持久的学习动机，帮助我们全面发展。

心理自测台

大学生学习动机问卷（见表 7-1）是一个自评量表，包含求知兴趣、能力追求、声誉获取和利他取向四个维度，共34个题目。采用五点评分方法，即"符合"记 5 分，"有点不确定"记 4 分，"有点不符合"记 3 分，"比较不符合"记 2 分，"非常不符合"记 1 分。

表 7-1　大学生学习动机问卷

题目	符合	有点不确定	有点不符合	比较不符合	不符合
1. 我总觉得大学的学习是令人愉快的事情					
2. 我经常提醒自己,要在学习过程中不断提高自己分析和解决问题的能力					
3. 我想通过努力学习提高自己在班上的地位					
4. 我常想,如果不认真学习就对不起老师的培养					
5. 为了使自己将来有能力帮助他人,我一直努力学习					
6. 我希望利用学习成绩来扩大我的影响力					
7. 我努力学习是为了将来能干出一番事业					
8. 随着学习进程的深入,我对专业学习兴趣越来越浓了					
9. 我因为努力学习而很少感到空虚					
10. 我常想,如果不努力学习,就业时就会失去竞争力					
11. 我总想通过提高学习成绩来赢得他人的尊重					
12. 我很想利用自己的才华报效家乡					
13. 我非常害怕因学习成绩不好而受到亲友的责难					
14. 我把刻苦学习视为当选学生干部的一个筹码					
15. 在大学学习中,我常因某个问题的解决而产生释然感					
16. 总的来说,我对大学课程的学习有浓厚的兴趣					
17. 课后我经常去图书馆阅读与自己专业相关的书籍和杂志					
18. 我敢确信,渴望在将来能够使祖国变得更加富强是我学习的主要动力					
19. 我力图使自己比别人学到更多的知识					
20. 我经常提醒自己,不能因为学习成绩而影响到自己在同学心中的地位					
21. 我想利用所学知识去参加竞赛,为学校争光					
22. 我想努力学习,为他人树立一个榜样					
23. 我一直想通过学习来光耀门楣					
24. 通过学习我解决了许多以前不懂的问题					
25. 在大学里学习,我的精神比中学时好					

续表

题目	符合	有点不确定	有点不符合	比较不符合	不符合
26. 通过坚持学习，我能读懂的专业文献比一般同学要多					
27. 我私下经常提醒自己，不认真学习就没法给父母一个交代					
28. 我常想，一定要好好学习，不能让异性同学看不起自己					
29. 为了免遭同学的嘲笑，我总是刻苦学习					
30. 我总想利用自己所学的知识多为他人排解困难					
31. 我经常通过看专业书籍而有意识地提高自己的科研能力					
32. 我渴求自己在课程学习中寻找新的发现					
33. 我试图通过提高自己的学习成绩来为班级增添荣誉					
34. 我常因学习上的优势而产生强烈的满足感					

扫一扫看分析

心灵工作站

活动 1：传记分析"名人的学习动机故事"

选择你欣赏的三位名人，并简要阐述该名人的学习动机及其对学习效果的影响（见表 7-2）。

表 7-2 名人的学习动机

欣赏的名人	学习动机	对学习效果的影响

活动 2：动机日记

连续一周记录自己的学习活动和感受，包括学习内容、投入时间、学习过程中的情感体验、学习效果（见表 7-3）。

表 7-3 动机日记

日期	学习内容	投入时间	学习过程中的情感体验	学习效果
第 1 天				
第 2 天				
第 3 天				
第 4 天				
第 5 天				
第 6 天				
第 7 天				

章节小结

1. 学习动机是指推动个体进行学习活动的内在动力和愿望，是学习者为达到一定的学习目标而表现出的强烈意愿和行动倾向。

2. 影响学习动机的因素众多且复杂。个体的个性特点、兴趣爱好、价值观等内部因素对学习动机起着决定性作用；家庭、学校、社会等外部环境也对学习动机产生重要影响。

3. 激发内在动机的方法：明确学习目标与意义；建立自我效能感；培养学习兴趣与热情；运用心理暗示与自我激励。

4. 激发外在动机的方法：适度运用奖励与惩罚机制；利用社会比较与评价；创造竞争与合作的学习环境；寻求外部认可与鼓励。

拓展阅读

1. 乔希·维茨金，《学习之道》，中国青年出版社，2011。

本书深入探讨了学习的本质和技巧，从多个角度分析了学习动机的形成和激发，可以深入了解学习动机的理论。

2. 米哈里·契克森米哈赖,《心流：最优体验的心理学》,中信出版社,2017。

本书主要讲述如何通过调整自己的心理状态,进入一种高效、专注的学习状态,从而激发更强的学习动机。

3. 凯利·麦格尼格尔,《自控力》,北京联合出版公司,2016。

本书虽然主要讲的是自控力的培养和提升,但自控力与学习动机其实是相辅相成的。当你能够更好地控制自己的行为和情绪时,学习动机也会相应地增强。

项目八
学会学习之法——学习策略

> **心路故事会**

1 我的学习策略

记得第一节汽车构造课，老师手中的汽车模型仿佛是个魔法盒子，每个部件都充满了神秘。我试图用死记硬背来征服它们，但效果非常不好。一天，我偶然在图书馆发现了一本关于学习策略的书籍，它告诉我，学习不仅是记忆，更是理解和应用。我尝试着用"分块学习法"，将庞大的知识体系切割成小块，一步步地攻克。每当我完成一个"小块"，就像攀登了一座小山，那种成就感让我兴奋不已。而"联想记忆法"更是让我眼前一亮。汽车电路图不再是冰冷的线条和符号，它们变成了我脑海中的城市地图，电流则是穿梭其间的汽车。这种生动有趣的记忆方式，让我对原本枯燥的学习内容产生了浓厚的兴趣。

通过不断的尝试和调整，我逐渐找到了适合自己的学习方法。我发现，将理论知识与实际操作相结合，形成一种互动式的学习方式，能够极大地提高我的学习效果。同时，我也学会了如何利用各种资源，如图书馆、网络论坛等辅助自己的学习。在这个过程中，我深刻认识到学习策略的重要性。它不仅关乎学习效率，更影响着我的学习态度和兴趣。一个适合自己的学习策略，能够让我在学习的道路上更加顺畅，更加享受学习的过程。

回顾我的学习策略转变，从最初的迷茫和挣扎，到现在的游刃有余，每一步都充满了挑战和成长。我相信，在未来的学习和工作中，我会继续优化自己的学习策略，不断提升自己。

> **讨论：**
> 1. 你认为在学习过程中，理论学习和实践操作哪个更重要？为什么？
> 2. 你是否尝试过使用不同的学习策略提高自己的学习效率？如果有，请分享你的经验和体会。
> 3. 你认为学习策略的优化对于个人学习和职业发展有何长远影响？

心路故事会

2 大学的学习之路

在大学生活里，汽车专业知识既广泛又深入，涵盖了机械设计、电子技术、材料科学等多个领域。对于我来说，如何高效地学习并掌握这些知识，就显得尤为重要。

作为一名汽车专业的学生，我需要掌握大量的专业术语和复杂的机械原理。一次偶然的机会，我参加了一场关于学习策略的讲座。讲座中，老师介绍了多种学习策略的理论和实际应用。我被这些策略深深吸引，决定尝试将它们应用到自己的学习中。于是我开始使用元认知策略规划我的学习。我设定了明确的学习目标，并在学习过程中不断反思和调整自己的方法。这种策略让我更加专注于学习本身，而不仅仅是追求分数。接着，我尝试使用精细加工策略深入理解知识。我不仅会记住知识的表面内容，还会思考它们背后的逻辑和原理。我尝试用各种方式来解释和演绎知识，让它们变得更加生动和有趣。在复习阶段，我运用组织策略将知识点进行归类和整理。我发现这种策略不仅能够帮助我更好地记忆知识，还能够提高我的综合分析能力。我能够清晰地看到知识点之间的联系和差异，从而更好地掌握它们。在学习策略的转变过程中，我也遇到了不少困难。有时，我会因为无法理解某个复杂的概念而感到沮丧；有时，我会因为无法将理论知识应用到实际操作中而感到迷茫。但正是这些困难，促使我不断尝试和调整学习策略。通过一段时间的实践，我发现自己的学习效率有了明显的提高。我不仅能够更快地掌握新知识，还能够更深入地理解和应用它们。这种转变不仅提高了我的专业素养，还增强了我对汽车行业的热爱和信心。

> **讨论：**
> 1. 你认为在学习策略优化过程中，如何克服遇到的困难和挑战？
> 2. 你认为哪些学习策略对于高职高专学生最为实用和有效？为什么？
> 3. 请分享一次你成功应用学习策略优化个人学习的经历，并谈谈它对你的影响。

心海导航塔

一、学习策略的重要性

学习策略在学习过程中起着至关重要的作用，有效的学习策略能够帮助学生更有效地理解和记忆知识，减少无效的学习时间，从而提高学习效率。例如，采用分段学习、及时复习等策略，可以帮助学生更好地掌握知识，减少遗忘。学习策略有助于培养学生自主学习的能力，使他们能够独立地规划和管理自己的学习进程。

通过制订学习计划、监控学习进度等策略，学生可以更好地掌控自己的学习。有效的学习策略能够促使学生对知识进行深层次的理解和加工，从而提升他们的应用能力和问题解决能力。例如，批判性思维、主动学习等策略可以帮助学生更深入地理解知识，并将所学知识应用于实际情境中。

学习策略不仅对学生当前的学习有帮助，还有助于培养他们的终身学习能力。当学生掌握了有效的学习策略，他们将能够持续地学习和成长，不断适应新的学习环境和挑战。有效的学习策略可以帮助学生更快地掌握知识，看到自己的学习进步，从而提升他们的学习兴趣和动力。这种正面的反馈机制可以促使学生更加积极地投入学习中去。因此，在学习过程中，学生应该注重学习策略的学习和运用，以便更好地达到学习目标。

二、学习策略的核心要素

学习策略的核心要素主要包括目标设定、时间管理、学习方法和自我监控与反思。

（一）目标设定

目标设定是学习策略的基础。明确的学习目标能够帮助学生清晰地定位自己的学习方向和目的，从而有针对性地制订学习计划和策略。目标可以分为长期目标和短期目标。长期目标通常指的是一个学期、一年或更长时间内想要达到的学习成果；而短期目标则是为了实现长期目标而设定的具体、可操作的阶段性目标。合理的目标设定能够激发学生的学习动力，帮助他们保持学习的专注度和持续性。同时，明确的目标也有助于学生评估自己的学习进度和效果，及时调整学习策略。

（二）时间管理

时间管理是学习策略中的关键环节。有效的时间管理能够帮助学生合理安排学习时间，提高学习效率。学生应该学会制订学习计划，将学习任务分解成小块，并为每个任务设定明确的时间限制。这样不仅可以避免拖延和分心，还能确保学生在最佳状态下完成学习任务。良好的时间管理还能帮助学生平衡学习、休息和娱乐的时间，从而保持身心健康和良好的学习状态。

（三）学习方法

学习方法是学习策略中的核心部分。不同的学生有不同的学习风格和习惯，因此选择适合自己的学习方法至关重要。常见的学习方法包括阅读教材、做笔记、参加课堂讨论、做练习题等。此外，还可以尝试一些创新的学习方法，如使用思维导图整理知识、通过在线资源进行学习等。学生应该根据自己的学习特点和需求，灵活选择和应用不同的学习方法，以提高学习效果。

（四）自我监控与反思

自我监控与反思是学习策略中不可或缺的环节。学生应该学会监控自己的学习进度和效果，及时调整学习策略。在完成学习任务后，进行反思和总结，分析自己的优点和不足，以便改进学习方法。通过自我监控与反思，学生可以更好地了解自己的学习情况，发现潜在的问题并及时解决。同时，反思还能帮助学生提炼学习经验，为未来的学习奠定基础。

综上所述，目标设定、时间管理、学习方法和自我监控与反思共同构成了学习策略的核心要素。这些要素相互关联、相互影响，共同促进学生高效学习。掌握这些学习策略的核心要素，对于学生提升学习效果和自主学习能力具有重要意义。

三、常见的学习策略

（一）SQ3R 阅读法

SQ3R 阅读法是一种高效的学习方法，由美国教育心理学家弗朗西斯·罗宾逊于

1946年在其著作《有效的学习》中首次提出。这种方法的名称由英语Survey（浏览）、Question（提问）、Read（阅读）、Recite（复述）和Review（复习）五个单词的首字母缩写而成，代表着阅读和学习过程中的五个重要步骤。

①浏览：此阶段应快速浏览全文或全书，掌握其主要内容和结构。对于书籍，可以通过阅读目录、前言、章节概要等部分来获取整体印象。

②提问：在浏览的基础上提出问题，明确自己希望通过阅读获取哪些信息或解决哪些问题，这有助于提升阅读的针对性和兴趣。

③阅读：仔细阅读全文或全书，寻找在提问阶段提出的问题的答案。此阶段应注重理解和吸收信息。

④复述：在阅读结束后，尝试复述所学内容，以检验自己的理解程度和记忆力。复述可以是口头的，也可以是书面的。

⑤复习：在阅读后的一段时间内（如一两天后），再次回顾所学内容，以巩固记忆并解决可能存在的疑问。复习阶段有助于将短期记忆转化为长期记忆。

SQ3R阅读法强调主动学习和深度理解，通过提问和复述等步骤促进读者对文本内容的思考和吸收。这种方法适用于各种阅读材料，特别是需要深入理解和记忆的学术性文本。通过遵循这五个步骤，读者可以提高阅读效率和学习效果。

（二）记忆宫殿

记忆宫殿，也被称为记忆法或记忆术，是一种古老而有效的记忆方法。记忆宫殿的基本原理是：在你的想象中构建一个你非常熟悉的地方，比如你的家或者一个你经常去的地方，然后将这个地方划分成不同的区域或位置，每个区域或位置都用来存储一个你需要记忆的信息，当你需要回忆这些信息时，你只需要在你的记忆宫殿中"走一遍"，看看每个区域或位置上存储了什么信息。

以下是如何使用记忆宫殿来记忆信息的步骤：

①选择或构建一个记忆宫殿：选择一个你非常熟悉且能够在脑海中清晰想象的地方，比如你的家、学校、公园等，确保这个地方有足够的空间来存储你需要记忆的信息。

②设定位置：在这个记忆宫殿中，确定一系列特定的位置或区域，这些位置可以是房间、家具、景点等，每个位置都将用于关联一个需要记忆的信息。

③创建关联：将每个需要记忆的信息与一个位置关联起来。你可以使用生动的图像、动作或故事来帮助记忆，例如，如果你需要记住一个购物清单，你可以将每个物品与你记忆宫殿中的一个位置相关联。

④练习和回顾：在脑海中多次"走"过你的记忆宫殿，加强每个位置与对应信息的

关联。通过反复练习，这些信息将更牢固地存储在你的记忆中。

⑤回忆信息：当你需要回忆这些信息时，只需在脑海中"走"过你的记忆宫殿，并查看每个位置上存储的信息即可。

记忆宫殿是一种灵活且有趣的记忆方法，可以用于记忆各种类型的信息，如数字、词汇、概念等。通过创建生动有趣的关联，记忆宫殿可以帮助你提高记忆力和信息回忆能力。

（三）思维导图

思维导图，又称为心智图或脑图，是一种用于表达发射性思维的图形化工具。思维导图运用图文并重的技巧，把各级主题的关系用相互隶属与相关的层级图表现出来，把主题关键词与图像、颜色等建立记忆链接。它充分运用左右脑的机能，利用记忆、阅读、思维的规律，协助人们在科学与艺术、逻辑与想象之间平衡发展，从而开启人类大脑的无限潜能。思维导图因此具有人类思维的强大功能。

以下是思维导图的制作步骤：

①确定中心主题：思维导图的核心是中心主题，它通常位于思维导图的中心位置。中心主题应该是你要探讨的主要概念或想法。

②添加主要分支：从中心主题出发，添加与中心主题直接相关的主要概念或分类。这些将成为思维导图的主要分支。

③细化分支：在每个主要分支下，添加更具体的子分支或细节。这些是支持主要分支的论点、事实、例子等。

为了提高思维导图的可读性和吸引力，可以使用不同的颜色和图形来区分不同的分支或强调重要的信息。在思维导图中使用简洁明了的语言和关键词，避免冗长的句子和段落。思维导图是一个动态的工具，可以随着你的想法和信息的变化而进行修改和完善。通过将信息图形化，思维导图可以帮助人们更好地理解和记忆复杂的信息。它的非线性结构有助于激发人们新的想法和联系，从而促进创造性思维。通过清晰地组织和呈现信息，思维导图可以帮助人们更高效地学习和工作。

在教育领域，教师可以利用思维导图讲解复杂的概念或历史事件；在商业领域，思维导图可用于制订商业计划、市场分析等；在项目管理领域，思维导图可以帮助项目经理清晰地规划和跟踪项目的进度和任务。总的来说，思维导图是一种强大的思维工具，可以帮助人们更好地组织、理解和创新思考。通过掌握思维导图的制作技巧和应用方法，人们可以更有效地应对复杂的信息和任务挑战。

（四）番茄工作法

番茄工作法是一种有效的时间管理和任务完成方法，它可以帮助个人或团队提高工作效率，优化时间分配。它的基本原理是将工作分解成 25 分钟一个的时间块，称为一个"番茄"时间。在这 25 分钟内，工作者需要全神贯注地完成任务，不受任何干扰。每完成一个番茄时间后，工作者可以休息 5 分钟，然后进行下一个番茄时间。当连续完成四个番茄时间后，工作者可以进行一次较长时间的休息，通常为 15~30 分钟，以便更好地放松和恢复。

以下是番茄工作法的实施步骤：

①选择任务：从待办事项中选择一个任务开始工作。

②设置番茄钟：使用定时器、软件或闹钟等工具设置一个 25 分钟的倒计时，作为一个番茄时间。

③专注工作：在番茄时间内，全神贯注地完成任务，不受任何干扰。如果中途有突发情况或想法，可以先记录下来，待番茄时间结束后再处理。

④休息：每完成一个番茄时间后，休息 5 分钟。在这段时间里，可以站起来活动身体、喝水、上厕所等。

⑤重复循环：继续进行下一个番茄时间，直到任务完成或达到四个番茄时间。在连续完成四个番茄时间后，进行一次长时间的休息。

⑥记录与总结：在工作过程中，可以记录完成的番茄时间数量以及遇到的问题。在一天或一周结束后，进行总结和反思，以便更好地优化工作流程。

番茄工作法可以提高工作效率，减轻工作压力，帮助专注和提升工作质量。它适用于各种需要长时间专注工作的场景，如学习、写作、编程、设计等。通过合理地划分工作时间和休息时间，番茄工作法可以帮助工作者保持高效和专注，从而更好地完成任务。总的来说，番茄工作法是一种简单易行且效果显著的时间管理方法。通过坚持使用这种方法，个人或团队可以更加高效地利用时间，提高工作和学习效率。

四、学习策略的实践与应用

（一）端正学习动机

学习动机是推动学生进行学习活动的内在驱动力，对于学习效果和学习持久性具有至关重要的影响。端正学习动机意味着要明确自己学习的目的和意义，从而更加专注和投入地学习。为了端正学习动机，学生应该首先设定明确的学习目标。这些目标可以是长期的，也可以是短期的，但必须是具体、可衡量的。明确的目标能够帮助学生清晰地认识到自己学习的方向和预期成果，从而激发他们的学习动力。此外，学生还需要培养对学习的兴趣和热情。当学生对学习内容感兴趣时，他们会更加主动地投入时间和精力去学习，而不是被动地接受知识。教师和家长也可以通过引导和鼓励来帮助学生发现自己的兴趣所在，进一步端正他们的学习动机。

（二）提升学习自我效能感

学习自我效能感是指个体对自己学习能力的信心和预期。提升学习自我效能感有助于学生更加自信地面对学习挑战，提高学习效果。为了提升学习自我效能感，学生可以通过制订具体的学习计划并坚持执行来培养自律性和自我管理能力。每当完成一个学习计划时，学生会感受到自己的进步和成就，从而提升自我效能感。此外，学生还可以积极寻求他人的支持和反馈。与同学、老师或家长分享自己的学习成果和困惑，听取他们的建议和鼓励，有助于学生更加全面地认识自己的学习状况并找到改进的方向。同时，这种互动和支持也能增强学生的自信心和自我效能感。

（三）尝试不同的学习方法

不同的学生有不同的学习风格和习惯，因此尝试多种学习方法是非常重要的。通过尝试不同的学习方法，学生可以找到最适合自己的学习方式，从而提高学习效果和效率。例如，一些学生可能更善于通过阅读和写作来学习和表达知识，而另一些学生则可能更喜欢通过听讲和讨论来理解和掌握知识。因此，学生应该尝试多种学习方法，如独立阅读、小组讨论、实践操作等，以便找到最适合自己的学习方式。同时，随着技术的发展和在线教育的普及，学生还可以利用在线课程、教育应用程序等数字化学习资源辅助学习。这些资源通常具有丰富的交互性和个性化特点，能够帮助学生更加高效地学习。

总之，端正学习动机、提升学习自我效能感和尝试不同的学习方法都是提高学习效果和积极性的重要途径。学生应该根据自己的实际情况和需求制订合适的学习计划和策略，以便更好地实现自己的学习目标。

> **心理自测台**

学生学习策略量表是一种评估工具，旨在衡量学生在学习过程中采用的方法和策略。通过对学生在这些策略上的得分进行统计和分析，教师可以了解学生的学习方式，从而为提供个性化的教学提供依据。表8-1是对你学习情况的调查，请阅读每个题目，然后在代表你的实际情况的一个数字上画圈。

表 8-1　学业策略量表

维度一：认知策略	从不	偶尔	有时	经常	总是
1.1 我会提前预习新课内容，对即将学习的知识有个大致了解	1	2	3	4	5
1.2 我会在课堂上认真听讲，并记录重要信息	1	2	3	4	5
1.3 课后我会及时复习，巩固所学知识	1	2	3	4	5
1.4 我会使用记忆技巧（如联想记忆、重复记忆等）来帮助记忆知识点	1	2	3	4	5
维度二：元认知策略					
2.1 我会制定明确的学习目标，并为之努力	1	2	3	4	5
2.2 我会定期评估自己的学习进度，并调整学习方法以达到更好的效果	1	2	3	4	5
2.3 当我遇到困难时，我会寻求帮助或自己查找资料解决问题	1	2	3	4	5
维度三：资源管理策略					
3.1 我会合理安排学习时间，避免拖延或过度疲劳	1	2	3	4	5
3.2 我会利用各种学习资源（如图书馆、网络等）辅助学习	1	2	3	4	5
3.3 我会与同学合作学习，共同讨论和解决问题	1	2	3	4	5

使用说明：

　　1. 量表中的每个项目都采用五点计分法，例如：1= 从不，2= 偶尔，3= 有时，4= 经常，5= 总是。学生根据自己的实际情况在每个题目后面选择相应的数字。

　　2. 教师可以根据学生的得分情况，分析学生在各个策略上的使用情况，从而了解他们的学习方式。

　　3. 通过对比不同学生或同一学生在不同时间段的得分情况，可以评估学生学习策略的变化和进步情况。

　　4. 教师可以根据学生的得分情况，提供个性化的教学建议和指导，帮助学生改进学习策略，提高学习效率。

心灵工作站

活动 1：学习策略挑战赛

　　活动目的：通过挑战激发学生熟练使用学习策略。

　　活动准备：准备一系列挑战卡，每张卡上有一个与学习相关的挑战任务（如背诵 10 个新单词、解决 5 道数学题等）。

　　活动流程：学生分组依次随机抽取挑战卡，并约定时间完成挑战任务。完成任务的学生可以获得奖励积分，小组评比还可以激发他们进一步熟练应用学习策略。

活动 2：学习策略分享会

活动目的：让学生分享自己的学习策略，理解不同学习策略和方法对学习效果的影响。

活动流程：教师首先分享自己的学习策略，作为示范。学生轮流上台，分享自己的学习策略、学习方法以及这些如何影响他们的学习行为。其他学生听后给予反馈和建议，教师进行总结。

章节小结

1. 学习策略是学习过程中不可或缺的一部分，它决定了我们如何有效地获取、处理和运用知识。一个良好的学习策略可以帮助我们提高学习效率，减少无效努力，使学习变得更有条理和目的性。

2. 学习目标设定：明确的学习目标是学习策略的基础。我们需要知道自己要学习什么，达到什么程度，以及为什么要学习。

3. 时间管理：有效的时间管理策略可以帮助我们合理安排学习时间，避免拖延和浪费时间。

4. 学习方法：不同的学科和知识点需要不同的学习方法。选择适合自己的学习方法可以大大提高学习效率。

5. 自我监控与反思：在学习过程中，我们需要时刻监控自己的学习情况，及时发现问题并进行反思，以便调整学习策略。

6. SQ3R 阅读法：浏览、提问、阅读、记述和复习。

7. 记忆宫殿：利用空间记忆法，将信息与特定的位置或物体关联，以便快速回忆。

8. 思维导图：通过图形化的方式展示知识间的联系，帮助理解和记忆。

9. 番茄工作法：将学习时间划分为 25 分钟的工作时间和 5 分钟的休息时间，以提高专注力。

拓展阅读

1. 彼得·布朗，《学习之道》，机械工业出版社，2016。

本书介绍了一种全新的学习方法，通过改变思维方式和学习习惯，提高学习效果。作者结合心理学、神经科学和教育学的理论，提出了一系列实用的学习技巧和方法。

2.斯科特·扬,《如何高效学习》,机械工业出版社,2013。

本书作者是一位超级学霸,书中介绍了一套高效的学习方法和技巧。作者强调了主动学习和深度思考的重要性,并提供了一系列实用的学习策略,如间隔重复、提取练习等。

3.奥利弗·萨克斯,《学习的艺术》,中国青年出版社,2008。

本书探讨了学习的基本原理和方法,帮助读者了解学习的本质和过程。作者通过丰富的案例和实例,介绍了一些有效的学习策略,如目标设定、自我反思等。

项目九
利用网络之源——信息素养

心路故事会

1 真假难辨的互联网世界

在信息爆炸的时代，互联网如同一把双刃剑，它带来了前所未有的便利，让知识与信息的传播变得无比迅速和便捷；然而，它也带来了一系列问题，尤其是信息的真伪难以辨识，给我们的生活、学习和工作带来了诸多挑战。

近日的一则关于某知名高校学生集体食物中毒的谣言，便是这一现象的缩影。谣言以其生动的描述和模糊的照片作为"证据"，在短时间内引起了广泛的社会关注和师生的恐慌。尽管校方及时发布声明澄清事实，指出照片中的事件并非发生在该校，且学校未发生食物中毒事件，但谣言的传播速度和影响力仍然让人震惊。

我曾经亲身经历过一次网络谣言事件，真切地体会到了这种"真假难辨"的无力感。

那是一个阳光明媚的下午，我正在宿舍里休息，突然手机震动了一下，收到了一条来自班级群的消息。消息的内容是关于我们学校的一个学生，说他在图书馆偷窃了别人的钱包，还附上了一张模糊的照片。我看到这个消息后，心里一惊，因为那个被指控的学生是我认识的，他是一个品学兼优的好学生，怎么可能做出这样的事情呢？

我立刻联系了那个被指控的同学，他告诉我，他并没有做过这样的事情，而且他当时并不在图书馆。我告诉他，我会帮他澄清这个误会，于是在班级群里发了消息，说明了情况。然而，事情并没有像我想象得那样平息，反而愈演愈烈。

有些人开始在群里质疑我，认为我是在包庇罪犯，甚至还有人开始对我进行人身攻击。我感到非常的无奈和委屈，但我还是坚持要为那个同学讨回公道。我开始寻找证据，试图找出真正的小偷。

经过一番努力，我终于找到了一段图书馆的监控录像，录像中清晰地显示了那个被指控的同学当时并不在现场。我将这段录像发到了群里，希望能够让大家看清真相。然而，即便如此，仍有一些人不愿意相信，他们认为这是我伪造的证据。最后，在学校老师的介入下，这个谣言事件才得以平息，那个被指控的同学也恢复了名誉。

经过这件事，我开始意识到网络谣言的可怕之处。一个小小的谣言，竟然可以让一个人的形象瞬间崩塌，甚至影响到他的正常生活。我开始反思自己在网络上的行为，是否也曾经无意中传播过谣言，给别人带来了困扰。

这次事件让我深刻地认识到了网络谣言的危害，作为即将步入社会的大学生，我们面临着前所未有的挑战。信息爆炸的时代要求我们具备快速筛选和评估信息的能力，而这不仅仅是一项技术，更是一种必要的素养。我们需要学会在纷繁复杂的互联网世界中，用理性和智慧的眼光去寻找那些真正有价值的信息，同时也要保持一颗审慎之心，不被波涛汹涌的数字浪潮所吞没。只有这样，我们才能在真假难辨的互联网世界中把握住自己的航向，成为更加合格的信息消费者，也为将来成为负责任的信息传播者打下坚实的基础。

讨论：

1. 你曾经经历或遇到过哪些网络谣言？
2. 为何人们在面对谣言时，往往容易失去理性判断？
3. 大学生应该如何识别、面对网络上的各种谣言？

心路故事会

2 "互联网+"时代的学习

随着"互联网+"的概念深入人心，我们这些站在时代浪尖上的大学生成为这一变革的直接受益者。网络不再是简单的娱乐工具，而是成为我们学习的助手、知识的海洋。

互联网对我的大学学习产生了深远的影响。记得刚入大学时，面对海量的学术资源和自由灵活的学习方式，我有些手足无措。但随着对网络功能逐渐深入的认识，我发现自己仿佛打开了一个通往知识殿堂的新窗口。

有一次在"汽车文化"的课堂中，老师讲授了中国汽车发展的主要历史，谈到了红旗轿车充满着传奇和魅力的研制历史。作为汽车专业的学生，我深感骄傲和自豪，且对红旗轿车的研制历史产生了浓厚的兴趣。课后，我在网上搜索了1958年那款红旗轿车的设计理念和当时的技术水平，了解了当时在制造过程中遇到的技术挑战，更加直观地感受到为什么红旗轿车在很多老一辈中国人心目中饱含着深深的民族情感，因为红旗轿车是中国轿车工业的开端，是中国自主、自强民族精神的体现。

现在，在线开放课程、学术论坛、专业博客以及各类学习软件，都成了我日常学习不可或缺的部分，不仅大大节省了去图书馆查找资料的时间，也让我能接触到更广阔的学术视角。我经常利用网络上的在线课程和学习平台来补充课堂学习。通过观看在线视频课程和参与在线讨论，我可以更加深入地理解和掌握学科知识。这种学习方式不受时间和地点的限制，我可以根据自己的时间安排自由选择学习的内容和进度。

然而，网络学习的便利性背后也隐藏着潜在弊端。首先是信息过载的问题。网络上的信息琳琅满目，但并非所有信息都是准确和有用的。有时候，我会花费大量时间筛选资料，却仍难以辨别其学术价值。此外，互联网上充斥着大量的二手信息和观点，若缺乏批判性思维，便容易受到误导。

网络学习的第二个弊端是缺乏面对面交流的限制。虽然网络提供了便捷的沟通渠道，但这种冷冰冰的屏幕交互无法完全替代真实的人际互动。特别是在需要团队合作的项目上，线上沟通往往存在障碍，无法保证信息的准确传递和团队成员间有效的协作。

在享受网络带来的便捷之时，我也发现自己越来越依赖于屏幕，而忽略了身边同学和老师的帮助。这种趋势不仅影响了我的社交能力，也可能削弱了我解决现实问题的能力。互联网为我的大学学习提供了前所未有的便捷和机遇，但也带来了不少挑战和问题。在这个"互联网+"的时代，我们需要更加自觉地使用网络资源，发展出适应新时代的学习技巧。我们要学会在广阔的网络信息中辨识真伪，充分利用网络沟通的优势，同时避免陷入自我隔离，平衡好线上与线下的学习生活。只有这样，我们才能在互联网的浪潮中乘风破浪，成为真正的时代弄潮儿。

讨论：

1. "互联网+"时代的学习特点是什么？对传统教育模式的影响有哪些？
2. 网络学习的弊端有哪些？如何避免这些弊端？
3. 如何在"互联网+"时代维持学习动力和专注力？

> 心海导航塔

一、认识信息素养

（一）何为信息素养

1994 年 4 月 20 日，一条 64K 的国际专线从中科院计算机网络中心通过美国 Sprint 公司连入 Internet，实现了中国与 Internet 的全功能连接，自此中国被国际上正式承认为第 77 个真正拥有全功能 Internet 的国家。如今短短几十年，互联网已深度渗透并改变了国人学习、生活的方方面面。根据中国互联网络信息中心（CNNIC）在京发布的第 52 次《中国互联网络发展状况统计报告》，截至 2023 年 6 月，我国网民规模达 10.79 亿人，较 2022 年 12 月增长 1 109 万人；互联网普及率达 76.4%，网民的人均每周上网时长为 29.1 小时（见图 9-1）。

网民规模和互联网普及率

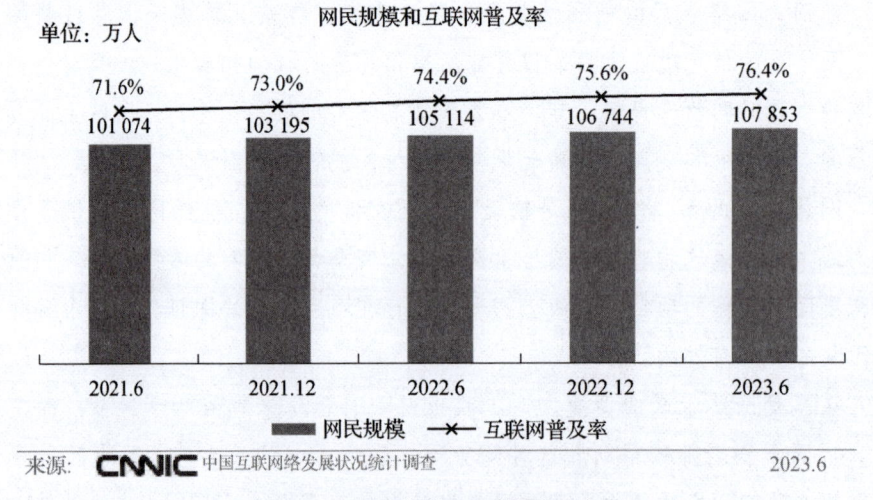

时间	网民规模（万人）	互联网普及率
2021.6	101 074	71.6%
2021.12	103 195	73.0%
2022.6	105 114	74.4%
2022.12	106 744	75.6%
2023.6	107 853	76.4%

来源：CNNIC 中国互联网络发展状况统计调查　2023.6

图 9-1　网民规模和互联网普及率

数据来源：第 52 次《中国互联网络发展状况统计报告》

随着信息时代的到来，信息素养逐渐成为大学生必须具备的基本素养之一。那么何为信息素养？《布拉格宣言》将信息素养界定为一种能力，即"信息素养是人们在信息社会和信息时代生存的前提条件，是终身学习的重要因素，能够帮助个体和组织实现其生存和发展的各类目标"。自此，国外学界对信息素养的定位更加具体，将其视为一种根据需要确定、查找、评估、组织、使用和交流信息的能力。

国内学者对于信息素养的研究始于企业管理领域，自 1995 年开始才逐步转向教育研究的热门领域。信息素养的概念是在 2000 年以后界定的，强调信息的获取、整合、使用、创新，同时包含知识、技能与态度，是超越技能的综合体现，同时隐含着对信息的解读，通过解读而达到解决问题的能力。

综合来说，尽管对信息素养的定义和内涵有着不同的诠释，但学界的共识是，信息素养不仅仅包括整合信息技术的知识和能力，还包括应对时代发展所必需的信息意识、态度或者信念。信息素质根植于信息环境，是信息化、数字化时代独有的产物，是信息时代公民的必备素养，是终身学习者的重要支撑，是个体根据问题解决需要确定、查找、评价、利用信息所不可或缺的知识与能力的综合体现。

（二）信息素养的构成要素

在信息技术日益发展的今天，信息素养已经成为衡量个人综合能力和素养的重要指标。它不仅涉及信息的获取、处理和应用技能，还包括对信息的正确理解和批判性评价能力。对于大学生而言，培养高水平的信息素养是适应现代社会需求、实现个人潜能和终身学习的关键。一般而言，信息素养包括以下几个方面：信息意识、信息知识、信息能力和信息道德。

1. 信息意识

信息能力主要指对信息、信息问题的敏感程度，是对信息的捕捉、分析、判断和吸收的自觉程度。具体来说，信息意识就是把人作为信息的主体，在信息活动中产生的知识、观点和理论的总和。通俗地讲，面对不懂的内容，能积极主动地寻找答案，并知道在哪里、用什么方法寻求答案，这就是信息意识。信息意识的强弱表现为对信息的感受力的大小，并直接影响到信息主体的信息行为与行为效果。信息意识强的人，能通过蛛丝马迹捕捉到有价值的信息，因而往往能够占得先机，获得优势；信息意识强的人，能在错综复杂、混乱无序的众多信息表象中，去粗取精，去伪存真，识别、选择、利用正确的信息。同时，信息意识还表现为对信息的持久注意力，对信息价值的判断力和洞察力。而具备良好的信息意识是具有较高信息素养的前提。

2. 信息知识

信息知识是人们在利用信息技术工具、拓展信息传播途径、提高信息交流效率的过程中积累的认识和经验的总和，它是信息素养的基础。信息知识既包括传统文化素养，也包括专业性知识和信息基本知识；它既是信息科学技术的理论基础，又是学习信息技术的基本要求。信息知识是进行各种信息行为的"原材料"和"工具"，只有掌握了信息知识，才能更好地理解并应用它。任何人从事某一特定领域的学术活动，或开始做一项新的科研工作，都要花费大量的时间对有关文献进行全面的调查研究，包括摸清国内外是否有人做过或者正在做同样的工作、取得了一些什么成果、尚存在什么问题，以便借鉴。任何科学研究都是在继承前人的知识后有所发明、有所创新的。

也就是说，每个人都把前人认识事物的终点作为继承探索的起点。掌握信息知识是做好科学研究的基础和前提。在科学研究中，只有重视信息检索，才能做好继承和借鉴工作，避免因重复研究而浪费大量人力、物力和财力。总之，信息可转变为知识，知识能涌现出智慧。

3. 信息能力

信息能力是指对信息知识的基本概念、原理、方法等的理解和掌握，即了解和获取信息的过程，包括信息获取能力、信息加工和处理能力、信息技术的利用能力、信息评价能力以及信息交流能力等。信息能力是当今社会人类最基本的生存能力之一，它深刻地影响着人们的生活、工作和学习。能否选择适合的信息技术、工具及方法，通过恰当的途径解决问题，最终要看信息能力水平如何。如果一个人只具有强烈的信息意识和丰富的信息知识，却无法有效地利用各种信息工具去搜集、获取、传递、加工、利用有价值的信息，那么就无法适应信息时代的要求。

4. 信息道德

信息道德是指在信息的采集、加工、存储、传播和利用等信息活动的各个环节中，用来规范其间产生的各种社会关系的道德意识、道德规范和道德行为的总和。它通过社会舆论、传统习俗等，使人们形成一定的信念、价值观和习惯，从而使人们自觉地通过自己的判断规范自己的信息行为。信息道德包括主观和客观两个方面，即个人信息道德和社会信息道德。前者是指个体在信息活动中以心理活动的形式表现出来的道德观念、情感、行为和品质，如对信息劳动的价值认同、对非法窃取他人信息成果的鄙视等；后者是指在社会信息活动中人与人之间的关系以及反映这种关系的行为准则与规范，如扬善抑恶、权利义务、契约精神等。

信息素养的四个要素共同构成了一个不可分割的统一整体。信息意识是前提，决定一个人是否能够想到利用信息和信息技术；信息知识是基础；信息能力是核心，决定能不能把想到的做到、做好；信息道德则是保证，是准则，决定在做的过程中能不能遵守信息道德规范、合乎信息伦理。

信息时代，大学生是更为贴近互联网的"原住民"，大学生群体在信息思潮中扮演着既独立又多样的角色。同样，信息时代对大学生的影响是全方位、全维度、全过程的。在信息时代，对人才的培养评判标准已经不再是"知道了什么"，因为各类信息化引擎的存在，让一切都变得可知可查。在大学教育环境下，大学生培养成效更多取决于他们能够快速获得所需信息，且能够快速内化吸收，转化为解决问题的能力。无论是在社会发展的宏观层面、学校发展的中观层面，还是个人成长需要的微观层面，提升大学生的信息素养都成为至关重要的命题。

课堂活动 9-1

思考一下，信息社会对你成长的影响有哪些？

_____

_____

_____

二、培养健康的用网习惯

随着信息技术的飞速发展，网络已成为大学生日常生活、学习和交流的重要工具，大学生普遍拥有较长的网络使用时间，社交媒体、在线游戏、视频观看等活动占据了大量的课余时间。网络世界的匿名性、虚拟性和即时性为大学生提供了展示自我和探索个性的空间；但与此同时，网络环境复杂多变，对大学生的心理健康也带来了诸多挑战。那么，我们应该如何培养健康的用网习惯呢？

（一）建立积极的网络使用目标

大学生应将网络作为知识获取和技能提升的工具，利用在线课程和教育平台拓宽学习视野，提高专业能力；合理利用社交网络建立人际联系，但需区分虚拟社交与现实交往的界限，保持健康的社交方式；使用网络资源进行心理调适，如参与在线心理咨询、加入兴趣小组等，以缓解压力、提升心情，维护心理健康。

（二）培养自律的上网行为

要制订时间管理计划，合理安排上网时间，避免长时间沉溺于网络，确保足够的学习、休息和运动时间；学会甄别网络信息的真实性和价值，避免被低俗、错误信息所误导，筛选优质内容；定期反思网络使用行为，检查是否偏离了既定目标，加强自我监控，及时调整上网行为和习惯。

（三）利用网络资源促进个人发展

要合理利用网络资源，增进学业成绩，发展职业技能，拓展兴趣爱好。通过访问在线教育资源、参与网络学术论坛等方式，加深对专业知识的理解，提升学术研究能力；利用网络平台学习实用技能，如编程、外语、设计等，增强就业竞争力；通过网络探索个人兴趣，如音乐、艺术、文学等，丰富精神世界，提高生活质量。

（四）保障网络安全与隐私

在用网的同时，大学生要提高安全意识，了解网络安全基础知识，识别并防范网络诈骗、病毒攻击等风险；保护个人隐私，不随意透露个人敏感信息，设置复杂的密码，使用隐私保护工具；同时遵守网络道德，坚持网络诚信，尊重他人权益，不参与网络欺凌或其他不良行为。

（五）建立健康的生活习惯

作为大学生，我们应该学会合理安排工作与休息时间，平衡好学习与娱乐，保证充足的睡眠，避免网络干扰正常生活秩序，进行适量的体育锻炼；与朋友和家人进行线下交流，保持社会联系和情感支持；积极参与非网络相关的活动，如阅读、运动、志愿服务等，丰富生活体验，促进全面发展，避免沉迷网络。

（六）正确识别常见的网络心理障碍

网络世界的虚拟性和匿名性孕育了多种网络心理障碍，如网络成瘾、网络社交焦虑、网络孤独感、网络暴力等，严重影响着大学生的心理健康与成长发展。网络心理障碍如果得不到妥善处理，可能会演变为更严重的心理问题，如抑郁、焦虑等。通过对网络心理障碍的了解和识别，我们可以更加深刻地认识到网络使用对心理健康的潜在影响，有助于我们提高自我防范意识。当我们能够识别诸如网络成瘾、社交焦虑、虚拟世界逃避等心理障碍的早期迹象时，可以及时采取措施防止问题恶化，如调整上网时间、寻求专业咨询或参加心理健康教育活动等，从而保持心理健康，提高生活质量。常见的网络心理障碍见表9-1。

表9-1 常见的网络心理障碍

网络心理障碍	定义	具体表现
网络成瘾	个体对互联网的使用出现难以自控的依赖现象，已经影响到了日常生活和社交活动	1.持续上网时间过长，干扰了正常的学习和睡眠； 2.对网络活动产生强烈的依赖感，即使明知会影响其他重要事项也难以削减上网时间； 3.当尝试减少上网时间时出现焦虑、烦躁等戒断症状； 4.为逃避现实问题而沉溺于网络虚拟世界中，导致人际关系疏远和学业成绩下降； 5.忽视现实生活中的社交活动，偏好在线交流

续表

网络心理障碍	定义	具体表现
网络社交焦虑	在网络交友或交流时产生的紧张不安、担忧过度的心理现象	1. 担心在网络上的言行会被他人评判或误解，从而产生焦虑情绪； 2. 害怕在线交流时出现尴尬的沉默或无法找到合适的话题； 3. 对即将进行的线上交流或会议感到过度担忧，提前准备的时间过长； 4. 避免参与在线讨论或社交媒体互动，担心自己的表达不够完美； 5. 在收到预期外的负面反馈时感到异常沮丧或失落
网络孤独感	虽然在网络上拥有众多"朋友"和"关注者"，但在现实生活中却感到孤独无助	1. 在线上感觉被关注和认可，但在现实生活中感到孤单和被忽视； 2. 渴望获得更多现实生活中的亲密关系和支持，却依赖网络社交填补空虚； 3. 在社交媒体上更新动态以期获得关注和回应，却对现实中的人际交往感到困难； 4. 逐渐减少线下社交活动的频率，甚至在有机会进行现实互动时选择留在家中上网
网络暴力	在网络上遭受人身攻击、恶意谩骂、隐私泄露等，因此经历心理创伤、恐慌或自尊心受损	1. 在网上遭到言语攻击或威胁，感到害怕和无助； 2. 个人信息被未经授权地公开或散播，导致个人隐私受到侵犯； 3. 遭受网络欺凌后，对社交媒体或网络环境产生恐惧感，害怕再次受到伤害； 4. 长期受到网络暴力的影响，可能出现自我怀疑、信心下降甚至抑郁症状
信息过载与注意力分散	由于网络上信息量巨大且更新迅速，造成注意力分散，难以长时间集中精力于某一任务或学习上，导致工作效率下降	1. 同时打开多个浏览器标签页或应用程序，频繁在任务之间切换； 2. 容易被社交媒体的通知、邮件或消息打断学习和工作； 3. 难以完成长时间的深度学习或工作任务，经常中途停下来检查手机或上网冲浪； 4. 时常感到头脑混乱、压力大，难以对重要事务保持专注

课堂活动 9-2

我的支持系统

假使你意识到了自己上网时间过长，已经影响到生活，请尽可能多地写出能够给予你帮助的应对方式。

_____
_____
_____

三、利用网络之源：提升信息素养

新时代大学生的成长伴随着互联网的萌芽与兴起，与互联网相随相生，相携相长。在信息爆炸的时代，面对海量的信息，具备强大的信息素养意味着能够迅速筛选出有价值的信息，节省大量时间和精力。同时，良好的信息素养还能帮助我们对信息进行深入分析和利用，为学习、科研和职业发展提供有力支持。此外，提高信息素养水平还有助于我们培养创新思维和终身学习能力。

提高自身的信息素养水平，不仅有助于我们进行网络心理调适，更好地适应信息化时代的学习和生活，还能够为未来的职业发展奠定坚实的基础。那么我们应该如何提高自身的信息素养水平呢？

（一）合理利用图书馆资源

图书馆是大学生提高信息素养水平的重要场所。图书馆拥有丰富的馆藏资源和先进的信息技术设备，为学生提供了良好的学习环境和资源支持。作为大学生，应该充分利用图书馆的资源，学会使用图书馆的检索系统，查找自己需要的学术资料；同时，也可以参加图书馆举办的信息素养培训活动，提高自己的信息检索和处理能力。

（二）积极参与信息实践活动

实践是提高信息素养水平的有效途径。我们可以通过参与科研项目、社会实践、志愿服务等活动，深入了解信息社会的运作机制，锻炼自己的信息获取、分析和应用能力。此外，还可以积极参加各种信息技能竞赛，如信息检索大赛、数据分析大赛等，通过竞赛的形式检验自己的信息技能水平，不断提升自己的信息素养。

（三）自我学习与提升

在信息化背景下，大学生可以利用丰富的在线资源和工具来提高自身的信息素养水平。例如，通过在线课程平台学习信息检索、数据分析等相关课程，掌握信息处理的基本技能；利用学术数据库和搜索引擎查找和获取所需的学术资源，提高信息检索能力；借助社交媒体和在线论坛参与信息交流和讨论，拓宽信息获取渠道和增强信息评价能力。

（四）培养自身的批判性思维

在信息化社会中，信息的质量和可靠性参差不齐。因此，培养批判性思维是提高信息素养水平的关键。我们应该学会对信息进行筛选、鉴别和评价，避免被虚假信息所误导。可以通过学习逻辑学、批判性思维等课程，掌握分析和评价信息的方法和技巧；同时，在日常生活和学习中，也要保持对信息的警觉性，不轻信、不盲从。

（五）建立信息道德意识

信息素养不仅包括信息技能的提升，还包括信息道德的培养。作为大学生，应该遵守信息法律法规，尊重他人的知识产权和隐私权，不传播、不制造虚假信息或恶意攻击他人。应该树立正确的信息价值观，认识到信息的重要性和价值，积极为信息社会的发展作出贡献。

（六）掌握网络心理调适方法

定期审视自己的上网行为和习惯，识别是否存在过度使用或依赖网络的现象，定期进行数字排毒。如：每周选择一天完全远离电子设备，享受非数字化的生活；明确网络活动的目的和预期效果，树立时间管理意识，避免无目的地上网浪费时间；划清网络活动与现实生活之间的界限，避免过度投入；学习判断网络信息真伪的技巧，提高批判性思维能力。

当遇到网络暴力或负面信息时，学会合理表达情绪，及时寻求朋友或家人的支持；通过运动、冥想、瑜伽等方式释放心理压力，维持情绪稳定；树立积极的人生目标和价值观，增强心理韧性；在现实生活中建立稳定的社会支持系统，包括家人、朋友和同学，保持积极的人际交往，减少孤立感和孤独感。平时多参加学校组织的心理卫生宣传和教育活动，了解心理健康知识，当网络使用引起明显的心理困扰或生活障碍时，不要犹豫，立即寻求专业的心理咨询服务。

提高信息素养对于大学生来说是一个全方位的过程，它不仅涉及学术能力的提升，还包括了个人素质的全面提高，能够帮助大学生增强学术研究能力、加强社会适应能力、维护网络安全与隐私、促进个人全面发展。在信息时代，信息素养已成为一项不可或缺的基本技能，对于大学生未来的学术研究、职业发展和个人生活都有着深远的影响。对于大学生而言，不断提升信息素养是适应现代社会发展、实现个人潜力和社会责任的关键途径。我们应该意识到提高信息素养的重要性，并采取积极措施，不断提升自己在信息时代的竞争力。

心理自测台

大学生信息素养测量量表（见表9-2）由20个题目组成，请仔细阅读每个题目，并思考自己在该项事项中的程度或频次。

表 9–2 大学生信息素养测量量表

序号	题目	总是（能）	偶尔（能）	几乎不（能）
1	我能够获得足够有用的媒介信息用于生活和学习			
2	我能够不断更新自己的信息获取技能			
3	我具有较强的信息获取意识			
4	我能够熟练使用软件工具进行信息检索			
5	我能够通过寻找佐证资料判断信息的可信度			
6	我能够通过标题、内容等判断信息的可信度			
7	我能够判断当前信息是在陈述事实还是表达观点			
8	我能够评估媒介信息内容对他人或社会可能造成的影响			
9	我能够通过信息发布机构的权威性判断信息的可信度			
10	我通过网络分享社会时事新闻的频率			
11	我通过网络参与投票、网络调查的频率			
12	我通过网络参与社会公共事件讨论的频率			
13	我通过网络参与社会实践的频率			
14	我通过网络与他人交流沟通的频率			
15	我通过网络分享个人动态信息的频率			
16	我通过网络表达个人观点的频率			
17	我通过网络与他人协作的频率			
18	我能够对音视频素材进行转换格式、压缩			
19	我能够对图像素材进行格式转换、压缩与增强			
20	我能够对多媒体素材进行合成与发布			

扫一扫看分析

心灵工作站

活动1：搜集在线学习平台

在当今的互联网时代，知识的获取途径已不仅仅只有课堂和书本，时代的发展促进了学习方式的转变，自主学习能力无疑是最为重要的能力之一。那么，面对浩如烟海的网络信息，我们该去哪里找到好的学习资源呢？请结合你自身的专业，寻找权威的在线学习平台，填写表9-3。

表 9-3　在线学习平台

序号	名称	网址
1		
2		
3		

活动2：AI写作伦理讨论

AI写作中可能涉及一些伦理问题，如版权、隐私、真实性等。分小组就这些伦理问题进行深入探讨，准备相关观点和论据，在班级内进行报告或演讲，分享自己的观点和解决方案。小组成员畅所欲言，尽可能说出所能想到的。旨在分享、讨论，不要批评或者评价他人的想法。

章节小结

1. 信息素养不仅包括整合信息技术的知识和能力，还包括对信息的解读，通过解读达到解决问题的能力。

2. 信息素养的四要素中，信息意识是前提，信息知识是基础，信息能力是核心，信息道德是准则。

3. 常见的网络心理障碍包括网络成瘾、网络社交焦虑、网络孤独感、网络暴力、信息过载与注意力分散等，我们需要掌握一定的心理调适方法，更好地适应网络生活。

4. 提高大学生信息素养水平的主要途径：合理利用图书馆资源；积极参与信息实践活动；自我学习与提升；培养自身的批判性思维；建立信息道德意识；掌握网络心理调适方法。

> **拓展阅读**
>
> 1. 刘明杰、吴锦，《5步曲搞定互联网思维》，中华工商联合出版社，2014。
>
> 本书围绕互联网思维及其激发的企业转型展开论述，通过腾讯、小米、苹果、长虹、宜家家居等大量鲜活的案例，来揭示在新的互联网时代企业家应该如何运用互联网思维，适应新事物转型，运用新的技术和营销手段，发展和壮大企业，打造多方共赢的产业生态圈。
>
> 2. 小山龙介，《碎片化学习：如何利用每一点空余时间自我升值》，江西人民出版社，2019。
>
> 学习是人生永恒的课题，尤其是在当前这个知识爆炸的时代，只有通过不断学习来提升自我价值，才能在日益激烈的竞争中立于不败之地。本书的作者小山龙介从亲身实践经验出发，切实提出了89个简单有效、即学即用的学习妙招，手把手教读者如何通过碎片化学习激活每一点空余时间，并灵活运用时下流行的数码产品和软件，轻松解锁更多技能，实现自我成长。

模块四　生涯规划

项目十
择己所爱，成就未来——职业价值观

> **心路故事会**
>
> ### 1 如何作出明智的职业选择
>
> 当我站在人生的十字路口，面对未来那片迷雾般的职业世界时，我的心中充满了迷茫与期待。作为一名新能源汽车专业的高职学生，我的每一个选择都似乎与这个日新月异的时代紧密相连。
>
> 高中毕业之际，我对未来的憧憬如同一张未经描绘的白纸，充满了无尽的可能。那时，我对各种职业的了解仅限于家人的口述、老师的教诲以及网络上的零星信息，仿佛是在一片迷雾中摸索前行。然而，在朦胧之中，新能源汽车行业却如同一束明亮的光芒，吸引着我的目光。它不仅代表着环保与可持续发展的未来趋势，更是技术创新与市场潜力的完美融合。
>
> 我深知，选择一个专业，就是选择一种生活方式，一种人生轨迹。因此，在经过深思熟虑之后，我决定投身于新能源汽车专业。这个决定并非一时冲动，而是基于对自己兴趣的深入挖掘和对未来发展趋势的理性判断。
>
> 进入大学后，我如同一只羽翼渐丰的雏鹰，开始在新能源汽车的天空中翱翔。我系统地学习了从基础的物理化学到复杂的电池管理系统等一系列专业知识，每一次的深入探究都让我对这个领域有了更加深刻的理解。同时，我也积极参与各种实践活动和竞赛，如电动汽车设计大赛、新能源汽车技术研讨会等。这些活动不仅为我提供了将理论知识付诸实践的机会，更让我结识了一群志同道合的朋友和业界专家。
>
> 回首这段时光，我深感自己当初的选择是多么正确。新能源汽车行业不仅为我提供了一个广阔的舞台，更让我在追求梦想的道路上不断成长、不断进步。我相信，只要我们坚持不懈地努力，新能源汽车的未来定会更加辉煌。

总之,"探索职业之路"是一个漫长而充满挑战的过程。在这个过程中,我们需要不断地认识自己,了解市场和积累经验。只有这样,我们才能作出明智的职业选择,走向成功的未来。

讨论:

1. "我"在高中毕业时候对于职业选择是什么感觉?
2. 进入大学后,"我"做了哪些具体的事情之后明确了自己的职业选择?
3. 要作出适合自己的职业选择,我们应当怎样做?

心路故事会

② 我的职业价值观

我来自一个偏远小镇,怀揣着对城市繁华的向往,踏进了大学这座知识的殿堂。大学期间,我体验到了前所未有的便利与繁华。我憧憬着未来,为自己设定了一个明确的职业目标:非一线城市不去,月薪低于5000元不考虑。

然而,现实总是充满了意外与挑战。当我真正踏入求职的战场,却发现这条路并非想象中那么平坦。我四处投递简历,参加面试,但往往得到的回应并不如我所愿;与此同时,家乡小镇那里有一份稳定且待遇不错的工作,等待着我的归来:我非常纠结。时间一天天过去,身边的同学陆续找到了工作,而我依旧在求职的路上奔波。

在一次偶然的机会,我遇到了一位已经毕业的学长,他告诉我,他也曾有过类似的经历,但最终,他选择了回到家乡,利用自己在大学学到的知识和技能,为家乡的发展贡献自己的力量。他告诉我,每个人的生活轨迹都是不同的,重要的是找到适合自己的路,并坚定地走下去。我深受启发,开始重新审视自己的目标和追求。

最终,我找到了一份位于二线城市的工作,虽然薪资没有我想象中的那么高,但公司氛围融洽,发展前景广阔。我意识到,这份工作才是真正适合我的。

讨论:

1. 个人在设定职业目标时,应如何考虑现实与理想的平衡?
2. 当个人目标与现实存在明显差距时,应如何调整心态和策略,以更好地应对挑战?
3. 在设定职业目标的过程中,个人应如何保持对梦想的追求,同时又不失对现实的认知?

项目十 择己所爱，成就未来——职业价值观

> **心海导航塔**

一、认识职业价值观

（一）职业价值观

职业价值观，即个人在工作中所追求的价值和特质，它是我们内心对工作的期望和向往，是价值观在职场中的具体体现。它深刻影响着我们的职业抉择、发展轨迹以及工作中的满足感。

在充满竞争的职场中，清晰了解自己的职业价值观尤为重要。对于高职学生而言，职业价值观不仅影响着他们的职业选择，更是预测他们未来职业成就的关键因素。职业价值观对高职学生的影响是多维度的。它帮助他们明确职业目标，塑造积极的职业态度，提升在职场中的竞争力，并增强工作的满意度。因此，高职学生应当高度重视职业价值观的培养，通过深入思考和探索，为自己的职业生涯打下坚实的基石，实现个人的价值和梦想。

美国心理学家洛特克在《人类价值观的本质》一书中列举了13种价值观，而中国学者阚雅玲则将职业价值观细分为12类。这些分类深入揭示了人们对工作和生活的不同追求。进一步地，职业生涯教育专家结合人们的理想和信念，将职业划分为九大类型（见表10-1），包括自由型（非工资工作者型）、经济型（经理型）、支配型（独断专行型）、小康型、自我实现型、志愿型、技术型、合作型、享受型。这种分类方式不仅反映了人们的职业倾向，也体现了不同个体在职业选择上的差异性。

表 10–1　职业类型

序号	职业类型	特征	代表职业
1	自由型（非工资工作者型）	不受别人指使，凭自己的能力拥有自己的小"城堡"，不愿受人干涉，想充分施展本领	室内装饰专家、图书管理专家、摄影师、音乐教师、作家、演员、记者、诗人、作曲家、编剧、雕刻家、漫画家等
2	经济型（经理型）	他们断然认为世界上的各种关系都建立在金钱的基础上，包括人与人之间的关系，甚至父母与子女之间的爱也带有金钱的烙印。这种类型的人确信，金钱可以买到世界上所有的幸福	各种职业中都有这种类型的人，商人为甚
3	支配型（独断专行型）	相当于组织的一把手，飞扬跋扈，无视他人的想法，为所欲为，且视此为无比快乐	进货员、商品批发员、旅馆经理、饭店经理、广告宣传员、调度员、律师、政治家、零售商等

续表

序号	职业类型	特征	代表职业
4	小康型	追求虚荣，优越感也很强。很渴望能有社会地位和名誉，希望常常受到众人尊敬。欲望得不到满足时，由于过于强烈的自我意识，有时反而很自卑	记账员、会计、银行出纳、法庭速记员、成本估算员、税务员、核算员、打字员、办公室职员、统计员、计算机操作员等
5	自我实现型	不关心平常的幸福，一心一意想发挥个性，追求真理。不考虑收入、地位及他人对自己的看法，尽力挖掘自己的潜力，施展自己的本领，并视此为有意义的生活	气象学者、生物学者、天文学家、药剂师、动物学者、化学家、科学报刊编辑、地质学家、植物学者、物理学者、数学家、实验员、科研人员等
6	志愿型	富于同情心，把他人的痛苦视为自己的痛苦，不愿干表面上哗众取宠的事，把默默地帮助不幸的人视为无比快乐	社会学者、导游、福利机构工作者、咨询人员、社会工作者、社会科学教师、护士等
7	技术型	性格沉稳，做事组织严密，井井有条，并且对未来充满平常心态	木匠、农民、工程师、飞机机械师、野生动物专家、自动化技师、机械工、电工、火车司机、公共汽车司机、机械制图等
8	合作型	人际关系较好，认为朋友是最大的财富	公关人员、推销人员、秘书等
9	享受型	喜欢安逸的生活，不愿从事任何挑战性的工作	无固定职业类型

（二）职业价值观的理论模型

1. 职业价值观的二分法模型

特文格和坎贝尔等学者提出的二分法模型将职业价值观划分为两个主要方向：内在导向和外在导向。外在导向的职业价值观侧重于工作带来的物质和社会层面的回报，例如高薪、社会地位和职业稳定性。相反，内在导向的职业价值观则聚焦于工作本身所带来的非物质性满足，比如工作中的乐趣、个人能力的发挥以及工作所赋予的深层意义。这种划分揭示了人们在职业选择中可能追求的不同价值和满足感。

2. 职业价值观的多分法模型

随着对职业回报类型的深入研究，研究者们不再局限于简单的二分法，而是发展出了更为细致和多元化的多因素分类法。这种方法更加全面地涵盖了职业价值观的不同维度和层面，反映了不同研究者对于职业价值观分类的多样化理解和观点。这种多元发展的分类体系（见表10-2）为职业选择和发展提供了更为丰富的理论支撑和实践指导。

表 10-2　青少年职业价值观的多元分类

研究者	时间	被试	分类
Mortimer、Lorence	1979	大学生	内在导向、外在导向、以人为本的价值观（与他人一起工作，对社会有用）
Judge、Bretz	1992	大学生	公平、利他、诚实、成就
Velde	1998	18~26岁	内在、外在、社会（与他人建立社会关系）
凌文辁	1999	大学生	发展、声望、保健
Cassar	2008	大学生	认知型职业价值观（有趣、有意义），工具型职业价值观（工资、安全），情感型职业价值观（友好的同事，公正、体贴的领导）

3. 目的性职业价值观模型

金盛华和李雪在 2005 年的研究中深入剖析了大学生的职业价值观，发现这些价值观不仅体现了个体与集体之间的权衡，还涵盖了维护与发展两种维度。基于这些倾向性，他们将大学生的目的性职业价值观划分为四大类：家庭维护、地位追求、成就实现和社会促进（见图 10-1）。家庭维护型价值观突显了对家庭安全和人际和谐的重视；地位追求型价值观则体现了对传统社会赞许的个人物质和利益的渴望；成就实现型价值观强调的是个人能力的展现和目标抱负的实现；社会促进型价值观则超越了个人目标和利益，关注整个社会和人类的发展。

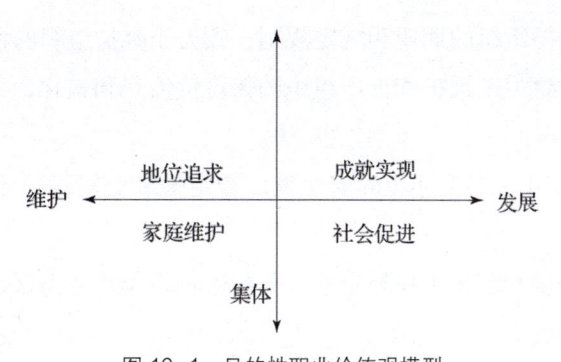

图 10-1　目的性职业价值观模型

4. 舒瓦茨的环状连续模型

舒瓦茨等学者的研究揭示了职业价值观的四大核心类别：自我超越、经验开放、自我提升以及传统保护。这些类别体现了不同个体在职业选择和发展过程中的价值倾向。具体来看，自我提升和经验开放两类价值观主要聚焦在个体的自我成长和探索上，展现了强烈的个体主义色彩。传统保护和自我超越两类价值观则更多地体现了对社会的关注和责任，具有集体主义倾向。它们强调了个体在职业发展中需要考虑到社会的需要、传统的价值和道德准则，以及对于更广泛的社会和人类的贡献。

在舒瓦茨的环状模型（见图10-2）中，相距较近的价值观通常具有更为紧密的联系，它们可能共享一些共同的特征或目标；而相距较远的价值观则可能呈现出疏离或不同的价值追求；至于位于模型对角线两端的价值观，它们则可能呈现出更为明显的对立关系，反映了不同的价值观念和取向。

图10-2 舒瓦茨职业价值观模型

①成就：个体渴望通过展现自身能力来获得认可，将工作中获得的物质回报视为衡量成功的关键指标。

②权力：这类人倾向于追求领导地位，重视影响力，并关注职位带来的社会地位和特权。

③顺从：强调遵循组织的期望和既定规则，致力于维护组织的秩序和稳定。

④传统：尊重并致力于维护和推广组织的传统价值观和文化，表现出对传统的高度认同。

⑤安全：这类人重视工作环境的安全性、稳定性和健康性，希望避免任何潜在的危险。

⑥享乐：他们期望在工作中找到乐趣，并能够将工作与个人兴趣和爱好相结合，实现工作与生活的和谐统一。

⑦仁爱：在工作中表现出对他人的关心和帮助，致力于创造和谐、互助的工作氛围。

⑧融合：强调在工作环境中保持公正、尊重和保护的态度，反对任何形式的歧视，促进团队成员之间的和谐共处。

⑨自我决定：个体渴望在工作中拥有独立思考、决策、创造和探索的自由，能够自主选择适合自己的工作方式。

⑩刺激：寻求充满变化、新奇和挑战的工作环境，以激发个人的潜能和创造力。

课堂活动 10-1

你的职业价值观

思考一下,你的职业价值观最符合哪种模型?写下几个能代表你职业价值观的核心词。

_____
_____
_____

二、职业价值观形成的影响因素

职业价值观的形成是一个复杂且多元的过程,它深受个人特质与外部环境的多重影响。

(一)个人特质

个人的性格、兴趣、能力和需求是其职业价值观形成的重要基石。性格塑造了每个人独特的职业倾向。比如,稳健性格的人可能更倾向于稳定可靠的职业,而冒险精神旺盛的人则可能追求更具挑战性和创新性的工作。这种性格的差异也决定了个人在工作中的表现与态度,从而影响其职业价值观的形成。

兴趣是职业选择的强大驱动力。一个人对某个领域的兴趣会促使他深入探索并寻找与之相关的职业机会,从而在这个过程中体验到满足与成就感。兴趣的持续存在也是个体在面对职业挑战时能够保持积极态度和动力的关键。

能力对于职业价值观的形成同样至关重要。一个人的能力决定了他在职场上的竞争力和发展潜力,也决定了他在哪些职业中能够取得成功和满足。通过不断提升自身能力,个体能够找到更适合自己的职业道路,从而塑造出更加明确的职业价值观。

需求是职业选择的根本动力。无论是经济需求、社会需求还是个人成长需求,都会引导个体去选择能够满足这些需求的职业。在追求这些需求的过程中,个体的职业价值观也在逐渐清晰和强化。

个人的性格、兴趣、能力和需求等因素在其职业价值观的形成中起着决定性的作用,这些因素相互交织、相互影响,共同塑造了一个人的职业价值观和职业选择。

（二）家庭因素

家庭环境在塑造个人职业价值观的过程中扮演着至关重要的角色，其影响往往潜移默化却深远持久。

1. 家庭经济状况

家庭经济状况是个人职业价值观形成的重要因素之一。富裕的家庭往往能够提供更广泛的教育资源和机会，使孩子接触到更多元化的职业选择，他们可能更倾向于追求高薪、高社会地位的职业。而家庭经济相对困难的孩子，则可能更加注重工作的稳定性和安全性，以保障家庭的经济来源。

2. 父母的职业和社会地位、教育程度

父母的职业、社会地位以及教育程度也会对孩子的职业价值观产生显著影响。如果父母是专业人士或拥有较高的社会地位，他们的职业经验和见识可能会成为孩子职业选择的参考，激发孩子追求类似职业目标的动力。同时，父母的教育程度越高，往往越注重培养孩子的独立思考能力和创新精神。

3. 家庭环境和氛围

家庭环境和氛围对个人职业价值观的影响不容忽视。一个和谐、积极的家庭环境能够为孩子提供安全感和自信心，鼓励他们勇于探索、挑战自我，形成积极向上的职业价值观。相反，如果家庭环境消极、压抑，孩子可能会形成消极、保守的职业价值观，对职业发展产生不利影响。

（三）教育环境

教育环境在塑造职业价值观的过程中扮演着关键的导向角色。它为学习者提供了一个知识和技能的获取平台，这些知识和技能不仅是职业技能的基础，也是理解和形成职业价值观的重要基石。教育环境还是价值观传播和塑造的摇篮，其中教师的言传身教、学校的学术氛围以及同学间的互动交流，都在无形中影响着个体的价值观构建。

更具体地说，教育环境通过以下几个方面影响职业价值观的形成：

①课程设置：有针对性的课程设置，如职业道德和职业规划课程，能引导学生对职业价值观进行深刻的理解和反思，从而帮助他们形成正确的职业价值观。

②教师引导：教师在教育过程中的作用不容忽视，他们的职业态度、教学方法以及对学生的关怀，都会成为学生学习和模仿的榜样，对学生的职业价值观产生深远影响。

③实践活动：通过实习、社团活动等实践活动，学生能够在真实的工作环境中体验和学习职业价值观，这种亲身体验往往比理论学习更为深刻和有效。

④校园文化：学校的校风、学风以及规章制度等校园文化元素，都在潜移默化地影

响着学生的价值观。一个积极向上、注重实践的校园文化，能够帮助学生形成健康、积极的职业价值观。

（四）社会因素

社会因素在职业价值观的构建中发挥着浸润性的影响。职业价值观的形成受到社会环境、文化背景、经济发展以及政策导向等多重社会因素的共同塑造。

①社会文化背景：文化背景的多样性对职业价值观有着显著的影响。在特定的文化背景下，某些职业可能会受到更多的尊重和推崇，而在现代社会，随着科技的进步和产业的发展，新兴职业如科技工作者、创新创业者也逐渐受到青睐。

②经济发展水平：经济的发展状况直接关联到职业价值观的形成。在经济繁荣的时期，人们可能更倾向于追求高收入、高技术的职业，因为这些职业提供了更多的机会和挑战。

③政策导向：政府的政策对职业价值观的形成具有重要的导向作用。政府通过制定相关政策和法规，鼓励或限制某些行业的发展，从而间接地影响人们的职业选择和价值观。

④社会事件：重大的社会事件往往会对职业价值观产生深远的影响，如金融危机、科技革命等事件都可能改变人们的职业观念和选择。

课堂活动 10-1

职业选择

1. 目前你最想从事的职业有哪些？按喜好顺序写出三个。
_____
2. 你的这些职业选择受哪些因素的影响？
_____
_____
_____

三、职业价值观的选择与养成策略

（一）职业价值观的选择策略

1. 自我价值观的澄清

深入反思自己的兴趣、能力和内在的价值观，从而明确自己在职业选择中最为看重的要素。这可能包括追求个人成长，也可能关注福利待遇和生活品质，比如追求高薪、优越的福利、完善的保险制度、稳定的职业前景、舒适的工作环境、便捷的交通以及便捷的生活设施等，单位的知名度、规模、行政级别和社会地位等因素也可能在你的考量之中（见图10-3）。

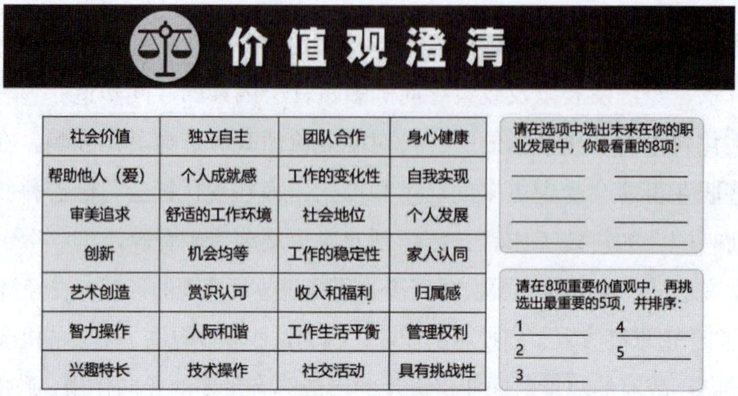

价值观澄清

社会价值	独立自主	团队合作	身心健康
帮助他人（爱）	个人成就感	工作的变化性	自我实现
审美追求	舒适的工作环境	社会地位	个人发展
创新	机会均等	工作的稳定性	家人认同
艺术创造	赏识认可	收入和福利	归属感
智力操作	人际和谐	工作生活平衡	管理权利
兴趣特长	技术操作	社交活动	具有挑战性

请在选项中选出未来在你的职业发展中，你最看重的8项：

请在8项重要价值观中，再挑选出最重要的5项，并排序：
1_____ 4_____
2_____ 5_____
3_____

图10-3 价值观澄清

2.职业价值观模型的理解

了解并学习职业价值观模型是明确自身职业价值观现状的重要步骤。通过研读相关书籍、文章，参与职业讲座、课程学习等方式，你可以获取更多关于职业价值观的信息。将这些信息与你的实际情况相结合，有助于你更清晰地认识自己的职业价值观，并作出更符合自己期望的职业选择。

3.职业生涯规划的制定

规划可以包括短期、中期和长期的职业目标，并配套相应的实施策略。例如，如果你追求个人成长，可以选择那些提供丰富培训和晋升机会的职业；如果你关注福利待遇和生活品质，那么可以选择那些待遇优厚、工作环境舒适的职业。这样的规划将有助于你更加系统地实现自己的职业目标，并塑造出符合自己价值观的职业生涯。

（二）职业价值观的养成与深化策略

1.明确并设定职业目标

基于你的职业价值观，设定明确的职业目标。比如，若你的价值观倾向于帮助他人，则可以选择进入医疗、教育或咨询等助人行业。这样，你的职业目标与个人价值观相符，更有可能激发你的工作热情和持久动力。

2.持续提高职业技能

为达成你的职业目标，不断提升专业技能至关重要，这包括学习新知识、掌握新技术、提高沟通技巧和解决问题的能力等。持续学习能让你在职场中保持竞争力，更好地实现职业价值。

3. 培养良好的职业素养

专业技能之外，职业素养同样重要。诚实守信、尊重他人、负责任和团队合作精神等，都是构成良好职业素养的基石。这些品质能够让你在职场中建立良好的人际关系，为你的职业发展铺平道路。

4. 积极践行职业价值观

在实际工作和生活中，要积极践行自己的职业价值观。这意味着在面对困难和挑战时，要勇于承担和付出，如接受加班、应对挑战性任务等。通过实践，你可以更深入地理解职业价值观的意义，并作出符合自己内心期望的价值判断和行为选择。这样的过程不仅有助于你深化对职业价值观的理解，还能让你在职业道路上更加坚定和自信。

心理自测台

职业兴趣倾向测试

一、测试题目

请根据对每一题目的第一印象作答，不必仔细推敲，答案没有好坏、对错之分。具体填写方法是，根据自己的情况每一题打"√"或"×"。

1. 我喜欢把一件事情做完后再做另一件事。（   ）
2. 在参加活动的时候，我更喜欢独自筹划，不愿受别人干涉。（   ）
3. 在集体讨论中，我往往保持沉默。（   ）
4. 我喜欢做戏剧、音乐、歌舞、新闻采访等方面的工作。（   ）
5. 每次写信或作文我都一挥而就，不再重复。（   ）
6. 我经常不停地思考某一问题，直到想出正确的答案。（   ）
7. 对别人借我的和我借别人的东西，我都能记得很清楚。（   ）
8. 我喜欢抽象思维的工作，不喜欢动手的工作。（   ）
9. 我喜欢成为人们注意的焦点。（   ）
10. 我喜欢不时地夸耀一下自己取得的成就。（   ）
11. 我曾经渴望有机会参加探险。（   ）
12. 当我一个独处时，会感到更愉快。（   ）
13. 我喜欢在做事情前，对此事情作出细致的安排。（   ）
14. 我讨厌修理自行车、电器一类的工作。（   ）
15. 我喜欢参加各种各样的聚会。（   ）
16. 我愿意从事虽然工资少、但是比较稳定的职业。（   ）

17. 音乐能使我陶醉。（   ）
18. 我办事很少思前想后。（   ）
19. 我喜欢经常请示老师或父母。（   ）
20. 我喜欢智力游戏。（   ）
21. 我很难做好那种需要持续集中注意力的工作。（   ）
22. 我喜欢亲自动手制作一些东西，从中得到乐趣。（   ）
23. 我的动手能力很差。（   ）
24. 和不熟悉的人交谈对我来说毫不困难。（   ）
25. 和别人交流时，我总是很容易放弃自己的观点。（   ）
26. 我很容易结识同性别朋友。（   ）
27. 对于社会问题，我通常持中庸的态度。（   ）
28. 当我开始做一件事情后，即使碰到再多的困难，我也要执着地干下去。（   ）
29. 我是一个沉静而不轻易动感情的人。（   ）
30. 当我学习或工作时，我喜欢避免干扰。（   ）
31. 我的理想是当一名科学家。（   ）
32. 与言情小说相比，我更喜欢推理小说。（   ）
33. 有些人太霸道，有时明明知道他们是对的，我也要和他们对着干。（   ）
34. 我爱幻想。（   ）
35. 我总是主动地向别人提出自己的建议。（   ）
36. 我喜欢使用螺丝刀、扳手一类的工具修理东西。（   ）
37. 我乐于解除别人的痛苦。（   ）
38. 我更喜欢自己下了赌注的比赛或游戏。（   ）
39. 我喜欢按部就班地完成要做的工作。（   ）
40. 我希望能经常换不同的工作。（   ）
41. 我总能留有较充裕的时间去跟朋友玩。（   ）
42. 我喜欢阅读自然科学方面的书籍和杂志。（   ）
43. 如果掌握一门手艺并能以此为生，我会感到非常满意。（   ）
44. 我善于操控电脑或游戏设备，以及驾驶的感觉。（   ）
45. 听别人谈"家中被盗"一类的事，很难引起我的同情。（   ）
46. 如果待遇相同，我宁愿当商品销售员，而不愿当图书管理员。（   ）
47. 我讨厌跟各类机械打交道。（   ）
48. 我小时候经常把玩具拆开，把里面看个究竟。（   ）
49. 当接受新任务后，我喜欢以自己的独特方法去完成它。（   ）

50. 我有文艺方面的天赋。（   ）

51. 我喜欢把一切安排得整整齐齐、井井有条。（   ）

52. 我喜欢做一名教师或从事跟教育有关的工作。（   ）

53. 和一群人在一起的时候，我总想不出恰当的话来说。（   ）

54. 看情感影片时，我常禁不住眼圈红润。（   ）

55. 我讨厌学数学。（   ）

56. 如果在实验室里，让我独自做实验会令我寂寞难耐。（   ）

57. 对于急躁、爱发脾气的人，我仍能以礼相待。（   ）

58. 遇到难解答的问题时，我常常会选择放弃。（   ）

59. 大家公认我是一个勤劳踏实、愿为大家服务的人。（   ）

60. 我喜欢与人打交道的活动或工作。（   ）

二、评分标准

1. 计算方法：以下题号与"√"或"×"符号一致的得 1 分，不一致的得 0 分，两项取合计。

（R）现实型："√"（2、13、22、36、43）得分_____

"×"（14、23、44、47、48）得分_____

R 合计：_____

（I）研究型："√"（6、8、20、30、31、42）得分_____

"×"（21、55、56、58）得分_____

I 合计：_____

（A）艺术型："√"（4、9、10、17、33、34、49、50、54）得分_____

"×"（32）得分_____

A 合计：_____

（S）社会型："√"（26、37、52、59）得分_____

"×"（1、12、15、27、45、53）得分_____

S 合计：_____

（E）企业型："√"（11、24、28、35、38、46、60）得分_____

"×"（3、16、25）得分_____

E 合计：_____

（C）传统型："√"（7、19、29、39、41、51、57）得分_____

"×"（5、18、40）得分_____

C 合计：_____

2.将每个字母得分按照从高到低的顺序排列。

_____、_____、_____、_____、_____、_____

3.把六个字母类型的得分，以黑点的方式，在图 10-4（a）中每个字母对应的 0~10 分刻度线上标注出来，最后将所有六个得分黑点用直线连接成六边形，示例见图 10-4（b）。

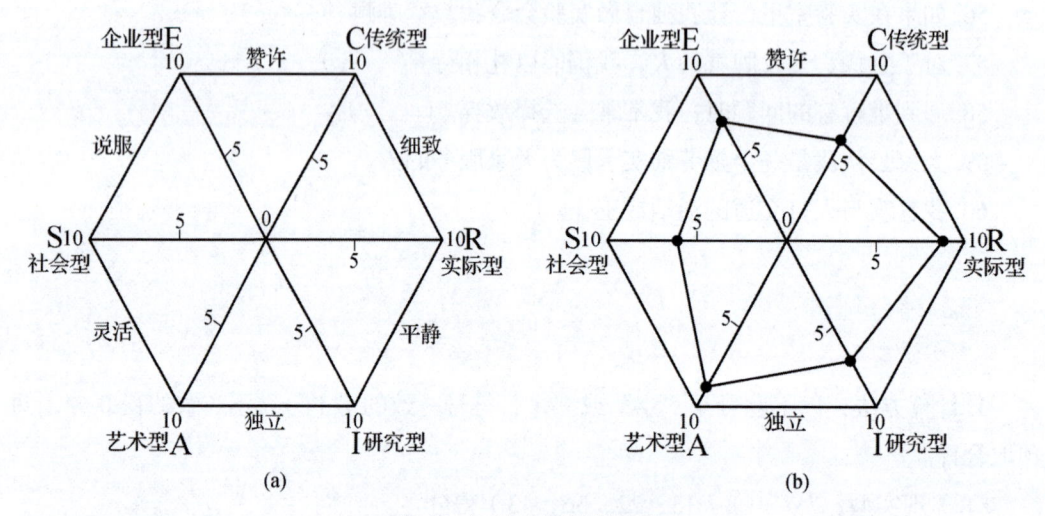

图 10-4 职业类型雷达图

心灵工作站

活动 1：分析劳动模范的价值选择

选择你钦佩的三个劳动模范，填写表 10-3。

表 10-3 劳动模范的价值选择

劳动模范	主要事迹	价值选择

活动 2：个人爱好与职业选择分析

首先，请根据职业兴趣倾向测试分析自己的职业兴趣类型；然后，列出你最想从事的三个职业；最后，将你的个人特质与你想从事的职业需求作对比分析。请尽量客观分析出你最适合从事的职业，并构想如果你从事这一职业的可能发展路径。再分析你最不适合从事的职业发展路径。对比两种发展路径后，思考适合与不适合你的职业及其你的喜爱程度，作出职业选择分析（见表10-4）。

表10-4 个人爱好与职业选择分析

职业	不喜欢	一般喜欢	非常喜欢

章节小结

1. 职业价值观是个人所追求的与工作有关的价值目标，是个人的内在需要及其从事活动所追求的工作特质或属性，是价值观在工作领域里的特殊表征。

2. 职业价值观会直接影响人们的职业选择和职业行为。

3. 职业价值观有四种常见模型：职业价值观的二分法模型；职业价值观的多分法模型；目的性职业价值观模型；舒瓦茨的环状连续模型。

4. 职业价值观形成的影响因素：个人因素；家庭因素；教育环境；社会因素。

5. 职业价值观的选择策略：明确自己的价值观；了解职业价值观模型；制定职业生涯规划。

6. 职业价值观的养成策略：设定职业目标；提升职业技能；培养职业素养；实践职业价值观。

拓展阅读

1. 卢梭，《爱弥尔》，商务印书馆，1978。

本书以爱弥儿为主人公，提出儿童成长的自然的重要时期，及与之相适应的教育原则、内容和方法。第三卷，爱弥儿的少年期，论述了对12岁~15岁的少年进行智育教育。第四部分阐述了职业的选择，从中可以感受社会发展对青少年职业选择和职业价值观形成的影响。

2. 理查德·莱德,《目的的力量：创造你生活和工作的意义》,中国社会科学出版社,2008。

除了每天上班工作,生活还能有更多的意义吗？世界上是否有一种专门适合你的工作？是否有一种专门召唤你去从事的工作？作者系统思考了"目的"这一人生的基本命题,从目的的目的、目的的本质、目的的螺旋线、达到目的之路等几个方面,提出了具有启发意义的问题,提供了发现人生历程中各种内在目的的灵感与实际方法,帮人们发现自己的天职,创造一种充满意义和激情的生活。

3. 安德鲁·J.杜布林,《人际关系：职业发展与个人成功心理学》,机械工业出版社,2020。

人际关系是一门提高与人相处的能力、开展工作和提升职业效率的艺术,它不仅是"友善待人",而且也是以系统的知识指导人们用一种更加得体的方式与人相处,使对方感觉更好,并起到激励的作用。如何通过有关人际关系的知识和技巧使工作和生活更有成效？书中提供了许多关于人际关系的有价值信息,涵盖职业发展、培养良好的工作习惯与管理压力和个人问题等主题。在第16章培养良好的工作习惯中,阐述分析了培养合适的态度和价值观对职业发展的有利影响。

4. 张萌,《让你的时间更有价值》,北京联合出版有限公司,2020。

本书"1个目标+5大方法"的模式,教你副业的正确打开方式。教你打破旧有认知,走出思维困局；教你设置目标,绘制实现路径,让目标落地；教你提炼核心本领,打造你自己的变现技能；教你提升社交价值,从受欢迎到被需要；给你效率工具,加速副业养成。让空闲时间,变成你的未来财富。从月薪5000元到副业20000元,厉害的人都这样赚钱。

项目十一
开启人生航程——生涯规划

心路故事会

1 我的未来我做主

我是一名汽车类院校的学生，毕业时成功入职某知名汽车公司。

高考的失利，并没有让我放弃追逐梦想的步伐。我选择学习机电一体化，并以此为起点，踏上了追寻梦想的旅程。我明白要想在竞争激烈的汽车行业立足，不仅要有扎实的专业知识，还要有较高的综合素养。因此，我将目标设定为"升本"，并为之付出了辛勤的汗水。在专科阶段，我不仅专业成绩名列前茅，还广泛涉猎了管理学领域，努力构建自己多元化的知识体系，我的努力没有白费，顺利升本。

进入本科后，我并没有满足于现状，而是利用身边优质的学习资源和平台，积极参与各项活动。我代表学校参加了全国技能大赛，并获得了优异的成绩。这次比赛不仅提升了我的专业技能，也让我更加坚定了自己的职业规划和人生方向。

最终，我凭借着自己扎实的专业知识、丰富的实践经验以及多元化的综合素养，在求职面试中取得理想成绩。在经过深思熟虑后，我选择签约了某知名汽车公司。我看中的不仅是这家企业的薪资待遇，更是其对人才的重视和培养、广阔的发展空间和远景规划，这些与我的职业生涯规划不谋而合。

讨论：
1．面对高考失利，如何调整心态并重新规划自己的生涯？
2．如何平衡专业知识的深入学习和综合素养的提升？
3．如何规划自己的持续学习和职业发展？

> 心路故事会

② 毕业生的"忙"与"茫"

在大学生活的尾声，许多同学纷纷踏上了专升本的学习之路，这股潮流仿佛也席卷了我。原本，我对编程有着深厚的兴趣和天赋，并在一家知名软件公司有过一段实习经历，其间我表现出色，赢得了公司的好评，并有意让我毕业后正式加入公司。然而，在专升本的热潮下，我选择了跟随大流，放弃了这次工作机会。然而，生活总是充满了未知和变数，在全力以赴准备专升本的过程中，我遭遇了失败，未能如愿以偿。这段时间里，我深感失落和迷茫，仿佛自己所有的努力都化为了泡影。我质疑自己的价值，觉得自己仿佛一无是处。

直到有一次，寝室的夜谈中，我们聊起了"随大流"的话题，室友们的观点让我豁然开朗。我意识到，虽然专升本在专科生中很受欢迎，但它并不是每个人的必经之路。每个人的道路都是独一无二的，重要的是找到适合自己的方向。既然我已经拥有了编程的技能和经验，为什么不利用这些优势去寻找一份真正适合自己的工作呢？这次夜谈后，我开始重新审视自己的职业规划。我认识到，与其盲目跟从潮流，不如发挥自己的特长和优势，找到一条真正属于自己的道路。经过一段时间的努力，我终于找到了一份与我的编程技能相契合的工作。这份工作不仅让我能够充分发挥自己的才华，还让我重新找回了自信和动力。

虽然我曾一度迷失在专升本的热潮中，但最终我还是找到了属于自己的道路。这次经历让我明白了一个道理：人生没有固定的模板和路线，重要的是找到适合自己的方向并勇敢前行。

讨论：

1. 生涯规划对于一个人的职业发展有哪些重要性？

2. 在职业选择中，我们如何平衡个人兴趣和社会的普遍期望？如何确保自己的职业选择是基于自己的兴趣和优势，而不是为了迎合社会的潮流？

3. 如何正确看待生涯发展中的失败和挫折？如何从失败中学习和成长，并找到新的生涯方向？

> 心海导航塔

一、职业生涯规划

生涯的内涵与特性是一个多维度的概念，涵盖了个人在其一生中所经历的职业、学习、休闲以及其他各种生活角色的总和。

（一）生涯的内涵

生涯，这个词汇源自《庄子》"吾生也有涯，而知也无涯"中的深刻哲学思考，原句传达了对生命与知识边界的探讨。它不仅仅是一个词语，更是对人生历程的一种诠释。"生涯"被描绘为一个由起点和终点构成的过程，它代表着人生旅程中的经历与变迁。

英文中的"Career"一词，原意带有一种"疯狂竞争"的精神，如同赛马场上激烈的角逐，寓意着未知与冒险。随着时间的演变，这个词逐渐演化为表示个人在职业、事业上的道路与经历。美国学者唐纳德·萨帕对生涯的定义，进一步拓宽了我们的视野。他认为，生涯是贯穿一生，不同时期扮演不同角色的总和。这与美国生涯发展协会的定义相呼应，即生涯是个人在工作和生活中所创造出的有目的、持续一定时间的生活模式。

生涯是一个综合了个人职业、生活角色以及人生经历的多元概念。它涵盖了人生的各个方面，从职业发展到家庭角色，从兴趣爱好到精神追求，都是生涯的重要组成部分。生涯的发展过程，既是个体自我实现的过程，也是个体与社会互动、不断适应和成长的过程。

（二）生涯的特性

①独特性：每个人的生涯都是独一无二的，受到个人经历、背景、价值观等多种因素的影响。因此，生涯具有高度的独特性。

②动态性：生涯是一个不断发展的过程，随着个人年龄、经验和环境的变化，生涯也会发生相应的变化。这种动态性使得生涯具有可塑性和可调整性。

③整合性：生涯涉及多个方面和领域，需要个人在职业、学习、生活等多个方面进行整合和协调。这种整合性使得生涯成为一个复杂的系统。

④终身性：生涯贯穿个人的一生，从职业准备开始，到职业选择、职业发展，再到退休后的生活规划，都是生涯的一部分。因此，生涯具有终身性的特点。

(三) 职业生涯

职业生涯是一个人一生所有与职业相连的行为与活动以及相关的态度、价值观、愿望等连续性经历的过程，也是一个人一生中职业、职位的变迁及职业目标的实现过程。简单地说，一个人职业发展的状态、过程及结果构成了个人的职业生涯。一个人对其职业发展有一定的控制力，他可以利用所遇到的机会，从自己的职业生涯中最大限度地获得成功与满足。这个概念的含义曾随着时间的推移发生过很多变化。在20世纪70年代，职业生涯专指个人生活中和工作相关的各个方面。随后，又有很多新的意义被纳入"职业生涯"的概念中，其中甚至包含了生活中关于个人、集体以及经济生活的方方面面。

职业生涯是人一生中最重要的历程，对人生价值起着决定性作用。一个人一生在职业岗位上所度过的、与工作活动相关的连续经历，并不包含在职业上成功与失败或进步快与慢的含义。也就是说，不论职位高低，不论成功与否，每个工作着的人都有自己的职业生涯。

二、生涯发展理论

(一) 舒伯的生涯发展理论

舒伯强调自我概念在职业生涯中的重要性。他提出，个人从工作中获得的满足感与其实现自我概念的程度密切相关。自我概念是一个动态发展的过程，从个体出生开始逐渐形成，并在青少年晚期之后趋于稳定。基于自我概念的发展特性，舒伯将职业生涯的发展分为五个阶段：成长、探索、建立、维持和衰退。

1. 成长阶段（0~14岁）

个体开始认识自己的兴趣，并培养与职业相关的基础技能。他们逐渐建立自我形象，形成对工作的正确态度，并通过不断尝试来完善自己的角色。此阶段的主要任务是培养未来的关注点、控制与决策能力，以及实现目标的信念。

2. 探索阶段（15~24岁）

个体通过参与各种活动和工作体验来探索自我能力和职业偏好的时期。它分为试探期、过渡期和试验并稍作承诺期，其间个体试图将一般性的选择转变为特定的职业选择。

（1）试探期（15~17岁）

这是一个初步的思考与尝试阶段。在这一时期，年轻人开始综合考量个人的需求、兴趣、能力以及外界提供的机会，并作出初步的职业选择。他们通过幻想、讨论、学习以及初步的实习或工作体验来检验这些选择，为未来的职业道路奠定基础。

（2）过渡期（18~21岁）

年轻人开始更加严肃地面对职业选择。他们可能进入就业市场或接受专业训练，通过实际操作来更深入地了解职业环境和自我定位。这一时期，他们开始将之前的一般性选择转化为更具体和明确的职业方向，努力将自己的自我观念与职业现实相结合。

（3）试验并稍作承诺期（22~24岁）

年轻人开始对自己的职业生涯进行初步承诺。他们在确定了具体的职业方向后，会进一步尝试和检验这个选择是否适合自己，是否有可能成为长期的职业生涯。如果发现不适合，他们可能会重新回到试探期和过渡期的探索过程，以便更好地明确自己的职业方向。

3. 建立阶段（25~44岁）

这是个体获得职业定位、稳固地位并寻求晋升的时期。他们开始构建自己的专业领域，并通过出色的表现来巩固在组织中的地位。

4. 维持阶段（45~65岁）

这是个体在职业生涯中保持成就和地位，并可能面临新挑战的阶段。他们可能会考虑在维持现有职位的同时寻求创新和发展。

5. 衰退阶段（65岁以上）

这是个体面临退休的时期。由于身体和心理机能的下降，他们可能会选择兼职或临时工作来继续体验不同的工作角色，或发展非职业性的角色以寻求成就感和自我价值。

职业生涯的发展并不是线性的，个体在职业生涯的任何一个阶段都可能因为对职业的重新评估而回到之前的阶段，比如探索或建立阶段。这种灵活性和适应性是职业生涯成功的重要因素。

（二）生涯彩虹图

在生涯彩虹图（见图11-1）的横向层面展现了人生从起点到终点的广度，如同彩虹的外层，它标示了人生中的几个主要发展阶段，如童年、青少年、成年、中年和老年等，并给出了这些阶段大致对应的年龄范围。在生涯彩虹图的纵向层面上，我们看到的是人生中的不同生活空间，这些空间由个体在不同阶段所扮演的各种角色构成。舒伯认为，人的一生中至少需要扮演六种核心角色，这些角色相互交织，共同构成了每个人独特的生涯类型。

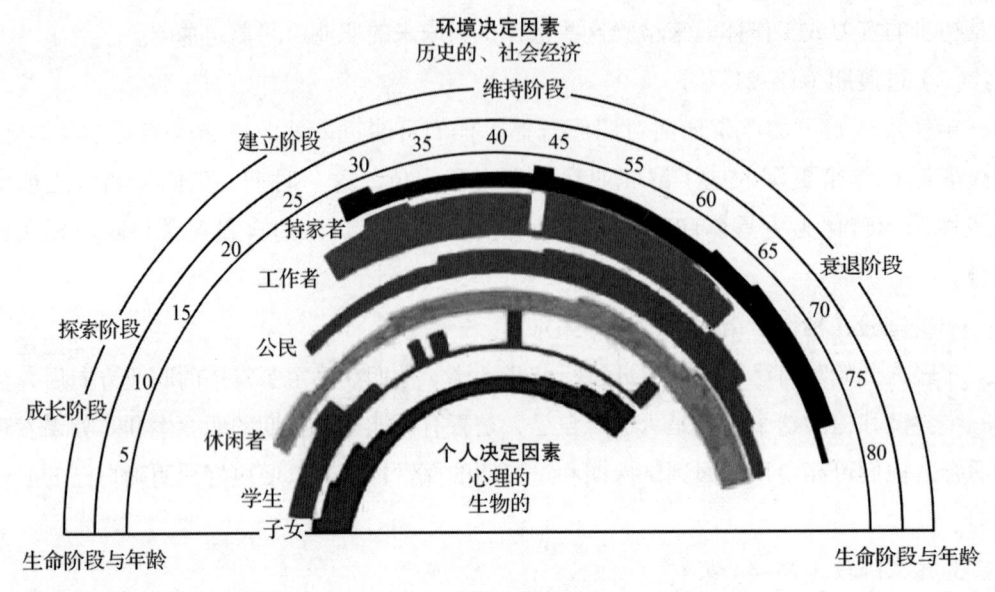

图 11-1 生涯彩虹图

①子女：从出生开始，我们首先扮演的是子女的角色，与我们的父母和家庭有着紧密的联系。

②学生：随着年龄的增长，我们进入学校，开始扮演学生的角色，学习各种知识和技能。

③休闲者：在人生的各个阶段，我们都需要扮演休闲者的角色，找到适合自己的娱乐和放松方式。

④公民：作为社会的一员，我们还必须扮演公民的角色，遵守法律，参与社会事务。

⑤工作者：成年后，我们通常会开始工作，扮演工作者的角色，为社会创造价值。

⑥持家者：当我们建立自己的家庭后，我们还需要扮演持家者的角色，照顾和管理家庭。这些角色在不同的阶段和情境中可能会有所侧重，但它们始终贯穿我们的一生。正是这些角色的相互交织和影响，塑造了每个人独特的生涯类型和人生轨迹。

大学生在社会和职业生活的转型期中，经历着角色的变化，在本质上意味着他们正在逐步承担起新的社会权利和义务。在生涯彩虹图中，阴影部分象征着角色的更迭和转变，这不仅受到年龄和社会对个体发展期望的影响，还取决于个人在每种角色上投入的时间和情感。显著角色，即某一阶段占据主导地位的角色，如成长阶段的子女、探索阶段的学生、建立阶段的持家者和工作者，以及维持阶段的学生、公民和休闲者，反映了在不同生命阶段，工作、家庭、休闲、学习研究和社会活动对个体的重要性及其特殊意义。

对于大学生而言，他们正处于探索阶段向建立阶段的过渡时期。在这一阶段，他们的主要任务是通过各种探索活动，深入了解自我和职业世界的特点。这包括识别个人的需求、兴趣、人格特质、价值观、工作角色和能力，以及明确自己的职业生涯发展目标。这个过程不仅是对自我认知的深化，也是对未来职业道路的探索和规划。大学生在职业和社会角色的转换中，正逐步承担起新的责任和角色。通过不断探索和自我提升，他们为进入职业世界做好准备，同时也在为自己的未来职业生涯打下坚实的基础。

> **课堂活动 11-1**
>
> **绘制生涯彩虹图**
>
> 思考过去的你与未来的你：
> 1. 列出过去你的三个角色里最重要的或令你最难忘的三件事。
> （1）_____
> （2）_____
> （3）_____
> 2. 预计在未来你的三个角色里将会发生的和希望发生的三件事。
> （1）_____
> （2）_____
> （3）_____
>
> 发挥你的创造性，尽可能地预测一下你的未来，尝试描绘你将来会成为什么样子，你觉得自己会走向哪里？
> _____
> _____
> _____

三、生涯决策方法

（一）生涯规划 SWOT 分析法

生涯规划 SWOT 分析法（见图 11-2）是一种常用的自我评估工具，用于帮助个体明确自己的优势、劣势、机会和威胁，从而制定更为清晰和有针对性的职业发展规划。

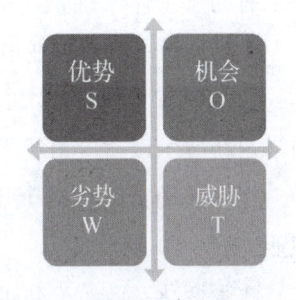

图 11-2　生涯规划 SWOT 分析法

1. 优势（Strengths）

优势是指个体在职业生涯中具备的独特的技能、知识和经验。通过识别自己的优势，个体可以更好地利用这些优势来实现职业目标。例如：

专业技能：拥有某个领域的专业知识或技能，如编程、设计、市场营销等。

教育背景：拥有高学历或名校背景，为职业发展提供有力支持。

人际关系：拥有良好的人际关系网络，有助于获取职业机会和资源。

个体特质：如勤奋、坚韧、创新等，这些特质有助于个体在职业生涯中取得成功。

2. 劣势（Weaknesses）

劣势是指个体在职业生涯中存在的不足之处。了解并识别自己的劣势，有助于个体进行有针对性的提升和改进。例如：

技能欠缺：缺乏某些必要的职业技能或知识，需要通过学习或培训来弥补。

经验不足：缺乏实际工作经验或行业知识，需要通过实习或工作来积累。

性格弱点：如过于内向、缺乏自信等，这些性格弱点可能影响到个体的职业发展。

职业发展限制：如地域、家庭等因素可能限制个体的职业发展。

3. 机会（Opportunities）

机会是指个体在职业生涯中可以利用的有利条件或时机。了解并抓住这些机会，有助于个体实现职业目标。例如：

行业发展趋势：了解行业未来的发展趋势，有助于个体选择具有发展潜力的职业方向。

市场需求：根据市场需求选择职业方向，有助于个体在就业市场上获得更多机会。

政策支持：政府或企业提供的政策支持，如创业扶持、人才引进等，为个体职业发展提供有力支持。

人际关系网络：通过建立良好的人际关系网络，获取更多的职业机会和资源。

4. 威胁（Threats）

威胁是指个体在职业生涯中可能面临的困难、挑战或不利条件。了解并应对这些威胁，有助于个体保持职业发展的稳定性和可持续性。例如：

市场竞争：随着就业市场的竞争加剧，个体需要不断提升自己的竞争力以应对挑战。

技术变革：随着技术的不断发展，某些职业可能会面临被替代的风险，个体需要不断学习新技术以适应市场需求。

经济波动：经济波动可能对就业市场产生负面影响，个体需要关注经济形势并做好职业规划。

政策变化：政策变化可能对某些行业或职业产生重大影响，个体需要关注政策动态并调整自己的职业规划。

通过SWOT分析法对个人生涯规划进行全面评估，个体可以更加清晰地了解自己的优势、劣势、机会和威胁，从而制定更为明确和有针对性的职业发展规划。同时，个体还需要不断关注市场动态、学习新技术、提升自我竞争力，以应对不断变化的职业环境。

（二）霍兰德人职匹配法

霍兰德人职匹配法，也称为职业兴趣理论或人格类型论，是由美国学者霍兰德提出的关于个体职业选择的重要理论。该理论强调了个体的人格特质与职业环境之间的匹配关系，认为个体的职业满意度、稳定性和成就取决于其人格特质与工作环境之间的适配性。霍兰德认为，职业兴趣是影响职业选择的重要因素。个体在进行职业选择时，会偏好那些能够施展个体技术与能力、体现个体态度与价值，并解决问题和扮演角色的职业。

该理论将人格类型分为六种：实际型（R）、研究型（I）、艺术型（A）、社会型（S）、企业型（E）、传统型（C），每种类型对应着不同的职业倾向和兴趣。

1. 现实型（Realistic，R）

愿意使用工具从事操作性工作，动手能力强，做事手脚灵活，动作协调。偏好于具体任务，不善言辞，做事保守，较为谦虚。

职业类型：各类工程技术工作、农业工作等。例如工程师、技术员、机械操作、维修安装工人、木工、电工、牧民、渔民等。

2. 研究型（Investigative，I）

抽象能力强，求知欲强，肯动脑筋，善思考，不愿动手，喜欢独立和富有创造性的工作。

职业类型：主要指科学研究和科学实验工作。例如自然科学和社会科学方面的研究人员、专家，化学、冶金、电子、无线电、电视、飞机等方面的工程师和技术人员等。

3. 艺术型（Artistic，A）

个体通常对艺术创作有浓厚兴趣，追求创新和个性表达。

职业类型：涉及音乐、美术、文学、戏剧等艺术领域，例如音乐家、画家、作家、演员等。

4. 社会型（Social，S）

喜欢与人交往，不断结交新的朋友；善言谈，愿意教导别人；关心社会问题，渴望发挥自己的社会作用。

职业类型：喜欢要求与人打交道的工作，如教育工作者（教师、教育行政人员）、社会工作者（咨询人员、公关人员）等。

5. 企业型（Enterprising，E）

追求权力、权威和物质财富，具有领导才能；喜欢竞争，敢冒风险，有野心，有抱负；为人务实，习惯以利益得失、权利、地位、金钱等来衡量做事的价值。

职业类型：喜欢要求具备经营、管理、监督和领导才能的工作，如项目经理、销售人员、营销管理人员、政府官员、企业领导、法官、律师等。

6. 传统型（Conventional，C）

尊重权威和规章制度，喜欢按计划办事，细心、有条理，习惯接受他人的指挥和领导，自己不谋求领导职务；喜欢关注实际和细节情况，通常较为谨慎和保守，缺乏创造性，不喜欢冒险和竞争。

职业类型：喜欢要求注意细节、精确度、有系统有条理的职业，如秘书、办公室人员、会计、行政助理、图书馆管理员、出纳员、投资分析员等。

霍兰德类型理论提供了一个重要的生涯辅导理念，即把个人特质和适合这种特质的工作连接起来。通过人职匹配法分析，个体可以在充分了解自我的基础上更好地规划自己的生涯发展道路。在生涯咨询过程中，可以引导当事人进行主动探索，探查与将来有可能选择的职业相关的各种事物，如工作内容、薪资收入、工作所需条件等。

霍兰德生涯理论为个体进行职业选择和生涯规划提供了重要的理论依据和指导方法，有助于个体更好地了解自己的职业兴趣和倾向，选择与自己人格特质相匹配的职业，提高职业满意度和稳定性。

课堂活动 11-2

首先我们来看如何认识自己的职业兴趣。

我们先一起来做一个小测试：

恭喜你！你获得了一次免费度假游的机会，有机会去下列六个岛屿中的一个，进行一次旅游。请不要考虑其他因素，仅凭自己的兴趣挑出你最想前往的岛屿。

第一个岛屿是自然原始的岛屿。岛上自然生态保持得很好，有各种野生动物。居民以手工见长，自己种植花果蔬菜、修搭房屋、打造器物、制作工具，喜欢户外运动。

第二个岛屿是深思冥想的岛屿。有多处天文馆、科技博览馆及图书馆。居民喜欢观察、学习，崇尚和追求真知，常有机会和来自各地的哲学家、科学家、心理学家一起交换心得。

第三个岛屿是美丽浪漫的岛屿。岛上到处都是美术馆、音乐厅、街头雕塑、街边艺人，弥漫着浓厚的艺术文化气息。居民保留了传统的舞蹈、音乐与绘画，许多文艺界的朋友都喜欢来这里寻找灵感。

第四个岛屿是友善亲切的岛屿。居民个性温和、友善、乐于助人，社区到处都是密切互动的服务网络，人们重视互助合作、重视教育、关怀他人，充满人文气息。

第五个岛屿是显赫富庶的岛屿。居民善于经营和贸易，能言善道。经济高度发展，到处是高级饭店、俱乐部、高尔夫球场。来来往往的大多数人都是企业家、经理、律师等成功人士。

第六个岛屿，也是最后一座岛，是一个现代化的井然有序的岛屿。岛上的建筑十分现代化，是进步的都市形态，以完善的户政管理、金融管理见长。岛上的居民个性文静、保守，处事有条不紊，善于组织规划，细心高效。

在第一轮测试环节中，只能选择一个，那么你会选择哪一个呢？我们来看看选择背后透露出来的职业兴趣是什么。

扫一扫看分析

（三）职业生涯规划的过程

1. 自我深入探索

大学生需要对自己有一个全面而客观的认识，包括评估自己的知识、技能、个性特征、价值观等。了解自己的优势、劣势，以及自己真正喜欢和擅长的事情，是职业生涯规划的起点。

2. 能力细致分析

大学生需要分析自己目前所具备的能力，以及为了实现职业目标还需要提升哪些能力。能力分析不仅关注专业技能，还包括沟通能力、团队协作能力、解决问题的能力等。

3. 明确职业目标

在了解自己和能力的基础上，大学生需要设定明确的职业目标。这些目标应该包括长期目标和短期目标。长期目标可以是职业发展的最终目标，如成为某个领域的专家或高管；短期目标则是为了实现长期目标而设定的阶段性目标，如获得某个证书、完成某个项目等。

4.制订行动计划

有了明确的目标后，大学生需要制订具体的行动计划，包括学习计划、实践计划、提升计划等。行动计划应该具体、可行，并且与职业目标紧密相连。

5.付诸行动并持续调整

最后需要将行动计划付诸实践，并在实践中不断调整和完善。职业生涯规划是一个动态过程，需要随着时间和环境的变化而不断调整和优化。

通过以上五个步骤，大学生可以为自己制定一个清晰、可行的职业生涯规划，为未来的职业发展打下坚实的基础。

心理自测台

MBTI 职业性格测试（简版）

MBTI 职业性格测试（Myers-Briggs Type Indicator），是基于荣格对心理类型的划分建立的人格测评工具，后由美国的心理学家凯瑟琳·库克·布里格斯（Katharine Cook Briggs）与伊莎贝尔·布里格斯·迈里斯（Isabel Briggs Myers）研究并加以发展，旨在帮助个体了解自己的性格特点、优势偏好以及适合的职业方向。

请仔细阅读问卷，并结合自身实际情况，选择最接近你平时的感受或行为的答案。

1.我倾向于从何处得到动力和信心：

A.别人。

B.我自己的想法。

2.当我参加一个社交聚会时，我一般是这样的状态：

A.夜色越深越有劲，一旦我开始投入，也许就是最晚离开的那一个。

B.当夜晚来临的时候，我就疲倦了并且想回家。

3.下列哪一种听起来比较吸引人？

A.与我的恋人到有很多人且社交活动频繁的地方。

B.待在家中与我的恋人做一些特别的事情，例如观看一部有趣的电影并享用我最爱的外带食物。

4.在约会中，我通常：

A.整体来说蛮健谈的。

B.较安静并保留，直到我觉得准备好了，才开始说话。

5.过去，我遇见的我大部分恋人是：

A.在公众场合，比如学习工作上、休闲活动中、或当朋友介绍我给他们的朋友时。

B. 通过私人的方式，例如婚恋网站、网络聊天，或由亲密的朋友和家人介绍。

6. 论真实的想法，我倾向拥有：

A. 很多认识的人和很亲密的朋友。

B. 一些很亲密的朋友和一些认识的人。

7. 过去，我的恋人倾向于对我说这些：

A. 你难道不可以安静一点吗？

B. 你能从自己的世界里面走出来一下吗？

8. 我倾向于通过以下方式形成脑海中的概念：

A. 我对有可能发生之事的想象和期望。

B. 我对目前状况实际认知。

9. 在我作分析的时候，首先能意识到的是：

A. 我的直觉。

B. 我直接的观察和现成的经验。

10. 在我自己的人际关系中，我一般是这样处理的：

A. 经常联络，因为永远有进步的空间。

B. 若它没有被破坏，别修补它。

11. 当我在约会觉得放松时，我倾向于谈论：

A. 未来，关于改进或发明事物，和生活的种种可能性。例如，我也许会谈论一个新的科学发明，或一个更好的方法来表达我的感受。

B. 实际的、具体的、关于此时此地的事物。例如，我也许会在餐后谈论品酒的好方法，或我即将要参加的新奇旅程。

12. 我是这种人：

A. 先看整个大局面。

B. 先掌握细节。

13. 在我内心深处，我认为：

A. 与其活在不完美的现实中，我选择活在我的精神世界里。

B. 与其活在虚无缥缈的精神世界，我选择活在现实中。

14. 我通常：

A. 偏向于去想象一大堆关于即将来临的约会的事情。

B. 偏向于拘谨地想象即将来临的约会，只期待让它自然地发生。

15. 我倾向如此作决定：

A. 首先依我的心意，然后依我的逻辑。

B. 首先依我的逻辑，然后依我的心意。

16. 我倾向比较能够察觉到：

A. 当人们需要情感上的支持时。

B. 当人们不合逻辑时。

17. 当自己和某人分手时：

A. 我的情绪深陷其中，很难抽身。

B. 虽然我觉得很受伤，但一旦下定决心，我会毫不犹豫地将过去恋人的影子甩掉。

18. 当与一个人交往时，我倾向于评量：

A. 情感上的兼容性：表达爱意和对另一半的需求很敏感。

B. 智能上的兼容性：沟通重要的想法；客观地讨论和辩论事情。

19. 当我不同意我恋人的想法时：

A. 我尽可能地避免伤害对方的感受；若是会对对方造成伤害的话，我就不会说。

B. 我通常很直接，毫无保留地把事实和我的逻辑告诉对方，因为对的就是对的。

20. 认识我的人倾向于形容我为：

A. 热情和敏感。

B. 逻辑和明确。

21. 我认为自己和很多人的相遇是：

A. 随意的、友善的及重要的。

B. 经过思考的，或多或少有一定目的性。

22. 若我有时间和金钱，我的朋友邀请我到国外度假，并且在一天前才通知，我会：

A. 必须先检查我的时间表。

B. 立即收拾行装。

23. 在第一次约会中：

A. 若我所约的人来迟了，我心里会很不高兴。

B. 即使所约的人来迟了，我一点都不放在心里。

24. 我偏好：

A. 事先知道约会的行程：要去哪里，有谁参加，我会在那里多久，该如何打扮。

B. 让约会自然地发生，不做太多的计划。

25. 我期待的生活包含着：

A. 科学合理的安排和有毅力的执行。

B. 没有什么压力，所有事情自然发生，时间弹性很大。

26. 哪一项较为常见：

A. 我先入会场而其他人随后来到。

B. 大部分人都先到而我最后一个来。

27. 我是这样喜欢（　　　）的人：

A. 快刀斩乱麻，下定决心并且作出最后肯定的结论。

B. 抛开我的选择并且持续收集信息，这样结果会更准确和深刻。

28. 我是这类型的人：

A. 喜欢在一个时间里专心于一件事情，直到完成。

B. 喜欢同时进行好几件事情。

在 MBTI 模型中，将人格分为四个维度，动力（E 外向 /I 内向）、信息获取（S 实感 /N 直觉）、决策方式（T 思考 /F 情感）、生活方式（J 判断 /P 知觉）。

第 1~7 题：A 对应"E"；B 对应"I"（A 多为 E，B 多为 I）；

第 8~14 题：A 对应"N"；B 对应"S"（A 多为 N，B 多为 S）；

第 15~21 题：A 对应"F"；B 对应"T"（A 多为 F，B 多为 T）；

第 22~28 题：A 对应"J"；B 对应"P"（A 多为 J，B 多为 P）。

扫一扫看分析

心理工作站

活动 1：我的生涯我做主

请拿出笔，写下你大学期间的整体规划，或者你的大学生涯的理想与目标。可能是关乎你未来的工作、家庭、交友、情绪、健康、生活等，涵盖越广越好（见表 11-1）。

表 11-1　大学目标规划

学习	专业	人际交往
情感	身心健康	休闲
自我成长	社会工作	兼职工作

选出在这一年里对你最重要的三个目标，再从你所列的目标中选出你最愿意投入、最能令你满足的三件事，并把它们记录下来。

_____

_____

_____

请写出如果你要实现这些目标，应该具备什么样的条件或资源，包括人脉、财物、专业背景、知识能力等，指出你已经具备或拥有哪些资源条件。

_____

_____

_____

活动 2：我的职业道路

有一位同学的专业是汽车运用与维修，他的职业生涯目标是做一名工程师，他设计了个人职业道路（见图 11-3）。

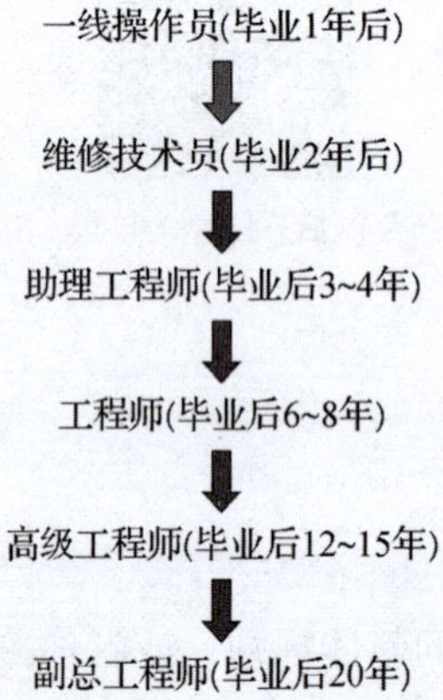

一线操作员(毕业1年后)
↓
维修技术员(毕业2年后)
↓
助理工程师(毕业后3~4年)
↓
工程师(毕业后6~8年)
↓
高级工程师(毕业后12~15年)
↓
副总工程师(毕业后20年)

图 11-3　个人职业道路

请你也来设计自己的人生目标吧：

长期：（人生目标）_____

中期：（今后 5 年）_____

短期：（半年~1 年）_____

迷你：（1~3 个月）_____

为了实现你的人生目标，你将要做以下三件事：

1. _____

2. _____

3. _____

章节小结

1. 舒伯的生涯发展理论：成长阶段（0~14岁）；探索阶段（15~24岁），包括试探期（15~17岁）、过渡期（18~21岁）、试验并稍作承诺期（22~24岁），建立阶段（25~44岁）；维持阶段（45~65岁）；衰退阶段（65岁以上）。

2. 生涯彩虹图，划分人的一生中至少需要扮演六种核心角色：子女、学生、休闲者、公民、工作者、持家者。

3. 霍兰德生涯理论将人格类型分为六种，实际型（R）、研究型（I）、艺术型（A）、社会型（S）、企业型（E）、传统型（C），每种类型对应着不同的职业倾向和兴趣。

4. 生涯规划SWOT分析法，是一种常用的自我评估工具，通过明确自己的优势、劣势、机会和威胁，从而制定职业发展规划。

拓展阅读

1. 鲍利斯，《你的降落伞是什么颜色》，中国华侨出版社，2014。

在追逐梦想的过程中，降落伞就是你的技能、兴趣和愿望。这是一本关于你、你的未来和你的梦想的书。追求梦想的过程就像侦探寻找线索一样，线索收集得越多，人生目标和梦想就会越清晰。书中影响了全世界数百万人的"职场导师"鲍利斯将用他的"魔法棒"引领你发现自己的兴趣与技能，选择喜欢的大学专业，制定理想的职业目标，最重要的是，找到属于你的人生梦想和未来。

2. 稻盛和夫，《活法》，东方出版社，2019。

在本书中，稻盛和夫展示其在70多年坚持不懈的人生历程中，对于"如何获得真正成功"这一人生命题的感悟与思考。稻盛和夫认为，获得较高的社会地位、让自己声名彰显以及成为富人，这样的世俗成就只能算得上是"虚妄的成功"，一旦当我们生命结束，离开这个世间之时，没有一样能够带走。因此，他认为人生"真正的成功"就是为了让自己尽可能地要比当初来到这个世间时更加完美和善良，因此每一个人都应通过努力提升、净化和磨砺自身的灵魂。"简单"是做人和做事的最佳原则，以利他利公之心生活，劳动的喜悦是世上最大的喜悦，清除魅惑人心的"三毒"，磨砺心智的"六个精进"。

项目十二
带着希望启航——目标构建

心路故事会

① 我的可能自我

我渴望成为一名出色的公司人力资源专员，用我的专业知识和人文关怀，为企业的发展贡献自己的力量。虽然现在还只是初步的想法，也许实现这个可能自我的道路不会那么一帆风顺，但我还是很向往也愿意努力成为那个可能自我。

一、目标设定

成为一名专业的人力资源专员，为企业吸引、培养和保留人才，构建和谐的工作环境。比如能够通过精准的招聘策略，为企业吸引到最合适的人才；设计和实施有效的员工培训计划，帮助员工成长和发展；建立合理的绩效评估体系，激励员工提高工作效率。

二、可能自我的形象

在未来的某一天，我将以一名公司人力资源专员的身份，自信地走进宽敞明亮的办公室。我的穿着整洁得体，言谈举止间透露出专业与干练。我精通人力资源管理的各项业务，从招聘、培训、绩效管理到员工关系维护，我都能游刃有余地应对。我善于倾听员工的心声，关心他们的成长，努力营造一个和谐、积极的工作氛围。同时，我也是公司文化的倡导者和传播者，通过组织各类活动，增强团队的凝聚力和向心力。我是兼具亲和力和决策力的人，不仅能够迅速与同事建立良好的关系，同时在面对复杂的人力资源问题时，能够果断作出决策。

三、通往可能自我的路径

要成为一名出色的人力资源专员，我深知自己还有很长的路要走。一是专业学习方面，在学校期间要专注于管理学专业的学习，积极参加相关的课程和讲座；二是实习经验方面，利用假期时间，寻找与人力资源专员岗位相近的实习机会，争取在实际工作中积累经验；三是信息收集方面，所在网络媒体中了解行业的现状和趋势，了解行业动态。

四、可能遇到的困难

在追求梦想的道路上，我不可避免地会遇到各种困难和挑战。首先，人力资源管理工作涉及面广，需要不断学习和更新知识，这对我的学习能力和适应能力提出了很高的要求。其次，在处理员工关系和维护企业文化方面，我需要具备较高的情商和人际交往能力，这对我的沟通能力和协调能力也是一大考验。再次，随着市场竞争的加剧，企业需要不断创新和变革，随着科技的发展，人力资源管理越来越依赖于数据分析和信息技术，这对我的创新意识和应变能力也提出了新的要求。最后，会遇到激烈竞争。人力资源领域的竞争非常激烈，许多优秀的人才都在争夺有限的职位。特别是我可能还会与比自己的学历、经验等更胜一筹的竞争者比拼，需要在众多求职者中脱颖而出。

五、解决方法

面对可能遇到的困难和挑战，我可以采取以下措施应对。首先，需要持续并投入地学习和精进。我可以通过在线课程和专业认证（计划考取人力资源管理相关的专业证书）提升自己的专业技能，并同时辅以阅读专业书籍、参加培训课程。其次，不断地积累经验。要注重提高自己的情商和人际交往能力，所以我将积极参加各类社交活动，扩大自己的社交圈子，学会与不同性格、不同背景的人打交道。还可以通过实习和参与学校的相关项目，积累宝贵的工作经验。最后，关注行业动态，与当下趋势接轨。要学习最新的人力资源管理理论和技术，学习适应岗位未来越来越看重的技术。比如学习使用人力资源信息系统（HRIS）和数据分析工具，以适应技术发展的需求。

讨论：

1．如何可以缩短当下"我"与可能自我的差距？
2．如何预测实现可能自我中遇到的挑战和困难？
3．如何保持灵活性和适应性，以应对变化和挑战？

> 心路故事会

2　我曾有的目标体验

记得那是大一的下学期，我参加了一次全国性的编程竞赛。那时的我，怀揣着对编程的热爱和对胜利的渴望，毅然决然地踏上了这条充满挑战的道路。在准备比赛的过程中，我制订了详细的学习计划，每天都沉浸在代码的海洋中，不断调试、优化，直到深夜。

有目标地做事情时，我感受到了前所未有的充实和满足。每一个小目标的实现，都让我离最终的目标更近一步。我享受着这种不断进步的感觉，仿佛每一次敲击键盘，都在为自己的梦想添砖加瓦。然而，追寻目标的道路并非一帆风顺。在比赛前夕，我遇到了一个棘手的问题，那是我之前从未遇到过的，因此陷入了深深的焦虑之中。我开始怀疑自己的能力，甚至想要放弃。但也是在这时，我想起了自己的目标，我告诉自己，不能放弃，要为了那个目标而奋斗。

于是，我重新振作起来，查阅了大量的资料，向老师和同学请教，甚至在网上发布了求助信息。经过几天的努力，我终于找到了解决问题的方法。那一刻，我深深地感受到了目标的力量，它让我在逆境中找到了方向，让我在困难面前变得更加坚强。

比赛当天，我紧张而兴奋。当我看到自己的代码在屏幕上成功运行的那一刻，我感到所有的付出都得到了回报。我获得了比赛的二等奖，也是学校历年来参赛的最好成绩，这是我人生中一个重要的里程碑。这个目标的实现，不仅让我收获了荣誉和认可，更让我深刻地体会到了有目标地做事情时的感觉——那是一种充实、满足和自豪的感觉。

回顾自己追寻目标的经历，我总结出了几点成功经验。首先，设定明确的目标非常重要。一个清晰的目标可以让我们更加专注于自己的行动，避免迷失方向。其次，制订详细的计划是成功的关键。计划可以帮助我们更好地安排时间和资源，确保我们能够在规定的时间内完成任务。最后，坚持不懈是成功的必要条件。在追寻目标的道路上，我们难免会遇到困难和挫折，但只要我们保持坚定的信念和不懈的努力，就一定能够克服一切困难，实现自己的目标。此外，我也深刻地体会到了目标在劣势情境或逆境中的重要作用。在比赛中遇到难题时，正是目标的力量让我重新振作起来，找到了解决问题的方法。

> 讨论：
> 1．目标是如何激发"我"走向成功的？
> 2．面对挫折或挑战时，目标起到了什么作用？
> 3．当追寻目标的进展不如预期时，如何调整策略并重新评估？

心海导航塔

一、认识目标

（一）目标定义

心理学家威廉·戴蒙认为，目标是为了完成对自我有意义，同时对自我之外的世界也有意义的事情时，产生的稳定且可概括的意图。目标可以成就有意义的人生。目标是一种能赋予人生以方向和意义的动机性概念，这也是目标的核心特点所在。拥有坚定的目标意味着进入有序的存在状态，而找不到目标则容易陷入浑浑噩噩。威廉·戴蒙指出，在青年人身上，最可贵的是持有一个认真的目标，一个能够赋予生命方向感和意义感的目标，对一件事情或者一个兴趣全身心地投入和奉献。

（二）目标的维度

研究者 Bronk 和 Moran 将目标分为四个维度，分别是意图、投入、个人意义和超越自我。意图是指个体希望完成的终极目标，它是稳定的和未来取向的；投入是指为实现意图而采取的行动，包括付出时间、精力以及其他资源；个人意义是指意图具有的个人价值，个体因此而产生完成意图的动机；超越自我，指个体对自我之外的世界做出改变的意愿。

（三）目标的区分

①只有积极、贴近社会的目标才能带来持续的激励、动力和适应力。
②低级的目标也许能在一段时间内有很强的激励感，但最终无法长久。
③崇高的目标能够促进他人的幸福，追寻目标的过程要本着恰当、谦虚的精神，遵循诚实、尊重的准则。

（四）目标—行动类型

戴蒙根据目标感的强弱将青少年分为四类，分别是疏离者、空想者、浅尝者和前行者。

1. 疏离者

疏离者是指那些没有目标的人，他们并没有采取任何积极努力的行动去追逐目标，也没有表现出寻找目标的迹象，更贴近"佛系""活在当下""当一天和尚撞一天钟""船到桥头自然直"的状态。一部分疏离者认为："你无法掌控未来，因此又何必自寻烦恼呢？"他们不想拥有长远的目标，也找不到任何理由去专注于任何事情，或是超越当下的任何其他事情。

2. 空想者

在戴蒙的研究中，比疏离者目标感稍强的一类人叫作空想者。空想者表达出了想要实现的目标的想法，但他们很少或几乎不会采取行动去尝试他们的想法。这些人在现实中并没有切实的计划去追逐他们的目标。空想者中极少有人为漫长、曲折、充满不确定性的梦想之旅做好准备，没有艰难的学习过程，没有现实的锻炼，没有实现梦想所需的必备技能，他们拥有的梦想只是浪漫的空想，无法与现实连接起来。

3. 浅尝者

浅尝者和空想者比起来，对目标的认识更加明确，但他们仅仅能从目标上看到短浅的、表层的或短期的利益，至于这个目标对未来意味着什么，对更大的世界意味着什么，他们并不了解。短视是浅尝者追求目标路上的最大阻碍。

4. 前行者

前行者是指找到了既感兴趣又有意义的事情，愿意为其付诸努力，清楚努力达成的目标是什么，以及为什么，同时采取相应的行动去实现个人的抱负。前行者找到了一个把自己和这个世界连接起来的真问题。

课堂活动 12-1

我的目标—行动类型

你当前最重要的目标是什么？分析一下你当前的目标—行动类型，尽可能详细地写出你评估自己为该类型的依据。总结梳理完成后，请你写出需要调整或改善的地方。

_____
_____
_____
_____
_____

（五）目标的功能

人类是唯一能够思考自我存在和未来的生物，并且能够根据前瞻性思考，选择自己的生活方式，作为成长的源动力。我们内心编织着关于美好未来的图景，正是因为未来是诱人的，所以它才更加令人着迷。因此，不像过去和现在，目标代表的未来提供了更多向好的可能性，也能让容易受干扰的大脑按照心中所想行事。以往的研究对目标的关注历久弥新，相关目标功能的实证研究已有半个世纪之久，也取得了一定成果，证实了目标具有对相关心理和行为的预测功能。

1. 预示成就与幸福

积极心理学的研究表明，在一系列会带来幸福的特质列表中，目标感占据着突出位置。目标是能够预示成就和幸福等积极发展结果的更高层级的心理结构，在人的青年时期以及之后的繁荣发展中起着关键作用。它能给人带来更多良好的心理状态，对消极状态和消极发展结果具有抵御作用，促进人的积极发展，有利于取得更高的成就。

2. 抵御和应对压力

通常我们会认为，实现目标的过程要承担更多的压力，但研究显示，目标感会增加人们的心理弹性，拥有高目标感的人具有更好的抗压应对能力，表现出更低的焦虑水平、更积极的应对方式以及更理想的生化指标。抵御压力的机制：一是拥有坚定目标的人会从更长远的视角看待当下事件，从而降低了其消极影响；二是高目标感会帮助减少或尽快平复已然产生的负面影响，以减少资源浪费。

3. 促进健康及亲社会行为

体育锻炼方面，目标感较高的人，无论是青年、中年还是老年，更有可能进行体育锻炼，无论对锻炼活动的测量是采用主观报告还是客观测量，结果都是一致的。在睡眠方面，高目标感的人有更为合理充足的睡眠时间以及更好的睡眠质量。此外，高目标感还有利于减少反社会行为并增加亲社会行为，特别是对于那些处于容易诱发暴力行为环境之下的青少年，这一作用尤为明显。除了促进健康行为的产生，高目标感还可降低不健康行为，如物质滥用或成瘾。大量研究已发现，戒酒治疗项目中目标感得分的增加与酗酒状况的改善情况有显著关联，并且这种关联不是短期的，而是长期存在。另外，对药物成瘾，高目标感也会产生积极影响。因而，通过帮助个体发展出坚定的目标似乎是治疗物质滥用和成瘾的有效办法。

4. 影响人的身心状态

首先，目标感会影响身体健康，包括降低疾病和死亡风险。一系列研究发现，高目标感与更低的心脑血管疾病发生风险相联系。此外，高目标感还可减少阿尔茨海默病的发生风险，减缓认知功能受损和下降。除了与更小的疾病风险相联系，高目标感还可显著预测几年后由以上疾病以及其他原因导致的死亡率，这不仅在老年群体中得到了验证，在成人全年龄段也得到了验证，意味着拥有坚定目标是降低死亡风险的重要保护因子。其次，在影响心理状态方面。一是高目标感可缓解负性心理状态，即不仅可缓解压力，还与更少的创伤后应激障碍症状以及更少的抑郁状态相联系。二是高目标感与积极心理状态相联系，相关研究发现，它不仅与快乐论的幸福，如正负情感和生活满意度积极相关，还与实现论的幸福，如希望、勇气、悲悯、感恩等积极品质相联系。

心理学家邦尼·贝纳德认为，面对困境能呈现出适应力的青少年有四个主要特征，目标感、自主性、社会能力以及解决问题的能力。这四者中，目标感是最核心的，因为它为培养其他特质提供了动力。

目标在顺境中赋予一个人快乐，在逆境中赋予其适应力，这在人的一生中是适用的。然而，青春期和成年早期尤其会受到目标的影响，并且有目标的年轻人不仅能回避负面行为的风险，还能表现出明显的积极态度，这种态度能激发人了解世界的渴望。

研究表明，尽管在目标性任务上保持专注会让人耗费精力，但它也会带来深深的满足感、幸福感和愉悦感。目标是通过让人超越自我并投入一系列的活动中带给个人满足感的。有目标的人不再思考自身，相反，会专注于手头的工作或问题。当他们激发全部身心力量来寻求一个解决方案时，他们可能会发现以前从未想到的自身所具有的力量，比如未曾尝试的才华、新的技能、储备的未被开发的精力。当朝着目标前进时，会感到动力不断涌来，会体验到"心流"的灵感最高境界。

（六）目标的作用机制

对目标的探索和构建过程常常会开启一些新的可能。目标通过四个机制影响行为表现。第一，目标具有指引作用，会引导人们将注意力和努力投向与目标有关的行为上，远离与目标无关的行为或活动；第二，目标具有激励作用，人们会根据目标的难易决定付出努力的程度，为高难度目标付出多于简单目标的努力；第三，目标影响坚持性，人们为高难度目标会付出更多的时间，体现更强的坚持性；第四，目标会通过唤醒与其相关的任务知识和策略间接地影响行为表现。

（七）目标的影响因素

1. 个体因素

（1）年龄因素

随着年龄的变化，目标发展可能会呈现出不同的轨迹。Bronk 和 Damon 认为，一般情况下，目标在青少年或成年初期开始出现，之后继续发展达到最盛，到中年期则略有下降，到老年期下降更为严重。另外，年龄发展对于人们所关注的内容有所影响，比如在青少年早期到成年初期，人生目标的发展依次经历四个侧重点：发展共情，考量自己能在社会中发挥的作用，重新评估价值观和优先事项，积极投入。相关研究也发现，相比低年级青少年，高年级青少年更多具备涵盖自我超越性的目标。

（2）性别因素

调查显示，人们倾向于认为女性更多追求亲社会的或创造性的目标，而男性则更可能追求经济的或与个人成就有关的目标。研究似乎表现出早期阶段女性目标感得分高于男性，但随着年龄增长相对下降的特点。

（3）人格因素

研究发现，拥有更具适应性的人格特质，如更高的外倾性、尽责性、开放性以及更低的神经质水平的人，目标感越高。一些纵向研究也发现，大五人格特质可显著预测中老年若干年之后的目标感得分，表明人格可能会对目标感的高低产生影响。

（4）个体价值观

价值观判断影响着目标。一方面，价值观决定着目标的内容。比如，持功利主义价值观的人可能倾向于发展出自我导向的目标，而持德性主义价值观的人更可能发展出自我超越的目标。另一方面，价值观影响目标感的高低。以宗教信仰为例，越是认为宗教信仰是"好"的，宗教信仰愈是虔诚，所体验到的目标感就越高。

2. 环境因素

（1）家庭和朋友

家庭或朋友等亲密关系会影响我们拥有目标的程度和内容。家庭可提供建立和追求目标的重要资源，包括精神的和物质的，且父母具有榜样示范作用。此外，能否找到志同道合或相互支持的朋友也是影响目标发展的重要因素。在目标感方面，研究发现，来自父母或朋友的支持对其高低有显著预测作用。另外，家庭或朋友的影响也可能会对个体确立何种目标产生塑造作用。

（2）外界组织机构

学校可通过教师本身及学校课程设置两大部分影响或塑造学生的目标。有研究已发现，教师对学生目标相关的支持、胜任水平会对学生是否拥有明确目标以及目标内容是否具有自我超越性产生影响；另外，有研究者认为当教师自身拥有目标时，不仅对学生是榜样激励，也方便自身实施有效指导。此外，学校的课程设置，诸如将学生课外兴趣与课堂相联系，也可能会推动和塑造目标的发展形成。同学校一样，其他组织机构如社区等，亦能通过提供支持及实践机会等引导学生发展目标。然而，最大限度发挥各个机构的支持作用还需依赖于个体自身努力。研究发现，相比没有目标的人，拥有目标萌芽的人从组织机构中受益更多，这源于他们能更好地将有关资源整合到自己的目标追求中去。

（3）社会文化

在纵向层面上，社会文化的作用表现为时代变迁的影响。一方面，时代塑造着目标的内容。如一些实证研究显示，在 20 世纪 80 年代，当问及大学生"活着为了追求什么"时，选择自我超越性人生目标如"做一个对社会有用的人""为他人的幸福而努力"的人数占 73.2%；到 90 年代，大学生的目标呈现出多元性，表现出公私兼顾的特点；而到了近几年，自我超越性的人生目标比例在缩小。由此，时代特点对人生目标内容的塑造作用可见一斑。另一方面，时代也可能对目标感高低产生影响。在价值观受到冲击或者社会核心价值观难以确立的时代，则容易体验到目标感的缺失，如第一次世界大战后出现的美国"迷惘的一代"就是典型的写照。社会文化对目标的影响在横向层面上体现为目标的跨文化差异。文化差异影响着目标的内容，以广泛使用的个体主义和集体主义二维划分模型为例，中国通常被作为典型的集体主义国家，而美国被视为个体主义的代表，在集体主义文化下，由于自我涵盖了更大的范畴，有研究者认为这将促进自我超越性目标的产生。另外，文化差异还可能影响目标感的变化轨迹。比如早年有研究发现，相比美国青少年，中国同龄学生更少拥有明确目标，而更多仍处于在寻找目标的阶段，这可能与美国文化倡导独立性有关。此外，文化差异也可能决定着某些具体因素能否影响目标。比如，有研究发现，学生感知到的教师支持对美国和芬兰学生目标的预测作用便有所不同。由此可见，社会文化对人生目标的影响是十分广泛深刻的。

二、目标的制定

（一）目标制定的明确性

目标的制定要具体明确。明确的目标可以使人们更清楚该怎么做，要付出多少努力才能完成。如，"我要在 × 年 × 月 × 日前每周跑步四次，每次 5 公里"的明确目标要比"我想要更苗条的身材"的模糊目标往往会使人更加努力，更有效率。

（二）目标制定的难度

目标制定需有一定难度，但又要在能力所及的范围之内。目标难度过低，会令人感觉乏味无趣，不会投入更多精力。随着目标难度的增加，投入和成就也相应增加。但目标难度制定得过高，超出能力的最大限度时，实现目标的积极性会被降低。制定中等难度的目标更有利于发挥最优水平。

（三）对目标的承诺

目标承诺是指个体要达到目标的决心，是被目标所吸引，认为目标重要，持之以恒地为达到目标而努力的程度。我们对目标承诺越高，就越会有全力以赴的行动，越有可能达成目标。研究发现，当人们认为目标能够达到而且达到目标又有很重要的意义时，对目标的承诺就加强了，进而能增强自我效能感。通过抛出承诺、建立契约可以促进自己的行动，同时也可以建立奖惩机制找到监督人来强化承诺。在执行的过程中，专注在当下，并不断地优化迭代。

（四）对目标的反馈

目标的构建不是一蹴而就的，也不是一定在青年时期就能够完成的。只要我们活着，目标就有必要随着条件、环境或者我们的认知调整而不断地发展；只要我们对人生保持着好奇并乐于接受新事物，就能不断地修正和重构我们对目标的认识观念。这个过程离不开对目标的反馈。追寻目标的过程中定期、明确、及时地反馈，能让人准确了解自己朝向预定目标的行动进展情况，促进目标达成。如果当下完成大目标有困难，根据反馈后需要分解目标，一步步完成。如果通过反馈分析实现目标缺乏必要技能，新目标就是学习技能。如果缺少实现目标的支持资源，新目标可能就是寻找资源。如果没有时间，新目标是重新安排时间表，删除一些不必要的活动，为实现目标腾出时间。

（五）未来高质量思考的六个维度

①具体性：对未来生活展展望的详细和清晰程度。
②重要性：对未来生活十分渴望，并决定为这一天而努力。
③现实性：规划现实可行的程度和可实现的程度。
④乐观性：规划的生活内容是愉快的、乐观的、积极的。
⑤内控性：要靠自身努力去换取未来的生活，而不是靠运气或其他外部因素。
⑥超越性：规划中对他人有帮助或对社会有贡献。

课堂活动 12-2

我的目标

早上起床，梳洗穿衣准备出门，在路上跟随着人群匆匆走过……面对每天看上去差不多的内容，好像人生充满了"例行公事"。接下来的生活，你真的打算这样度过吗？其实，你可以转换成一种更有重心、更富有动力的生活方式，试着梳理下面的问题。

1. 你想追求什么目标?
_____
2. 这个目标对你有什么意义?
_____
3. 如果你达成了目标,会发生什么?
_____
4. 这个目标对别人有什么影响?
_____
5. 假如社会因为你而多了一丝美好,你希望那会是什么?
_____
6. 你需要采取哪些步骤来完成这个目标,你需要做些什么?
_____
7. 在追求目标的过程中,你从家人和朋友身上获得了哪些鼓励和支持?
_____

三、目标的管理

(一) 提升自我效能感

当目标越重要,实现目标的自我效能感就越高。当我们笃定目标,相信自己是可以达成的,即使会遇到困难,但还是会积极探索不同的方法。在可以不断往前推进的时候,会对目标的投入程度或相信程度更高。高的自我效能感有助于我们长期坚持在某一个目标上,尤其是当这种目标需要克服困难、战胜阻碍时。

(二) 制定任务策略

与简单任务相比,复杂任务目标的完成更需要人们拥有灵活使用各种策略的能力。如,设置一些提示或提醒,让我们更容易记住或更容易去完成这些行为;把我们想完成的新行为和一些有益的东西捆绑在一起,促进新行为的稳定;通过改造周边条件,让阻碍目标实现的诱惑不那么诱人,为积极的行为创造空间;通过让诱惑不可行或不那么容易接触到(如,把零食放置在最高的架子上,远离视线)来实现;用积极的行为代替消极的行为,以便应对潜在的诱惑。如,我的目标是花更多的时间阅读,同时减少刷短视频,相应的调整策略可以使用"如果……就……"计划,"如果我想阅读尽量少刷短视频，就为自己设置一个十分钟的倒计时，然后当铃声响起时，就关闭 App。"或者"如果我发现自己在刷短视频，我就会打电话或发送一条消息给某人，以问候他们的近况。"灵活运用策略会让我们增加实现原定的目标的可能性。

（三）MPS 定位法

MPS 定位法由泰勒本·沙哈尔博士在其著作《幸福的方法》中提出。我们思考目标时，可以问自己三个问题：什么可以带给自己意义？什么能给自己带来快乐？自己的优势是什么？

M，Meaning，有意义的。服务于他人，对他人有帮助，就是有意义的，自己认为有意义的事情。P，Positive Emotion，有乐趣的。每个人的兴趣爱好是不一样的，回忆并找到自己真正感兴趣并在活动中感受到乐趣的事情。S，Strength，擅长的。有的人擅长按计划做事，有条不紊，有的人善于与人打交道，语言表达能力强，回忆并找到自己擅长的事情。

首先要明白什么带给你意义，什么给了你使命感。这里的意义更多的是指价值和作用，而不仅仅是内容和认识。意义更关注未来的长远利益，往往是我们做某些事的目的或者使命。

其次是探寻快乐。快乐相比意义，可能要来得容易一些。我们通过思考什么能带给自己快乐，什么是让自己觉得幸福的事情，确认自己对哪个领域感兴趣又能持续投入，而且方法得当。通过刻意练习，兴趣也可以逐渐变成优势。这个之所以重要，是因为从长远来说，这是你坚持目标的信念支柱。快乐是能让自己心情愉快轻松的事情，是做那些可以让你忘记时间，进入忘我状态的事情。回答的时候可以重点关注一下自己的兴趣爱好。

我们还要思考自己的优势是什么，做什么事是自己的强项。优势就是你擅长的技能，可以是天赋，也可以是后天习得的能力。有时候我们并不如想象中的那么了解自己，甚至对一些与生俱来的特长熟视无睹，觉得那并没有什么了不起。找到自己的显著可识别优势，比如，你在做这件事，相对比别人花同样时间要做得好。每隔一段时间，让自己在一个安静的环境里独处，先做 3 分钟冥想，让内心完全平静放松下来，然后开始和自己来一次深入的对话。在对话过程中，要诚实面对自己，同时要打开思路，才可以看到多种版本。

当你发现 M（意义）、P（快乐）和 S（优势）三者交集的领域，就是最佳的个人定位。具体地讲，首先，专注是快乐（兴趣）和优势（能力）的集合。因为做一件事情感到快乐，但如果能力达不到，这种专注是不可持续的。所以想要判断这件事是不是快乐和优势的集合，就去关注自己什么时候专注，哪怕时间很短，也是快乐和优势的痕迹。其次，精力是优势（能力）和意义（价值）的集合。因为单单感到快乐，或者有优势有能力做的事情，并不一定会让你感到内心享受；只有你感到自己有优势做这件事，同时你持续获得外界认可或者正向反馈，你才会感到精力充沛，越做越振奋。

（四）AEIOU 分析法

AEIOU 分析法是可以用来辅助观察我们构建目标的过程以及整理和记录观察结果的分析结构工具。通过分别记录五个方面的观察，对获取的信息做进一步的整理和分析。其中，A 是活动（Activitives）、E 是环境（Environments）、I 是互动（Interactions）、O 是设备（Objects）、U 是用户（Users）。AEIOU 这一名字是按字母排序，实际应用时并不分先后，而是彼此相关，紧密相连。

A：Activitives 是一系列具有目标导向的行为。即通过什么途径完成目标，包括哪些具体的行动和过程。记录发生了什么，人们在做什么，任务是什么，实际上做了什么来完成任务，任务完成前后发生了什么，识别是有组织还是无组织的活动，是扮演团队领袖还是参与者的角色。

E：Environments 是活动所发生的环境或场景。环境具体是什么样的？这个环境给你或其他人带来了什么感觉？留意参与活动时，身处何方？带来什么感觉？用来描述个人和共享空间的气氛和功能。

I：Interactions 是介于人与人之间或人与物之间的相互交流。你们有怎样的互动？这种互动对你来说是陌生的还是熟悉的？是正式的还是非正式的？系统彼此之间是如何交互的？识别互动对象是人还是机器？形式是正式还是非正式？彼此是陌生还是熟悉。

O：Objects 是场景或环境的基本组成部分，如你是否有与物品、装置互动？是否带来或者加强投入的感觉？

U：Users 是涉及的角色，如目前的用户都有谁，用户角色，用户之间的关系，用户拥有的价值和偏见，扮演了什么角色，他们为活动带来了正面还是负面影响，谁在影响他们，如身旁还有谁，身处什么组织，有正面还是负面的体验。

这个方法具体来讲，是指当我们遇到一件事情，进入心流状态、感到很有能量，或者当一件事情让我们焦躁不安、感到能量损耗严重时，我们都可以使用这个工具来分析，心流或焦躁、能量增加或损耗的背后，到底发生了什么。

举个例子，你到一所中学做过一次"规划未来，构建目标"主题的公益分享后特别开心，觉得这次分享很成功，于是就想分析到底是什么元素促成了这次成功，以便下次复刻。

A（活动）：这是个分享活动，自己的讲述有结构，同时也自主发挥了很多。你是主讲者，中学的学生是听众。具体来讲，你扮演了讲授者、引导者的角色。E（环境）：这件事发生在教室中，今天温度适宜，同学们积极配合，是你熟悉的场合。I（互动）：在与同学们进行互动中，你采用了讨论、提问的方式，同时会穿插一些小活动，这种互动方式拉近了你们之间的距离。你喜欢这些同学，并且愿意帮助他们成长。O（设备）：PPT投影。这并不是最主要的原因。U（用户）：用户是学校的中学生，你特别希望让他们获得一些成长。这个群体是你特别在意的群体。

整体分析下来，这里面有两个因素很关键。第一个因素是A（活动），你擅长将自己所思所学凝练出来的理念、方法分享给别人听，私下分享、讲座分享或课堂分享，都是你喜欢的。

第二个因素是U（用户）。在你有限的人生阅历中，曾经遇到的关于自我的迷茫是你遇到的极大挑战。你深知青少年找到目标对于他们来说有多重要，所以对于中学生这个群体，你是有自己的情感在里面的。总之，这次分析让你更加确认为青少年做点事情，以讲座、工作坊、课堂的形式是很适合你的。

（五）SMART原则

SMART原则的核心目的是让目标从空洞变得具体，从而帮助我们形成实际、可操作的行动步骤，并且能够评估目标的完成状况。SMART原则分为以下五部分：

S——具体的（Specific）；

M——可度量的（Measurable）；

A——可实现的（Achievable）；

R——相关的（Relevant）；

T——有时限的（Time-bound）。

四、目标的培养

（一）培养目标导向的思维

提升目标感是需要通过设定目标去努力实现的。最好的目标是那些可以实现、同时又不那么容易实现的目标。设定适当的目标，关乎你所渴望的未来，有利于提高你的目标感，比如希望"每周坚持运动三次，每次运动半小时""争取下次考试分数提高10分"等。也可以将目标清单拍照发给好朋友互相监督，经营友谊的同时还能促进目标的达成。

（二）积极寻找实现的路径

为了创造你渴望的未来，你会怎么做？在设定目标后，不妨经常想一想，能找到几种实现目标的路径和方法？可以尝试用电影冥想法，在脑海里像放电影一样，思考实现目标路上会遇到哪些困难，又该如何应对。尽量具体生动地想象，加强我们的构建思维，然后选择一种最可能成功的方法去执行。

（三）落实行为的改变

心动不如行动，要发掘和实现自己的目标，要学会主动采取行动，一个省时省力的方法就是将所要做的事情养成一种习惯。在行为心理学中，人们把一个人的新习惯或理念的形成并得以巩固至少需要 21 天的现象，称为 21 天效应。可以通过建立属于自己的 21 天习惯养成计划来促进目标的达成。

可以保持记录的习惯，或者书写自我认知日志。哪怕每个星期只花一点点时间思考当下自己的现状，复盘完成目标的进度条，花些时间沉淀自己的想法和进程，并把过程中自己的想法、情绪和改变记录下来，这对帮助你认识自己现在的行为、进一步深化目标以及做好下一步的计划是非常有好处的。你也可以通过观察自己的感受、想法和行为，基于这些内容来判断，你在多大程度上改变了那些不适合目标达成的行为方式。有记录才能体现变化的发生，要学会记录自我与环境的互动。比如，写出什么事情或某一时刻让你非常专注；什么事情让你比较没耐心，感觉无法集中精力；什么事情要让你花很长时间而最后的效果却不好。

（四）挖掘生活中的小幸福

练习关注生活中的好事，收集每天的小幸福，比如，在课堂上的一次精彩发言，一顿美味的晚餐，作业得了 A+，今天准时参加了社交活动并能认真投入等。在这些小事件中去挖掘和经营自己的心理感受，充分享受小事件带给自己的愉悦感。每一个小幸福的积累，都会给我们带来积极的力量。

（五）养成健康的生活规律

无论是什么目标，都需要我们有序地去规划，这样能够提高我们对生活的掌控感，进而让自己更有力量面对生活中的困难。健康规律的作息、适当的运动、合理的饮食等生活方式，不仅能提高我们的身体机能，而且能间接带来良好的情绪体验，包括对生活的希望感。

（六）利用身边的支持小组

寻求能够帮助你追寻目标或提供资源的长辈、亲属、好友等做你的支持小组。一个好的支持小组可以帮助你明白，你在奔向目标的过程并不是孤立无援。这样的支持还可以给你提供一些你从来没考虑过的想法，有助于打开更多可能性，同时少走弯路，并且也能在一定程度上让你接受监督。你也可以和他们聊聊你的目标和追寻的过程，聊得越深入，这个目标就会变得越清晰、越具体，完成起来也越顺畅。

课堂活动 12-3

围绕自己确定的目标,积极尝试12个助力目标的方法,完成后在对应的位置打"√"。

助力目标的方法	第一周	第二周	第三周
1. 和直系亲属之外的人进行有启发性的沟通			
2. 观察有目标感的人是如何工作的			
3. 世界上有一些重要的东西是可以被修正或改进的			
4. 我可以为此作一些贡献,让世界有所改变			
5. 对目标的认同,同时初步尝试完成一些事情			
6. 获得家人的支持			
7. 以独创性和具有影响力的方式进一步加大对所追求目标的付出			
8. 获取追求目标所需要的技能			
9. 不断从实践中获取真知			
10. 乐观和自信不断提升			
11. 对目标的长期承诺			
12. 把在目标追寻中所获得的技能和人格优势迁移到人生其他领域			

心理自测台

第一部分

表12-1中列出了人们常见的目标,请先快速浏览一下列出的所有目标,根据自己的实际情况,选择你在多大程度上同意"我的目标是……"与表格中所列表述相符合,"1"到"7"代表"非常不同意"到"非常同意",请在目标后面的相应数字上打"√"。

表12-1 青少年人生目标量表

目标	非常不同意	不同意	比较不同意	无法确定	比较同意	同意	非常同意
1. 解决社会中的某些问题	1	2	3	4	5	6	7
2. 挣到更多的钱	1	2	3	4	5	6	7
3. 做个不拖延的人	1	2	3	4	5	6	7
4. 让自己爱的人幸福快乐	1	2	3	4	5	6	7

续表

目标	非常不同意	不同意	比较不同意	无法确定	比较同意	同意	非常同意
5. 提高自身某方面的能力	1	2	3	4	5	6	7
6. 保持健康	1	2	3	4	5	6	7
7. 得到物质方面的满足	1	2	3	4	5	6	7
8. 为科学进步作贡献	1	2	3	4	5	6	7
9. 拥有一个幸福的家庭	1	2	3	4	5	6	7
10. 丰富自己的人生阅历	1	2	3	4	5	6	7
11. 具有一定的社会影响力	1	2	3	4	5	6	7
12. 帮助他人	1	2	3	4	5	6	7
13. 做个从不说别人闲话的人	1	2	3	4	5	6	7
14. 有能力养活自己以后的家庭	1	2	3	4	5	6	7
15. 成为某个领域的权威	1	2	3	4	5	6	7
16. 拥有一个强健的身体	1	2	3	4	5	6	7
17. 找到人生的意义	1	2	3	4	5	6	7
18. 让世界变得更好	1	2	3	4	5	6	7
19. 让父母为我骄傲	1	2	3	4	5	6	7
20. 过得比别人好	1	2	3	4	5	6	7
21. 做个从不发脾气的人	1	2	3	4	5	6	7
22. 在某个领域有所成就	1	2	3	4	5	6	7
23. 提升个人的品格和修养	1	2	3	4	5	6	7
24. 有一份美好的爱情或婚姻	1	2	3	4	5	6	7
25. 为祖国更强盛作出贡献	1	2	3	4	5	6	7
26. 做个只为他人着想的人	1	2	3	4	5	6	7
27. 拥有更高的社会地位	1	2	3	4	5	6	7
28. 进行更多的娱乐和享受	1	2	3	4	5	6	7
29. 让父母、家人过上更好的生活							
30. 一生平平安安							
31. 影响社会的价值观							
32. 做个从不说谎的人							
33. 陪伴和照顾父母、家人							

扫一扫看分析

第二部分

表12-2中是一些关于自我的描述,"1"至"6"表示题目的描述在多大程度上符合你的情况,请根据自己的真实情况选择,在相应的数字上打"√",每题只能选择一个选项。

表12-2 自我的描述

题目	非常不符合	比较不符合	有点不符合	有点符合	比较符合	非常符合
1. 我正在为实现自己的目标而努力	1	2	3	4	5	6
2. 我没有特别热衷的事情	1	2	3	4	5	6
3. 我知道自己是怎样的人以及自己的希望与追求	1	2	3	4	5	6
4. 我没有"想干什么"的确切想法	1	2	3	4	5	6
5. 我至今没有自主地对有关自己的事作出过重大判断	1	2	3	4	5	6
6. 我曾认真深思过自己是怎样的人,该做些什么	1	2	3	4	5	6
7. 我不曾对按父母或周围的人所期待的方式做事感到有什么疑问	1	2	3	4	5	6
8. 我以前曾对自己持有的人生观失去过自信	1	2	3	4	5	6
9. 我正在努力探求我所能投身的事情	1	2	3	4	5	6
10. 我能够适应环境,并且可以随机应变	1	2	3	4	5	6
11. 对自己是什么样的人,能干些什么,我正在比较几种可能的选择并认真地考虑这些问题	1	2	3	4	5	6
12. 我不认为自己一生能做什么有意义的事	1	2	3	4	5	6

扫一扫看分析

心灵工作站

活动 1：开启你的"目标保卫作战图"

目标提供了追求美好生活需要的动力。请你进一步梳理和激活自己的目标，在表 12-3 中填写对应的内容。

表 12-3 创建你的目标保卫作战图

序号	步骤	内容	你的梳理
1	确认未来的憧憬	放松身心，想象你的目标已经实现了。在理想的一天里散散步，看看它是什么样的，绕着它走一圈，看看你的生活和自我风貌，看看所有重要的细节，然后把它们作为目标重点记录下来	
2	确定哪一个最重要	找出一个最能清晰体现目标的关键点，最有助于实现其他目标的合理目标，将其作为确认的重点记录下来	
3	为什么需要实现它	实现这个目标的益处是什么	
4	什么时候实现它	为你的主要目标选择开始期和完成期	
5	怎么去实现它	确定你需要采取的行动或使用的策略	
	达到怎样的程度	制定衡量目标的标准，如数字或状态等	
6	需要什么帮助	确定需要寻求建议、指导或者帮助的外援，可以是人、态度等	

活动 2：10 年后，你收到的感谢信

10 年后，你会收到来自谁的、怎样的感谢信，令你感到很开心并成就感满满？一样是 10 年的时光，有人只是重复过了 10 次相同的一年，有的人 10 年则是 10 种完全不同的风貌。重点并非在于变化本身，而是你对目标的构建和塑造。假设你在 10 年后实现了目标，既成就了自己的价值，也为更多人带来了福祉，他/她写了一封感谢信给你，信中会有什么内容？请以他/她的口吻呈现感谢信。

活动 3：目标计划对照行动

追寻目标的乐趣在于，在目标的引导下，不断应对变化和困难。目标的使命，是引导这个过程的展开，让你通过不断应对变化，提升自我。请结合下面的内容完成填写。

阶段一：制定期

1. 畅想 3 个月后的自己，如果能达成_____就好了。

2. 描述达成这个目标后自己的样子。
_____
_____

3. 实现该目标需要完成的事项。

（1）_____
（2）_____
（3）_____
（4）_____
（5）_____

阶段二：挑战期（2~3 周后）

4. 未能实现步骤 3 的理由。

（1）_____
（2）_____
（3）_____
（4）_____
（5）_____

5. 写下当前可以做到的事项。

（1）_____
（2）_____
（3）_____
（4）_____
（5）_____

6. 根据计划实施情况，调整目标细节，写下比当前更进一步且可行的事。

（1）_____
（2）_____
（3）_____
（4）_____
（5）_____

7. 记录行为习惯的变化，从细微处着笔，表扬自己，奖励自己。

（1）_____
（2）_____
（3）_____
（4）_____

（5）_____

8. 当前习惯中可以放弃的事项。

（1）_____

（2）_____

（3）_____

（4）_____

（5）_____

9. 达成目标所需完成的事项。

（1）_____

（2）_____

（3）_____

（4）_____

（5）_____

10. 思考目标为社会、组织、家庭带来的价值。

_____

_____

活动 4：与你的目标深度照面

1. 对过去的反思可以让我们知道是什么让我们的内心充满希望。如果你成功了，请思考是什么促使你获得了成功；如果你失败了，就总结是什么让你选择了放弃。回忆一下曾经取得过成功的目标：

_____

_____

请思考：

（1）你为什么想做这样的事情？

（2）完成这样的事情，你面临的最大问题是什么？

（3）对于面临的问题和困难，你的解决办法是什么？

（4）最初是什么激发了你这样做的兴趣？

（5）什么使你对此持之以恒？

（6）你使用最多的自身长处是什么？

（7）在任务开始/进行中/结束时，你有什么感受？

（8）你从中学到了什么？

2. 花点时间想一个你现在确实想达到的目标，并清楚地把它写出来。

_____

_____

现在，请回答下面的问题。根据自己的实际情况，对每项进行评分，评分采用10分制。

（1）多大程度上你想达到这样一个目标？

（2）你的积极性如何？

（3）面对挑战，你的兴奋程度如何？

（4）对于完成此项目标，你有多少自信？

（5）各方面的支持你拥有多少？

（6）完成任务需要的技能与你自身的技能相匹配吗？匹配度如何？

（7）这个目标多大程度上反映了你的真实需求？

（8）这个目标多大程度上是由你自己制定和选择的？

3. 在回答完这些问题后，有没有哪道题让你开始怀疑以前的选择？如果目标太难，对你的挑战性太大，但是你确实积极性很高，很想做下去，那么下面这些问题正好可以给你提供一些非常实用的思考和建议。

为了实现自己的目标，请迈出积极的一步：

（1）为什么你想完成这个目标？把具体原因写出来。

（2）请问做这件事情对你有什么意义？完成目标后是否会对不同的价值观有所影响？你需要选择其中一个而放弃另外一个吗？

（3）为了实现这个目标，你需要利用自己的哪些长处？

（4）你对结果怎么看？实现目标对你来说非常重要，多大程度上你觉得是现实的？真是这样吗？

（5）利用过去成功的经验，你如何才能变得更积极？

（6）实现了这个目标，对你意味着什么？

（7）就像最后的结果一样，你如何享受成功的过程？什么会给你带来巨大快乐？

（8）操作上面临什么样的问题？

（9）你能把目标分解成更小的目标，从而让其难度降低吗？第一步需要做什么？

（10）按照你的方法，能够做到更多创新吗？

（11）哪里可以得到你需要的支持？你需要他人帮助吗？

（12）开始之前，你需要先掌握一门技能吗？

（13）持有发展的心态，在做这件事时能用得上吗？为了更好地实现目标，你如何为自己创造机会？

在考虑以上问题时，请留意什么时候你会比较兴奋，什么时候比较恐慌。试着思考一下，是什么让你的心情变得积极，从而让你大步向前？同时思考一下，怎样才能拥有更加积极的心态，更有效地发挥自己的长处？

章节小结

1. 目标是为了完成对自我有意义，同时对自我之外的世界也有意义的事情时，产生的稳定且可概括的意图。

2. 目标分为四个维度，分别是意图、投入、个人意义和超越自我。

3. 根据目标感的强弱可以划分四种目标—行动类型，分别为疏离者、空想者、浅尝者和前行者。

4. 目标具有对相关心理和行为的预测功能：预示成就与幸福；抵御和应对压力；促进健康及亲社会行为；影响人的身心状态等。

5. 目标通过四个机制来影响行为表现：目标具有指引作用；目标具有激励作用；目标影响坚持性；目标会通过唤醒与其相关的任务知识和策略而间接地影响行为表现。

6. 目标的影响因素包括两方面：一是涉及年龄、性别、人格、个体价值观的个体因素；二是包含家庭和朋友、外界组织机构和社会文化的环境因素。

7. 制定目标需要注意目标的明确性、难度，以及对目标的承诺和反馈。

拓展阅读

1. 布莱恩·梅恩，《目标的力量：从目标看格局，让境界定结局》，四川文艺出版社，2021。

本书用 LIFT 七项原则经典阐释了设定目标后的一系列蝴蝶效应，主要以一种浅显易懂且极具实操性的方式，阐述了目标规划法，分享给每一位在目标的制定和执行方面急需指导的读者。具体来说，就是从"道"和"术"两个角度，对目标进行全方位的介绍，包括升级目标认知和掌控目标规划两部分。

2. 埃米莉·芭丝苔，《看见目标》，中信出版集团，2021。

本书对目标实现有决定性因素的视觉策略进行了科学研究，提出了四大策略：聚焦目标、开阔视野、把目标具象化和做好视觉框架。这四大策略可以帮助我们更加容易地实现目标，更加精进自己的事业。

模块五　心理自塑

项目十三
做行动的主人——自控力

> **心路故事会**

1　我的自控力挑战与成长

自从进入大学以来，我面临了前所未有的诱惑和挑战。高中时期，我的生活被严格的作息和繁重的学业填满，而大学则给了我更多的自由和时间。然而，这种自由也让我感到迷茫和不安。

起初，我试图利用这些空闲时间探索自己的兴趣爱好，加入社团、参加各种活动。但渐渐地，我发现自己陷入了过度娱乐的旋涡中。每天下课后，我不是沉迷于网络游戏，就是和朋友们在KTV里唱歌到深夜。这种生活方式让我感到疲惫不堪，学业成绩也直线下滑。

在一次和导师的谈话中，我意识到自己需要改变。我明白，大学不仅是享受自由的地方，更是提升自我、锻炼能力的地方。于是，我决定提升自己的自控力，改变现状。

我首先制订了详细的计划表，将每天的时间划分为学习、娱乐和休息三个部分。我强迫自己按照计划表执行，每天定时学习、定时休息、定时娱乐。同时，我还加入了一个学习小组，和同学们一起讨论学习问题，互相监督。

在执行计划的过程中，我遇到了很多困难。有时我会因为游戏的诱惑而想要放弃，但每当这时，我就会想起自己的目标和梦想，坚定地拒绝诱惑。随着时间的推移，我的自控力逐渐增强，我不再沉迷于游戏和娱乐，而是将更多的时间和精力投入学习和自我提升中。

经过一个学期的努力，我的学业成绩有了显著的提升，我还获得了奖学金。更重要的是，我找到了自己的方向和目标，对未来充满了信心和期待。

讨论：

1. "我"在提升自控力方面面临的主要挑战是什么？"我"是如何应对这些挑战的？
2. 在制订和执行计划的过程中，你认为哪些关键因素对于提升自控力至关重要？你是如何利用这些因素的？
3. 你认为自控力对于大学生的成长和发展有何重要意义？

心路故事会

2 从"夜猫子"到"早鸟"的转变

我曾是一个典型的"夜猫子"，大学生活的前半段，我总是在深夜时才开始写作业、准备考试。熬夜成了我的生活常态，早上总是因为睡眠不足而赖床，错过了早餐，甚至经常迟到。这样的生活模式不仅让我的学习效率低下，还严重影响了我的身体健康和精神状态。

一次偶然的机会，我参加了一个关于时间管理和自控力的讲座。讲座中，讲师提到了"早鸟"的优势，比如早上头脑更清醒、时间更充裕、有利于身体健康等。这让我开始反思自己的生活方式，并决心做出改变。

我制订了一个"早鸟计划"。首先设定了每天早起的时间，并逐渐提前起床时间，以适应早起的节奏。我还调整了晚上的作息时间，尽量在晚上11点前上床睡觉，以保证充足的睡眠。此外，我还设定了每天的学习计划和目标，确保在早上这段时间能够高效完成学习任务。

在转变的过程中，我遇到了不少困难。起初，我很难克服赖床的习惯，经常会在闹钟响起后继续睡去。但每当想起自己的目标和计划时，我就会强迫自己起床。渐渐地，我养成了早起的习惯，并发现自己在早上这段时间能够更专注、更高效地完成任务。

通过一段时间的努力，我不仅改变了自己的生活方式，还取得了显著的成果。我的学业成绩有了明显的提升，身体素质也得到了改善。更重要的是，我变得更加自律和自信，对未来充满了期待。

讨论：

1. "我"是如何认识从"夜猫子"到"早鸟"的转变的？这种转变给"我"的生活带来了哪些积极的影响？

2.在改变作息习惯的过程中，你遇到了哪些困难？你是如何克服这些困难的？

3.你认为自控力在调整作息习惯方面起到了哪些作用？这种自控力的提升是否影响了你在其他方面的表现？

心海导航塔

一、认识自控力

20世纪70年代初，心理学家沃尔特·米歇尔开发了一项被称为"棉花糖测试"的实验，此实验被认为是一种更有效的衡量自我控制的方法。在实验中，首先由研究人员布置好实验场所，让年幼的孩子（通常是学龄前儿童）坐在零食（如棉花糖或饼干）前面。然后，孩子们被告知研究人员将离开房间一段时间，如果他们在实验者离开期间没有吃零食，他们将得到两份零食。最后实验者离开房间一段时间（大约10分钟）后返回。在这个实验中可以通过观测孩子为了获得额外奖励而愿意等待的时间作为自我控制能力的衡量标准。

研究人员在实验中观察和记录孩子们一举一动的表现。孩子们的表现可以分为两种情况：一小部分是竭力抵制零食的诱惑，他们会忍耐一段时间不吃零食，等待更多的奖励。这些孩子可能会分散注意力、转移注意力以克服诱惑，如捂住眼睛、背过身去不看诱人的零食，或者做各种小动作分散注意力。大部分孩子无法忍受零食的诱惑，他们会选择立即享受即时的满足，吃掉零食，忽视长期的回报。这个实验反映出个体间的差异性，即在面对诱惑时，有些人可以延迟满足，有些人却只能"及时行乐"。这种延迟满足意味着个体能够控制自己的行为、情绪，不追求眼前的即时享受，为了在未来获得更大的回报而忍耐等待，它是自控力的一种表现形式。那么什么是自控力？自控力又包括哪些内容？

（一）自控力的内涵

自控力指个体能够控制或改变自己内在的反应，同时也能够阻止不希望出现的行为倾向，比如冲动，并且避免采取行动来满足这些冲动。简而言之，自控力是个体能够控制自己情绪和行为的能力，包括抑制不良冲动并避免采取不恰当的行动。或者说自控力是管理自己的冲动、情绪和行为以实现长期目标的能力，是人类与动物之间的区别之一。

（二）自控力的组成

美国心理学会认为自控力由五个方面组成：延迟满足的能力、控制有害冲动的能力、冷静的认知系统、为自我制定规则的能力，以及可以被损耗的能力。

1. 延迟满足的能力

正如棉花糖实验所述，这指的是个体能够推迟即时满足的欲望，而选择长期的利益或目标。具有这种能力的人能够忍受短期的不便或牺牲，以换取未来更大的回报。例如，一个能够延迟满足的人可能会选择在享受消费乐趣之前存钱。

2. 控制有害冲动的能力

这涉及个体能够抑制不健康或有害的冲动和行为，以保持身心健康。这需要对自己的欲望和冲动进行识别，并采取行动来避免或控制这些冲动。例如，一个有这种能力的人可能会努力戒烟或限制对不健康食物的消费。

3. 冷静的认知系统

这意味着个体能够在情绪激动或压力下保持冷静，并进行理性的思考和决策。具有这种能力的人能够在压力下保持清晰的思维，不受情绪或外界影响的干扰。例如，在面对挑战或紧急情况时，一个冷静的认知系统可以帮助个体保持理性和冷静，以制定最佳的解决方案。

4. 为自我制定规则的能力

这涉及个体能够为自己设定明确的目标和规则，并努力遵守这些规则以实现目标。具有这种能力的人能够自我激励和自我约束，以保持自我纪律和达成目标。例如，一个有这种能力的人可能会制订每天锻炼的计划，并坚持不懈地执行这个计划。

5. 可以被损耗的能力

可以被损耗的能力，如意志力，指的是自控力不是一种固定不变的能力，而是可以受到环境、情境和个体状态的影响而发生变化的。自控力可能会因为疲劳、压力、诱惑或其他因素而减弱。这种能力的理解有助于个体意识到在什么情况下他们的自控力可能会受到影响，并采取措施来保护或恢复它。

（三）自控力的生理基础

自我控制主要植根于前额叶皮质，它是大脑计划、解决问题和决策的中心。人类的前额叶皮质比其他哺乳动物大得多。前额叶皮质有丰富的神经连接，使人们能够制订计划、评估替代行动，并在可能的情况下避免做出后悔的事情，而不是在每个冲动出现时立即做出反应。

（四）自控力的稳定性和可塑性

从生理构造看，每个人生来都具有自控力的生理基础，所以我们能够控制自己的行为。但是，不同个体的自控力的强弱存在差别，因此有人会马上吃掉盘子里的零食，有人则可以等到更多的奖励。因此可以推断自控力是相对稳定的。

一个人的自控力水平往往会在一天的过程中起伏不定，这表明自控力不太像智力等心理能力，而更像是一种随着身体能量的变化而波动的资源。自我控制资源模型认为，所有的自我控制努力都依赖于一般能力。无论一个人在哪个领域发挥自我控制（例如，注意力控制、食物摄入控制、情绪表达控制），这种能力都会被使用和耗尽。由于其普遍性，一般自我控制能力的提高应该有利于各个领域的各种自我控制行为。同时该模型认为，自我控制的能力类似于肌肉。首先，运用自我控制会导致暂时的疲惫，并更有可能导致随后的自我控制失败（自我损耗）。其次，反复练习会增强自控力（训练）。这将导致绝对肌肉力量的普遍增加（即提高的自我控制力量）和/或在面对需求时增加对疲劳的抵抗力（即提高的自我控制耐力）。毅力和耐力的增加都应该有利于在工作和日常生活领域中的自我控制。综上，自控力既有稳定性又具有可塑性。

二、自控力的影响

自我控制作为一种心理工具，在我们的生活中占有重要地位。它能够帮助我们实现既定目标和规范自身行为的重要特征，但是我们不能神化自控力，极力赞扬那些自控力强的人，指责或批评那些自控力弱的人。我们要始终保持独立思考和判断能力，辩证地去思考问题。凡事都有度，一旦过度，就会产生"过犹不及"的效应，找到平衡才是关键。也就是说，我们要知道何时屈服于我们自发的欲望以及何时发挥自我控制是至关重要的。通过实现这种平衡，我们可以充分利用自我控制的力量，而不会陷入其潜在的陷阱。这不是要强调放弃自我控制，而是着重强调要明智、合理地利用自我控制，并认识到，如果在某些情况下，无忧无虑和自发的行为也同样有价值。

三、"STOP"冲动行为

恐慌、愤怒、欲望、沮丧、羞辱、喜悦——强烈的情绪会导致冲动行为。当你情绪激动时，你可能会感到强烈的身体反应。这种强烈的反应可能会让人非常不舒服，导致个体想通过某些方式让这种情绪缓解或消失；即使令人愉悦的情绪也可能伴随着极度的不安和强烈的冲动，从而导致人们出现不适当的行为。

研究发现，通过练习 DBT 技能，可以培养更有益于健康的应对机制。那么什么是 DBT？辩证行为疗法（Dialectical Behavior Therapy，DBT）旨在帮助人们减少冲动行为并更有效地应对强烈的情绪。它提供帮助的主要方式之一是教授个体数十种应对技巧。

其中两项 DBT 技能可以帮助我们有效减少冲动行为的发生。其中一项叫"STOP"应对技巧，它的主要目的是在情绪危机中避免出现冲动行为。STOP 分别代表停止（Stop）、退后一步（Take a step back）、观察（Observe）、谨慎行事（Proceed mindfully）。显然，停下来并不像说起来那么容易，还要由另外一种有效的技巧相结合——提前应对。

提前应对是一种情绪调节技能，可以通过提前为困难情况做好准备来增强情绪恢复能力。为了应对未来，你首先要确定未来可能出现的情况，你预计这种情况可能会带来情感上的痛苦、压力或触发。然后，制订一个应对计划，巧妙地应对这种情况。最后，根据你选择的应对计划，反复排练或想象自己如何有效地应对这种情况。

当你感受到强烈的情绪时，可能就像在冲动欲望和冲动行为之间没有"暂停"，这就是提前应对和 STOP 技巧可以帮助的地方。通过不断练习提前应对技巧，你更有可能在情绪爆发时自动停下来，并以你希望的方式做出回应。

如果你在演练"STOP 提前应对计划"后仍然有冲动行为，请不要灰心，这很正常，改变行为很难。如果你有冲动行为，请想一想发生了什么？你是如何执行你的提前应对计划的（或没有）？你最初的应对计划忘记、错过或低估了哪些内容？审查并完善你的计划。随着时间的推移，这种改进将像进一步的练习一样帮助你减少冲动行为。

如何在提前应对中使用 STOP 技巧

课堂活动 13-1

自制力实施计划

选择一种经常出现的不良情绪或不良行为习惯，按照上述的方法去尝试一下。

四、培养自控力的十一种策略

每个人都希望在生活、学习或工作领域中多锻炼一点意志力。个人如何培养这项关键技能？

（一）积极进取的态度

相信自己能够掌控事物，对事情负责，能够帮助我们更好地应对挑战和压力。而如果认为事情超出了自己的控制范围，那么它们很可能真的会超出控制。

（二）设定目标

无论在生活中还是学习中，每个人都需要有目标，目标可以指导我们进行选择。当目标越具体，我们就越能够实现它；相反，目标越模糊、越抽象，没有可操作性，就越不利于我们实现目标。例如，我们可以采取"每天背 50 个单词"的小目标，而不是制定"学习英语单词"的目标，越具体的目标才更容易监控。如何将我们的目标具象化？可以遵循 SMART 原则。

（三）自我监控

自我监控实质上是一种反馈。监控目标达成度有助于个人集中精力进行与目标相关的活动。如对于减肥的人，要计算每种食物热量，从而监控自己的食物摄入量；相反，不监控往往会饮食过量，导致热量摄入增多，体重增加。自我监控帮助我们成为自我行为的专家。通过自我监控，习惯更容易改变。

（四）动机

动机是我们行为的推动力量，它鼓励我们朝着特定方向前进，并为实现目标提供了动力。也就是说，越想要达成某个目标，我们就会越愿意为实现它而付出努力和牺牲。我们选择某个目标取决于该目标对我们的价值和成功期望（概率），二者之间的关系是乘法关系。也就是说，如果目标的价值为零，无论成功的可能性有多大，我们都没有动力去追求目标；同样，如果概率很低，动力也会不足。例如"套圈"游戏，通常离套圈者越近的物品价格越低，越是贵的物品越是在远处，不容易被套中。我们是选择近处物品还是远处物品？可能我们大多会选择中间位置的物品，这样获得的奖品总价也较高。

（五）信心

自信的人相信自己有能力应对挑战、克服困难，最终实现自己的目标。自信并不意味着完美或无所畏惧，而是对自己的能力和价值有一个积极而实际的认识。自信的人通常更愿意尝试新事物，更能够从失败中学习，更能够保持乐观和坚韧的态度面对生活中的各种挑战。相反，如果人们认为改变对他们来说是不可能的，他们就不会产生太大的动力去改变。面对困难时,自信心弱的人容易对自己完成手头任务的能力产生怀疑。

(六)意志

自我控制能量模型认为我们每个人都有一个有限的心理资源库,如毅力或能量。意志力代表着一个人用来抵制其他诱惑以实现自己目标的力量或心理能量。个体需要付出意志努力来对抗本能、习惯反应的过程,需要更强大的能量,不管是冲动抑制、情绪调节、人际互动还是行为决策等,都会消耗能量。因此人们在发挥自我控制力时会消耗这种资源。当我们的心理资源库处于损耗状态时,自我控制资源不足,自制力就会下降,冲动行为就会增加。

> **课堂活动 13-2**
>
> **增强意志力**
>
> 记录你每天的学习情况,注意你的坐姿等小事。如果能坚持下去,就能提升你的意志力水平。

(七)避免诱惑

识别导致自我控制失败的诱因。例如,当人们路过甜品店时,看到橱窗里展示的精致甜点和闻到诱人的香气会削弱保持健康饮食的决心。但如果采取不同的路线避开甜品店,就可以继续保持健康饮食的决心。因为,在日常和学习生活中,增强意志力可能并不总是那么容易,但识别导致自我控制失败的诱因却相对容易,而且可以显著改善健康、工作表现和生活质量。

(八)"Why"和"How"的思维模式

"Why"问题鼓励长远思考,或者说追求行动的愿望,如尼采所说"知道为什么而活的人几乎可以忍受任何生活方式"。相比之下,"How"问题把思维带回到现在,并考虑目标的可达性或可行性。远看是森林,近看是树木,距离会影响我们识别选择具体细节的能力,细节决定成败。当我们决定减肥时,我们从长远思考是为了健康,为了变得更美,它对我们是有吸引力的;然而,还有一些与此任务相关的低级细节,例如去健身房、跑步、拒绝吃零食等。"Why"问题可以帮助人们保持新的习惯,例如日常锻炼或饮食。通过培养两种思维模式也可以提升自控力。

（九）自我控制作为一种行为模式

自我控制是通过选择长期的行为模式来实现的。停止某种不良习惯或开始一种健康的行为不仅仅是一次性的决定，而是一种长期的、持续的行为模式的选择。通过选择正确的行为模式，人们可以更容易地克服短期诱惑，并持续地保持健康的行为。假设一个人想要改变自己的生活习惯，比如想要减少吃零食来改善健康；他不仅需要作出一次性的决定，比如在某一天决定停止吃零食，而且需要建立一个持续的行为模式。他可以选择以下行为模式：每天定时吃三顿营养均衡的饭菜，每天做一些身体锻炼，如散步或慢跑，并在有食欲时选择吃水果或蔬菜作为零食替代。通过坚持这种长期的行为模式，他能够逐渐减少对零食的依赖，改善自己的健康习惯，并最终达到更好的健康状态。

（十）自动化目标

通过一种简单的计划策略，可以增强目标追求的效果：制定"如果……那么……"计划，将特定的触发情境与具体的行为联系起来。例如，"如果情绪激动时，那么我会深呼吸并进行数数，1、2、3……"。在实际生活中，反复实践会增强特定情境线索与预期反应之间的关联。通过制订计划并将其与特定的情境联系起来，个体可以依赖环境引导他们的行为，而不必完全依赖于自己的意志力。这样可以减轻意志力的负担，因为环境提供了一种外在的引导方式，促使个体在特定情境下采取特定的行为，而不需要消耗过多的意志力去克服诱惑或压力。这样，人们就可以进入自动驾驶模式——计划好的行动会直接由指定的线索触发。因此，当人们感到压力或分心时，他们可以依赖良好的习惯。这也进一步说明为什么有些人更能抵制诱惑，因为养成良好的习惯比坚强的意志力更有效。自控能力强的人更依赖良好的习惯而不是意志力，这会使他们在总体目标上取得更好的进展。

（十一）提高自我意识

你是谁？你对自己了解有多少？上述的问题实际是在阐述自我概念或自我意识的问题，它是指与个体属性相关的信念，如个性、模式、能力和社会角色。如果一个人对自己的认知模糊或不一致，他可能会更难以保持自我控制，因此更难以抵制诱惑，更难以让行动符合自己的长期目标。当自我意识水平较低时，人们会感到不确定，并依赖外部因素作为自我定义的一种手段。因此，自我意识水平较低的个体更容易受到外部影响，而自我意识水平较高的个体能够在追求长期目标的过程中更有掌控力，并且更有能力抵制诱惑。如在人际交往中我们可能都经历过被拒绝的痛苦，之所以如此痛苦，部分原因是我们失去了自我认同、自尊和对自己的清晰认知。当一个人不特别依赖随机群体和其他外部来源定义自己时，被拒绝的痛苦就会减轻。换句话说，如果一个人的自我认同和自我价值感不完全依赖于外部因素，当他们面对拒绝时，就会减少对自己身份的损失感，从而减轻痛苦。

课堂活动 13-3

自控力养成记

针对自己上述比较薄弱的地方进行有针对性的培养。

心理自测台

请指出下列每条描述（见表13-1）在多大程度上反映了你的情况，并在符合你的情况的数字上打"√"。1—完全不符合；2—不符合；3—不确定；4—符合；5—非常符合。

表 13-1　大学生自我控制量表（Self-Control Scale，SCS）

题目	完全不符合	不符合	不确定	符合	非常符合
1. 我能很好地抵制诱惑	1	2	3	4	5
2. 对我来说改掉坏习惯是困难的	1	2	3	4	5
3. 我是懒惰的	1	2	3	4	5
4. 我会做一些能给自己带来快乐但对自己有害的事情	1	2	3	4	5
5. 人们相信我能坚持行动计划	1	2	3	4	5
6. 对我来说，早上起床是件困难的事	1	2	3	4	5
7. 大家说我是冲动的	1	2	3	4	5
8. 我太能花钱了	1	2	3	4	5
9. 我会因为情感而激动得不能自持	1	2	3	4	5
10. 我做的很多事情是因为一时冲动	1	2	3	4	5
11. 大家说我有钢铁般的自控力	1	2	3	4	5

续表

题目	完全不符合	不符合	不确定	符合	非常符合
12. 有时我会被有趣的事情干扰而不能按时完成任务	1	2	3	4	5
13. 我难以集中注意力	1	2	3	4	5
14. 我能为了一个长远目标高效地工作	1	2	3	4	5
15. 有时我会忍不住去做一些事情，即使我知道那样做是错误的	1	2	3	4	5
16. 我常常考虑不周就付诸行动	1	2	3	4	5
17. 我太容易发脾气	1	2	3	4	5
18. 我经常打扰别人	1	2	3	4	5
19. 我有时会饮酒（或上网）过度	1	2	3	4	5

扫一扫看分析

心理工作站

活动1：说出你"自控力失调"的故事

首先，请回忆你最近的一次自控力失调的经历，可能是一次无法克制的购物冲动，一次放弃早起锻炼的惰性，一次失控的饮食行为。然后，请思考你在面对这些挑战时的反应。你是选择了逃避，放弃，还是尝试积极克服？如果你曾经选择了前两种反应方式，现在请想象一下，如果当时你选择了积极的自我控制方式，情况会是如何不同？试着在内心构建一个场景，想象积极应对给你带来的好处。

活动2：培养自己的自控力

选择一个目标，这个目标可以是改善健康、管理压力、集中注意力、拒绝诱惑、控制冲动、克服拖延，也可以是制订某个学习计划，如看一本书、每天背多少单词等，然后从本章中挑选一个策略，选择和你的挑战最相关的一个，而不是一次尝试十一种策略，去完成既定目标，每天记录完成情况。

章节小结

1. 自控力指个体能够控制或改变自己内在的反应，同时也能够阻止不希望出现的行为倾向，并且避免采取行动来满足这些冲动。

2. 自控力由延迟满足的能力、控制有害冲动的能力、冷静的认知系统、为自我制定规则的能力，以及可以被损耗的能力五部分组成。

3. 自我控制主要植根于前额叶皮质，具有稳定性和可塑性特点。

4. 自控力对个体的影响既有积极的影响又有消极的影响，我们需要辩证看待自控力，凡事都有度，一旦过度，就会产生"过犹不及"的效应，找到平衡才是关键。

5. 在实际生活中采用"STOP"应对技巧和提前应对策略，可以帮助我们有效减少冲动行为的发生。

6. 培养自控力的十一种策略：积极进取的态度、设定目标、自我监控、动机、信心、意志、避免诱惑、"Why"和"How"的思维模式、将自我控制作为一种行为模式、自动化目标以及提高自我意识。

拓展阅读

凯利·麦格尼格尔，《自控力》，印刷工业出版社，2012。

这是一本由凯利·麦格尼格尔撰写的引人入胜的书籍，它以科学研究为基础，探讨了自我控制的重要性以及如何提高个人的自控能力。通过丰富的案例和实用的建议，本书向读者展示了如何克服诸如拖延、冲动和压力等问题，实现更好的自我管理。麦格尼格尔的文字充满鼓舞和激励，她将最新的心理学和神经科学研究成果生动地呈现给读者，让人信心倍增。无论是想要提升自我控制能力，还是希望了解心理学和行为变革的人士，都会从这本书中获益匪浅。

项目十四
让品格之花绽放——品格优势

心路故事会

1 是什么助我渡过难关？

我出生在一个经济条件不好的家庭中，母亲常年患病，父亲靠打工赚来的微薄收入维持一家人的生计。尽管生活艰难，父母却坚定地支持我和弟弟读书，期望我们能出人头地。

儿时，我和弟弟穿着姑姑家赠送的衣物，用着表哥淘汰的文具，但心中从无怨言。因为我们知道，每一份给予都来之不易。在学业上，我并非天赋异禀，却是最刻苦的那一个。夜深人静，孤灯相伴，我埋头苦读，只为那心中的梦想——用知识改变命运。然而，生活的重压如同巨石，压得我喘不过气。家庭的贫困、课业的繁重，让我身心俱疲。一次，因连续熬夜学习，我病倒了。躺在病床上，我望着窗外漆黑的夜空，心中充满了迷茫。那一刻，我几乎想要放弃。但就在我即将沉沦之际，一个声音在我心底响起："你不能放弃！你要坚强，要坚定信念，通过自己的努力改变命运！"这个声音如同一道闪电，照亮了我前进的道路。我告诉自己：即使再苦再累，也要坚持下去！

于是，我开始调整心态和学习方法。我加入学习小组，与同学们交流心得，分享解题技巧。我注重休息和锻炼，保持身心健康。这些改变让我的学习变得更加高效和有趣，成绩也稳步提升。除了学习上的努力，我还积极参加勤工俭学活动和社会实践。这些经历让我更加成熟和自信，也让我更加坚信：只要努力，就一定能够改变命运。

如今，我已走出困境，即将毕业的我，已经收到了心仪单位的录用通知。我深知，是坚韧不拔的精神让我实现了梦想。这种精神已经成为我人生中最宝贵的财富和力量源泉。

> **讨论：**
> 1. "我"在身处困境时，是什么让"我"选择坚持而不是放弃？
> 2. 在你的人生中，是否也遇到过类似的困境和挑战？你是如何克服它们的？
> 3. 在实现梦想的道路上，你认为哪些个人品质最为重要？为什么？

心路故事会

2　为什么要关注品格优势？

在漫长的人生旅途中，我常常觉得自己如同一颗普通的沙粒，淹没在广袤无垠的沙漠之中。我时常思考，我是否有着独特的价值，是否有着与众不同的优点？然而，这样的想法总是被现实的琐事所淹没，直到那个特别的瞬间，我意外地发现了自己隐藏已久的品格优势。

那是一个阳光灿烂的午后，我正坐在书桌前整理着一周的学习笔记，手机突然响起，是一条来自志愿者团队的消息，他们即将前往附近的社区，为那里的小孩子上一堂科普课。我心中一动，决定踏上这次未知的旅程。在社区的活动室里，孩子们的眼睛闪烁着星星般的光芒，他们对知识充满好奇与渴望。我深吸一口气，开始用我所知道的科学知识，讲述地理的奥秘。当我讲到地球的形状时，一个小男孩突然举手，提出了一个让我意想不到的问题："老师，地核的温度那么高，我们可不可以用什么方法利用它为我们供暖呢？"我愣住了，但随即笑了。我告诉孩子们，这个问题我也不能给出确切的答案，但我们可以一起去寻找答案，去探索未知的世界。于是，我们开始了一场探索之旅。我们翻阅书籍，上网查找资料，甚至动手做了小实验。虽然最终没有找到确切的答案，但孩子们学会了提问、学会了探索、学会了面对未知。而我，也在这个过程中找到了自己的价值。

那一刻，我意识到，我并非一颗普通的沙粒。我有对知识的热爱和追求，有对未知的好奇和探索精神，更有与孩子们分享知识和快乐的热情与耐心。这些品质，正是我的品格优势，它们一直存在于我的内心深处，只是我之前从未发现而已。

从那以后，我开始更加关注自己的品格优势。我发现，无论在工作中还是在生活中，这些优势都在默默地影响着我。当我面对困难和挑战时，我会勇敢地迎难而上；当我与他人相处时，我会真诚地倾听和理解；当我遇到问题时，我会积极地寻找解决方案。这些品格优势让我变得更加自信和坚定，也让我在人生的道路上走得更加稳健和从容。我相信，在未来的日子里，这些品格优势将继续伴随着我成长和前行，让我成为一个更加优秀和有价值的人。

讨论：

1. 在这个故事中，"我"是如何面对孩子们提出的问题的？这种处理方式给你带来了什么启示？

2. 你是否也曾经有过类似的经历，在某一刻发现了自己隐藏已久的优点或价值？请分享你的故事。

3. 如果将这个故事中的科普课换成你所在的领域或兴趣点，你会如何运用自己的品格优势去影响和帮助他人？

心海导航塔

一、品格优势的概述

（一）品格优势的定义

品格优势的概念最早是从 Character Strengths 翻译而得来的，也常被翻译为性格优点或性格优势。积极心理学研究认为，品格优势是任何一种持续地使得一个人的思考和行为都有益于其本人和社会的心理过程和机制。也就是说，这种心理过程或心理机制的发挥，不仅可以帮助个体提升自己的思维能力、养成良好的行为习惯并促进个体美德的形成，也能够使身边的他人乃至社会受益。

品格优势是人的积极品质的总和，是性格、道德、价值观的综合体现，是人类进化选择出来的人的根本特性。当然，品格优势更是人类有别于动物的根本差异，人类与动物的差异很大程度上体现为人类的智慧、同理心、美好的人格等高级思维与情感活动，而不是基础的生物特质，如呼吸、心跳、肌肉力量等。正因为如此，最值得我们去发现、去发扬、去发掘的就是我们得天独厚的品格优势和美德。

（二）品格优势的分类

品格优势被确定的过程是谨慎且复杂的，在积极心理学的研究中，对于品格优势的界定需要满足以下的标准：

①在不同的文化中被广泛认可。

②有利于个人的幸福与成功。

③本身具有道德价值，而不是具有间接的工具性价值。

④对他人有利，会让他人对这项品格优势产生钦佩之情，而不是嫉妒。

⑤其对立面是消极的。

⑥具有一定的个体差异，是相对稳定的个体特质。

⑦是可测量的，可以通过心理测验测量出个体的水平。

⑧与其他品格优势在概念上是不同的。

⑨生活中存在某些典型模范，在某些人身上十分突出。

⑩在成长的过程中，在具有可塑性的人身上逐渐发展。

⑪在某些人身上可能缺失。

⑫可以成为社会实践活动的培养目标。

根据以上规则，21世纪初，密歇根大学临床心理学项目主任彼得森组建研究团队，展开了针对品格优势分类与测量的研究工作。首先，研究团队研读了大量名人的代表性著作和经典论著，总结出了3000年人类历史中，在不同文化中备受推崇的200多种人性美德。之后，他们将这些人性美德归纳为六大类品格优势，分别为智慧与知识、勇气、仁爱、公正、节制、超越（见图14-1）。

图14-1 美德与品格优势分类

心理学家又对六大类品格优势进行了细致的分类，发展总结出了24种具体的品格优势。

1. 智慧与知识——积极获取和主动运用知识

智慧美德包括获取信息和适应环境，是个人追求美好生活的积极品质。这类美德属于认知范畴，智慧是所有美德实现的基础，包括以下六种品格优势：

①好奇心：主要指对事物内在联系有探究兴趣，对有吸引力的事物产生尝试的兴趣，对事物进行探索和发现。

②热爱学习：主要指个体想要掌握新的技能、话题以及知识本体，不管是出于自愿还是形式要求；和好奇心这个优势明显相关，但是又超越了它。不论在课堂上、工作中还是在生活中，在没有任何外在诱因的情况下，你仍然想要学习新的东西。

③开放性思维：从各个方面通盘考虑；公平权衡所有的依据；客观地、理性地筛选信息，作出的判断利己也利人。拥有这种优势的人能够周详地考虑事情的方方面面，不会草率下结论；根据真凭实据来作决定；并且愿意改变主意。

④创造力：思路新颖、独特而有价值，以新的、不同的方法去做事情，不仅限于科学发明领域，它包括了日常生活中所发生的一切有创造性的事情。

⑤社会智慧：能意识到别人和自己的动机和感情，知道在不同的社会情境中该做什么以融入其中。

⑥洞察力：拥有对自己和他人都有意义的世界观，能对他人提出明智的建议，可以为他人提供帮助。

2.勇气——勇敢迎接威胁、挑战、困难和痛苦，并以坚毅的态度去努力解决问题

勇气使人在面临内部和外部困难的时候，能在意志力的驱使下最终达成目标。有些哲学家认为，具备此项品德就是要抵制各种诱惑、克服困难、调整方向，这需要以下三种品格优势共同发挥作用：

①勇敢：包括身体上的勇敢；还包括不畏威胁、挑战、困顿或苦痛；虽然害怕但仍能面对危险，即在威胁、挑战、困难或痛苦面前不畏缩；在有反对意见时依然能够为正义、真理辩护。

②毅力：做事情有始有终，面对困难时坚持不懈，有毅力，并以乐观积极的心态完成任务；有毅力的人不是不顾一切追求目标的，而是有弹性地、务实地追求目标，在完成任务的过程中，会消除紧张情绪，并在完成时感到快乐。

③正直/诚实：自我表现诚恳，不虚伪；对自己的感觉和行为负责；真实地面对生活，真诚地对待自己与他人，不论说话办事都诚诚恳恳、说一不二。

3.仁爱——能够在与人交往的过程中表现友善和爱

仁爱是指与别人包括朋友、亲戚、点头之交甚至陌生人交往时，能够表现出友好。有两种品质可以展示出仁爱：

①仁慈：以亲切友好的态度照顾、关怀别人的能力；乐于帮助他人、关怀他人，并且能够看到别人的价值；凡事先替别人着想，有时甚至会将自己的利益放在一边。

②爱与被爱：重视、珍惜与他人的亲密关系，尤其是与那些互相给予和照顾的人的关系；做好事，帮助、照顾他人，拥有爱与被爱的能力。

4. 公正——投身于建立良好的团体生活

公正的品格优势超越了一对一的关系，它是人与集体、社会之间理想型的互动关系，如你与家庭、社区、国家以及世界的关系。下列三种优势属于公正的美德：

①团队精神：作为一名团队成员，能够很好地与大家协作，对团队忠实，乐于分担。

②公平：依照公平和正义的观念平等对待所有人；不让个人感情影响自己的决定，给每个人同等的机会。

③领导力：有很好的组织才能，并能监督任务的执行；合理安排团队活动，促进所在的团体顺利完成工作，与团队成员关系良好。

5. 节制——抵抗过度的欲望

节制这一美德能够调节我们的行为活动，而不是彻底结束活动。节制的力量特点就是适当的时候让我们的头脑冷静下来，并恰当地、适度地表现出你的需求。有三种品格优势可以体现出节制：

①自我控制：在某些情况下，人们能够控制住自己的情绪、欲望、需求和冲动；管理好自己的感觉和行为，守纪律。

②谨慎：对自己的选择很小心；不冒不当的风险；有远见且三思而后行，能够为了将来的成功抵制眼前的诱惑。

③谦虚：保持谦逊的态度，不吹毛求疵；不认为自己比别人都特殊，不认为自己高人一等，用成绩说明一切。

6. 超越——自己与他人、自然、世界建立有意义的联系

超越是指我们精神卓越，这种力量的原型就是精神性，促使每个人参与到大环境中，实现自身的价值。它是一种情绪优势，它超越了你，且将你与更宏大、更永久的东西相连接，将你与别人、未来、宇宙相连接。有七种优势可以体现出精神卓越：

①美感：从自然到艺术、科学，对生活中不同领域的美丽、卓越和才华的欣赏。

②感恩：对他人的帮助予以感激，并时常表达出这种谢意；能意识到并感谢发生的好事情；对生命的惊讶、感谢和欣赏。

③希望：相信美好的未来是可以靠自己的努力实现的，并为了实现这一目标而做好计划并实施。

④人生目的感：对人生的意义有坚定的信念，对自己的人生有明确的、高层次的目标；会因信仰而塑造自己的行为，同时把信仰作为获得慰藉的源泉，为让世界更加美好而努力。

⑤宽恕：原谅他人的错误，接受他人的不足，并给予第二次机会。

⑥幽默：喜欢大笑和开玩笑，时常带给他人欢乐；能够看到事物积极、光明、有趣的一面。

⑦热忱：对生活充满激情和能量；做任何事都感觉活跃、活泼；做事情投入、沉迷，不半心半意。

> **课堂活动 14—1**
>
> **身边的品格优势**
>
> 观察一下你身边的朋友，根据六大类 24 种品格优势的含义，分析他们拥有哪些品格优势，经常表现在学习、生活的哪些方面，请最少分析三种。
>
> _____
> _____
> _____

二、品格优势的意义

（一）品格优势的作用

为什么品格优势对于我们来说是重要的？我们可以从两个角度来进行分析：当事情进展顺利时，我们可以通过品格优势看到自己和他人身上最好的东西；当事情进展不顺利时，我们可以利用品格优势看待困难，将焦点从消极转移到积极，通过思考我们的优势而非问题来避免过度的自我批判。具体可以表现为以下两个方面：

1. 放大和发展积极的一面

研究表明，在生理、心理、情感、社会等多领域运用品格优势有许多好处。品格优势与幸福感、积极的情绪、投入、良好的关系及成就联系在一起，它帮助我们放大生活中的积极因素，如自我接纳、自主性、进步、身体健康、激情和复原力等。最新研究表明，与注重弥补不足的方法相比，帮助人们提升实力的方法具有重大的优势。

2. 从消极的一面中学习并重建

研究表明，人类在思维上存在许多倾向。其中一个倾向是，我们容易记住负面事件，而且受负面事件的影响多于正面，感觉问题和令人沮丧的情绪像胶水一样粘在我们身上。优势可以帮助我们平衡这个方程式，我们需要从消极的经历中学习，受到激励和警示，并促进自我成长。反思优势，能够帮助我们抵消负面经历带来的消极影响，帮助我们找出避免再次发生的最好办法，并且提醒我们，即使在消极情况下，我们仍有独特的资源可利用。

我们每个人在自我认识上都有盲点——不存在完全觉知自我的人。我们对自己不了解的地方比了解的地方更多，而在某些情况下，别人比我们更清楚我们的表现。品格优势就像自我意识的增强剂，帮助我们填补了自我认识中的一些空白。

（二）品格优势的功能

品格优势对于我们日常生活中的很多方面都有着深远的影响，如人们的幸福感、学校适应和职业发展等。

1.品格优势与幸福感

品格优势可以帮助人们获得更高的幸福感。自我决定理论提出人具有三种心理需要，分别为自主的需要（即需要感到能够自主掌控和决定自身的行为）、胜任的需要（即需要感到自己有能力去做某件事）和关联的需要（即需要感到自己与他人建立了良好的关系）。当这三种心理需要得到满足时，人们会感到很幸福。品格优势之所以能够给人们带来幸福感，是因为品格优势能够帮助人们满足上述需要。一方面，品格优势帮助人们在任务中更加自主、投入，并积极乐观地解决问题，达成目标，满足人们胜任的需要和部分自主的需要；另一方面，品格优势可以帮助人们建立和谐的人际关系，使得人们更加受他人的尊重和喜爱，因而获得更多的积极评价和社会支持，与之关联的心理需要由此得到满足。

2.品格优势与学校适应

品格优势对青少年的学校适应（比如学校满意度、学业成绩等）具有重要的影响作用。品格优势水平高的人具有更强的自我调节能力，更热爱学习，也更加乐观，更能够在漫长的学习过程中坚持下去；能够更好地应对学习压力，建立良好的同伴关系，更积极地投入学习中去。

3.品格优势与职业发展

塞利格曼假设，当人们能够在工作中运用突出的品格优势时，他们可能会将工作转化为使命。当在工作中运用突出的品格优势时，人们可以看到他们的行动如何为更大的利益作出贡献，还会收到他人的积极反馈，进而更加积极地投入日常工作中，人们逐渐感到自己在工作中的价值和意义。

三、品格优势的培养

（一）培育品格优势的"小种子"

品格优势是可以培养与发展的。人格心理学研究经历了漫长时间的探索，得出了一个人令人振奋的发现，即我们的个性，包括我们的品格，可以改变。人的品格通常长期保持不变，但许多因素会导致它的变化。这些因素可能包括生活角色的变化，如结婚、生子或参军；意外事件，如创伤经历（自然灾害或遭受虐待等）；以及你因期望改变而自己有意做出的干预。

　　试想一下这样的一个隐喻：我们把各种品格优势看作种子。想象一下，你发现自己有 24 颗种子，每颗都有不同的大小和颜色。你把它们并排种在一起，确保每颗种子都能得到阳光、肥沃的土壤和充足的水，但你不知道哪颗种子会开花。你仔细地观察每颗种子，发现有的种子很快就发芽了，而其他种子则发芽较慢。随着时间的推移，有的种子长成了美丽的花朵，有的长成了高大的树木，而其他的则平淡无奇，只是长成了不起眼但耐寒的植物。每种植物都很重要而且值得关注，因为它的成长不仅是其内在构成与环境交互的产物，也是你的关注的产物。

　　你的一些品格优势可能以一种明显的方式生长并蓬勃发展，很容易被朋友和家人注意到。而其他优势可能被你的主要优势所掩盖，就像一株小花试图在叶子茂密的大树下生长。你会发现，你的一些品格优势已经隐藏了几个月甚至几年，不被人注意，不被人欣赏；有些优势像带刺的玫瑰花丛；而有些则像缺水的植物一样虚弱，耷拉着脑袋。无论如何，对于你的每种品格优势，你都有能力对其产生积极的影响，请记住这句话：你关注什么，什么就会生长。

　　人们很容易把自己的优势视为理所当然，从而忽视它们。但现实是，我们在许多小的方面都运用着这些优势，它们对我们的生活也有很重要的作用。许多研究者都讨论过优势如何分别以"大"和"小"的方式呈现。例如，"大"创造力是指具有巨大影响力的东西，如梵高的举世闻名的《星月夜》，而"小"创造力则可能表现为你在开车回家时，想出了一条避开交通堵塞的新路。日常生活中，我们可以从品格优势的"小"运用开始，进而去实现品格优势的"大"作为。

　　不要把"小"理解为微不足道或无关紧要；恰恰相反，我们要相信这些品格优势的小运用可以为自己、他人及社会创造并集聚出可观的好处。表 14-1 中为大家提供了 24 种品格优势在生活中的一些"小"运用实例。

表 14-1　品格优势的"小"运用

品格优势	"小"运用实例
优势一：智慧与知识	
1. 好奇心	在网络上查找自己感兴趣的内容
2. 热爱学习	阅读一篇有关政治或者社会问题的长文章
3. 开放性思维	看清某人对自己的负面影响，并避开他
4. 创造力	尝试一种新风格的服装搭配方式
5. 社会智慧	在别人说话之前就意识到他在想什么
6. 洞察力	压力不堪重负时，仍记得别人的处境可能比自己更糟糕

续表

品格优势	"小"运用实例
优势二：勇气	
7. 勇敢	做一件让你感到害怕的事情，哪怕是一点点怕
8. 毅力	回到你不感兴趣的任务上
9. 正直/诚实	做错事后，承认错误
优势三：仁爱	
10. 仁慈	赞美在路上遇到的陌生人
11. 爱与被爱	看到并欣赏你亲近的人身上某些你从未注意过的积极的东西
优势四：公正	
12. 团队精神	帮助同学在团体活动中感受到被接纳
13. 公平	以双方都认可的方式来解决彼此间的冲突
14. 领导力	概述如何实现团队目标
优势五：节制	
15. 自我控制	在不想锻炼的时候仍旧坚持锻炼
16. 谨慎	在愤怒时控制住自己，不发脾气
17. 谦虚	做了好事，不让别人知道
优势六：超越	
18. 美感	注意到你一直喜欢的一幅画或一段音乐中一些新的美好的东西
19. 感恩	真诚地感谢别人送的小礼物
20. 希望	在当下压力极大的情况下，想到未来的积极成果
21. 人生目的感	会想你与所爱的人
22. 宽恕	对一次小小的侮辱置之不理，不说刻薄的话予以反击
23. 幽默	讲笑话让周围的人和自己放松
24. 热忱	为一天中发生的某件小事而兴奋

（二）增强品格优势——优势建构计划

随着你对自己的品格优势的注意力越来越多，你在生活中也将越来越有动力去更多地使用品格优势。在这里，向你介绍品格优势建构计划，分"四步走"帮助你建立起一个优势训练机制，使你的品格优势提升到更高的水平。

优势建构计划是一种自我促进、自我支持的方法。它的每个步骤都是围绕一个特定的活动建构的，个体越用心去练习使用品格优势，后续个体对于自己品格优势的运用就会越自然而然。坚持四个步骤的练习，持续把它们付诸实践，你不仅将迈向成功的道路，还可以创造一种可持续的生活方式。这是因为品格优势的提升，有助于培养我们的个人幸福感，从而在生理、心理、情感、社会和精神层面对我们起到积极的影响。

遵循品格优势建构计划的四个步骤——每周一步，我们将会通过发现和探索来创建自己的品格优势实践，并且以激动人心的新方法来运用品格优势。这四个步骤分别为：认识和欣赏他人的优势；探索和利用你的独特优势；在生活的挑战中运用优势；让优势成为一种习惯。

在开始活动之前，你需要先完成本章"心理自测台"部分的品格优势问卷，以方便你更好地完成优势建构计划。

此外，你还需要注意以下几点：

①按自己的节奏走。尽管计划中，每一步的时间大约需要一周时间，共历时四周，但需要你注意的是，整个过程中进度是由你自己主导的。你的日程安排，你正在做的其他事情，以及你的洞察力，决定了你是否想要在某个特定的步骤时花费额外的时间。所以，在向前推进的过程中，你可以随时开启新的视角回溯以前的练习，或者使练习更加深入。增强品格优势是一段旅程，我们需要慢慢学习，慢慢成长，并确保自己乐在其中！

②考虑与伙伴合作。个人的成长和行为的改变得益于他人的支持。与朋友、家庭成员或同学一起完成优势建构计划，这很可能增强你的责任感，提高制订计划和执行活动的能力。当然，如果你喜欢单独行动的话，也是可以的。

③注意进行计划进度的记录。在计划的实施过程中，强烈建议你在每个步骤写下自己的想法与反思，这可能在你后续的追溯内容时起到积极的作用。有的人在重新阅读以前写下的信息时，会触发各种各样的关于自己品格优势提升的新方法。

了解了以上的注意事项后，让我们一起开始吧。

第一步：认识和欣赏他人的品格优势

有效利用品格优势的第一步是观察他人的品格优势。这一步也可以被称为优势识别，我们要积极地、有规律地寻找身边人的言谈举止所蕴含的优势。我们可以发现，在别人身上发现优势比在自己身上发现优势更容易，这也是计划开展的第一步要从寻找自身以外的优势开始的原因。

优势识别在很多方面对我们都有帮助。首先，它会让我们更加了解别人的优势，以及大家每天是如何运用这些优势的；其次，它将帮助我们建立优势词汇即识别和描述优势的能力；再次，它会帮助我们更加欣赏别人的优势。当我们看到别人展示自己的优势时，可以指出这些优势，并帮助他们认识到这些优势对他们的重要作用。当我们越来越顺畅地运用这些优势时，我们也会越来越容易意识到自己的优势。

第 1~2 天：在大众媒体上发现优势

我们每天都会花费时间关注各种媒体，如电影、电视、书籍、网络。在并不认识的人身上寻找优势，能帮助你更容易地培养好习惯。而且，你很快就会发现，在你周围的任何人身上和任何地方，都可以找到品格优势。

在第 1 周的前两天，可以参考你目前的兴趣去进行品格优势的识别与探索。例如：你最近正在看什么电视剧？在阅读什么小说？也许你最近在看一个你关注了很久的博主、一部动漫的主人公，或者一个你仰慕了很久的名人。选择一个角色或一个人，从 24 种优势中列出至少两种他最突出的优势，然后请写出你发现每种优势的理由。

第 3~7 天：发现和欣赏他人的优势

前两天在大众媒体上识别优势的练习，将为我们在人际关系中发现优势奠定基础。许多科学家认为，积极的人际关系是提高幸福感的最重要因素。甚至有证据表明，随着年龄的增长，积极的人际关系是延长预期寿命的最重要因素。你对他人的品格优势的认识可以极大地帮助你建立、维持和加强有意义的人际关系。在本周剩下的时间里，注意观察其他人的优势。练习发现与你互动的任何人的品格优势：家庭成员、亲密伙伴、同事、同学，甚至网友等。比如：在完成集体活动时，听到队友汇报他的安排计划，你可以看出他的领导力、团队合作、毅力、自我规范或判断力等方面的优势。每天至少观察一个人，聆听他们的故事，观察他们的行为，并注意他们在处理一天事务的过程中所展现的优势，至少要列出他们运用的两种品格优势，以及支持你的观察的证据。然后进一步地向他们表达你对他们运用优势的欣赏之情。要表达欣赏之情，就要考虑一下你为什么钦佩他们身上的这些优势，为什么它们对你有价值，或者说它们如何对你或他人产生积极的影响。

第 1 周跟踪记录表见表 14-2。

表 14-2　第 1 周跟踪记录表

第 1 周	品格优势 你在观察谁？在他身上观察到了哪些优势？至少 2 项	描述 为你正在观察的优势给出原因/解释	欣赏 你将如何向对方表达你重视他们的优势？
第 1 天：在大众媒体上发现优势			
第 2 天：在大众媒体上发现优势			

续表

第1周	品格优势 你在观察谁？在他身上观察到了哪些优势？至少2项	描述 为你正在观察的优势给出原因/解释	欣赏 你将如何向对方表达你重视他们的优势？
第3天：发现并欣赏他人的优势			
第4天：发现并欣赏他人的优势			
第5天：发现并欣赏他人的优势			
第6天：发现并欣赏他人的优势			
第7天：发现并欣赏他人的优势			

第二步　探索和利用你独特的品格优势

请查看你完成的24种品格优势问卷的得分与排名，并将你的优势分为以下三大类：

①标志性优势。这是你的最高水平的优势，一般是你排名靠前的5个优势。它们可能是最富有能量的，对你来说易于运用的，这些标志性优势就像你的个人标志一样，是你的核心。

②水平较低或次要的优势。这是你的排名靠后的5个优势。这些不是你的弱点，它们可能是你没有付诸很多练习或没有给予特别注意的优势。

③中等或支持性的优势。这些是位于中间位置的14个左右的优势，它们为你的其他优势提供了支持。

将你的品格优势归类以后，接下来，将重点关注挖掘你的标志性优势。先花几分钟来理解和反思你的每个标志性优势。想一下这些优势与你本身的联系，思考一下每个标志性优势是如何在你的日常生活中展现出来的。之后，每种优势有三个问题需要探究。第一个问题有助于个体理解每个最突出优势的"标志性"，它可以使我们确认、认可、欣赏，并且积极接受关于你是谁。第二个问题有助于你将标志性优势和价值观、人际关系、生活目标或个人目标联系起来。第三个问题让你看到，运用这些优势的结果并不总是积极的，有时可能物极必反。通过反思运用这些优势的潜在代价，你开始理解可能过度运用它们的情况。

接下来，为了有助于培养你对自己最好品质的深层次洞察和欣赏，针对你的标志性品格优势，请思考以下问题：

品格优势1：_____

这种品格优势如何描述真正的你？在哪些方面这是对你的真实描述？
_____

这种优势对你来说具有怎样的价值？为什么它对你很重要？
_____

这种优势对你来说代价是什么？它在哪些方面对你不好？
_____

品格优势2：_____

这种品格优势如何描述真正的你？在哪些方面这是对你的真实描述？
_____

这种优势对你来说具有怎样的价值？为什么它对你很重要？
_____

这种优势对你来说代价是什么？它在哪些方面对你不好？
_____

品格优势3：_____

这种品格优势如何描述真正的你？在哪些方面这是对你的真实描述？
_____

这种优势对你来说具有怎样的价值？为什么它对你很重要？
_____

这种优势对你来说代价是什么？它在哪些方面对你不好？
_____

品格优势4：_____

这种品格优势如何描述真正的你？在哪些方面这是对你的真实描述？
_____

这种优势对你来说具有怎样的价值？为什么它对你很重要？
_____

这种优势对你来说代价是什么？它在哪些方面对你不好？
_____

品格优势5：_____

这种品格优势如何描述真正的你？在哪些方面这是对你的真实描述？
_____

这种优势对你来说具有怎样的价值？为什么它对你很重要？

_____

这种优势对你来说代价是什么？它在哪些方面对你不好？

_____

思考完以上问题后，我们将进入下一个阶段：积极的行动阶段。此阶段也分为两个层次：

第 1~2 天：反思过去对于标志性优势的运用

在回答了前面关于标志性优势的问题之后，为了更好地了解你的标志性优势，请用接下来的两天反思一下你过去是如何利用标志性优势的。考虑一下最近几周内，你运用了一个或多个标志性优势使当时的情形变得更好的情况。例如：你把社会智慧带到了团体合作中，这让你作出了很好的贡献。

第 3~7 天：以新方式运用标志性优势

在本周剩下的时间里，每天通过以一种新的方式运用自己的一个标志性优势来挑战自己，不管它有多么微小。想想你如何在生活中经常使用标志性优势去扩展它；将它引导到一个新的环境中；或者对一个"新"的人使用它，用它来提升你的其他优势等。

绝大多数人都会在一周内坚持练习同样的标志性优势，但如果你决定改变你所聚焦的标志性优势，从而为自己提供新的领悟，也是可以的。

第 2 周跟踪记录表见表 14-3。

表 14-3 第 2 周跟踪记录表

第 2 周	品格优势 你在关注什么优势？	描述 在某种情况下，你是如何运用标志性优势的？	益处 你运用标志性优势对你或他人有什么益处？
第 1 天：反思过去对于标志性优势的运用			
第 2 天：反思过去对于标志性优势的运用			
第 3 天：以新方式运用标志性优势			
第 4 天：以新方式运用标志性优势			
第 5 天：以新方式运用标志性优势			

续表

第 2 周	品格优势 你在关注什么优势？	描述 在某种情况下，你是如何运用标志性优势的？	益处 你运用标志性优势对你或他人有什么益处？
第 6 天：以新方式运用标志性优势			
第 7 天：以新方式运用标志性优势			

第三步　在生活的挑战中运用品格优势

尽管我们的初衷是专注于优势，但我们的思维很快就会被挑战、困难、问题和冲突打乱。有时我们可能被自身的问题和坏习惯所困扰，很少会想到利用标志性优势来帮助自己，但我们可以经常运用标志性优势把自己带回平衡状态，并为我们面临的挑战提供一个崭新的视角。

本周的重点是运用优势，尤其是你的标志性优势，来应对生活中的挑战。在瞄准当前生活中的挑战之前，请花些时间来回顾过去成功处理问题的经历，尝试回想你过去成功克服或解决的问题、压力或冲突，可能是大问题也可能是小问题，但最重要的是你彻底解决和克服的问题。回顾那段时间，你运用什么品格优势来应对或解决这个问题？你内心深处是什么在帮助你解决问题、应对问题并坚持下去？写下你挖掘的主要的品格优势及你运用每种品格优势的方式。

品格优势 1：_____
你是如何利用这种优势来应对这一挑战的？
_____

品格优势 2：_____
你是如何利用这种优势来应对这一挑战的？
_____

品格优势 3：_____
你是如何利用这种优势来应对这一挑战的？
_____

……

本周将进行两项活动。其中，大部分时间都将花在利用你的品格优势解决日常生活中的麻烦、挑战和冲突上。在本周结束时，重点将转向利用自己的优势为他人带来好处。

第 1~5 天：运用优势应对挑战

每个人每天都会经历各种各样的麻烦事：晚餐吃得过多，和讨厌的同学聊天，学习不感兴趣的课程，和人争吵，感觉无聊等。如果你很难想出挑战，那么想想什么会让你懊恼、沮丧、恼怒、失望、紧张、内疚或悲伤。这些感觉中的每种可能都与你在这个练习中思考的特定情况有关。下一步是考虑如何利用自己的一个或多个标志性优势来应对当天的挑战。

第6~7天：运用优势帮助他人应对挑战

品格优势不仅对你有益，而且对别人有益。在最后两天，你要考虑如何利用标志性优势帮助其他面临挑战的人。那么你要怎样利用自己的优势去帮助别人？想想你认识的正面临挑战的某个人，思考如何利用你的标志性优势来帮助他更有效地应对挑战。

这项练习可能涉及走出舒适区，使你在帮助别人的过程中感受到紧张、压力或不确定。伴随这种紧张，你可能也会注意到那些通常在为他人做好事的时候才能感受得到的积极的情绪和感觉。

第3周跟踪记录表见表14-4。

表14-4　第3周跟踪记录表

第3周	使用场景 你在什么情况下运用了品格优势？	品格优势 你运用了哪种品格优势？	描述 你是如何运用自己的优势来克服/应对挑战或帮助他人的？	益处/结果 你或周围的人由于运用优势而发生了什么改变？
第1天：运用优势应对挑战				
第2天：运用优势应对挑战				
第3天：运用优势应对挑战				
第4天：运用优势应对挑战				
第5天：运用优势应对挑战				
第6天：运用优势帮助他人应对挑战				
第7天：运用优势帮助他人应对挑战				

第四步　让品格优势成为一种习惯

请通过总结评估你目前所取得的进展开启第4周。看看在过去3周里你的品格优势概述和你的领悟，并欣赏你迄今为止取得的领悟和改变。在过去3周里，你已经提高了自己发现和欣赏别人优势的能力,在你自己身上能更清楚地看到标志性优势,并在顺境或逆境中运用它们。

这 3 周来,你觉得最突出的是什么?你最想建立或改变的是什么?把你想要达成的目标列成表格,包括提高你的优势意识和运用能力。当你思维紊乱的时候,不要退缩,也不要判断会突然出现什么。

我们鼓励你去做的是,想一想你在实现任何目标的过程中可能遇到的障碍,然后想想哪些优势可以帮助你清除这些障碍。类似地,想一想能让你朝着目标前进的可能的机会,然后想想哪些优势可以用来帮助你充分利用这个机会。这些实现意图既可以帮助你克服可能阻碍你实现目标的障碍,也可以利用那些你可能错过的机会。

第 1~7 天:基于个人优势达成目标的活动

在最后一周,选择一个你之前头脑风暴过的以优势为导向的目标作为本周的焦点。每天,你都会参与一项有助于实现目标的活动,并在实现目标的过程中向前迈进一步。例如,假设你的目标是花更多的时间和家人在一起。第 1 天,一项以目标为导向的活动可能是利用你的好奇心,找出每个人最喜欢的集体活动是什么;第 2 天,活动可能是用爱去倾听和与每个家庭成员交流;第 3 天,你可能运用领导力为大家安排一次旅游。

对于每项日常活动,你应该想到可能遇到的阻碍、可能出现的机会,以及你如何利用品格优势应对障碍和抓住机遇。请注意,你可能在一周内做不止一次相同的活动。如果你遇到一个意料之外的障碍或机会,请不要太担心,因为这是不可避免的。但是,既然你正在从实现意图和优势的角度来反思,你就能够更好地处理这些意外和特殊情况。

到本周结束时,你将会很顺利地运用优势建立一个日常习惯。你可能已经准备好选择另一个目标,或者继续同一个目标,或者对过程进行一些调整。坚持住!你正走在一条具有无限可能的道路上,在实现人生目标的过程中取得有意义的进步。

第 4 周跟踪记录表见表 14-5。

表 14-5　第 4 周跟踪记录表

这周,我想要_____

	活动	障碍	机遇	你的回应
第 4 周	今天你将为达成目标采取什么行动?何时?何地?	什么可能阻碍我们?	可能出现哪些积极的机会?	你会用哪些品格优势来回应每个"可能"?
第 1 天				
第 2 天				
第 3 天				

续表

第4周	活动 今天你将为达成目标采取什么行动？何时？何地？	障碍 什么可能阻碍我们？	机遇 可能出现哪些积极的机会？	你的回应 你会用哪些品格优势来回应每个"可能"？
第4天				
第5天				
第6天				
第7天				

很多时候，我们会更多地关注自己的过错与缺点，以及别人的缺点，基于品格优势的方法为我们反思生活中的挑战和乐趣提供了一个令人兴奋的新视角。我们可以将挑战看作是更好地利用优势的机会，而不是仅仅专注于克服弱点。你会认识到，自己是一个有优势的人，你有关于品格优势的大量潜力是可以自己激发的，你可以利用这些优势来达成你自己设立的目标。优势建构计划旨在帮助你开启优质的人生之旅，助你成长，助你找到新的适应力来面对生活中的问题，并发现许多积极的乐趣。

心理自测台

品格优势问卷（VIA-IS）

本问卷由彼得森及其研究团队研究编制，用来评估个体24种品格优势的情况，问卷中每种品格优势均有两个相应问题，请仔细阅读每个题目后，选择与你的情况最相符的答案。

第一类：智慧与知识

好奇心（总分_____）

A."我总是对世界很好奇"这句话：

5.非常符合我；4.符合我；3.既没有符合也没有不符合我；2.不符合我；

1.非常不符合我

B."我很容易变得无聊"这句话：

1.非常符合我；2.符合我；3.既没有符合也没有不符合我；4.不符合我；

5.非常不符合我

热爱学习（总分_____）

A."当我学到新东西时，我非常兴奋"这句话：

5.非常符合我；4.符合我；3.既没有符合也没有不符合我；2.不符合我；1.非常不符合我

B."我从来不会特意去参观博物馆或其他有教育性质的场所"这句话：

1.非常符合我；2.符合我；3.既没有符合也没有不符合我；4.不符合我；5.非常不符合我

开放性思维（总分_____）

A."不管是什么主题，我都可以很理性地思考它"这句话：

5.非常符合我；4.符合我；3.既没有符合也没有不符合我；2.不符合我；1.非常不符合我

B."我容易作仓促的决定"这句话：

1.非常符合我；2.符合我；3.既没有符合也没有不符合我；4.不符合我；5.非常不符合我

创造力（总分_____）

A."我喜欢琢磨新颖的做事方式"这句话：

5.非常符合我；4.符合我；3.既没有符合也没有不符合我；2.不符合我；1.非常不符合我

B."我的朋友大多数都比我有想象力"这句话：

1.非常符合我；2.符合我；3.既没有符合也没有不符合我；4.不符合我；5.非常不符合我

社会智慧（总分_____）

A."不论什么样的社会场合，我都能融入进去"这句话：

5.非常符合我；4.符合我；3.既没有符合也没有不符合我；2.不符合我；1.非常不符合我

B."我不容易感觉到别人的感受"这句话：

1.非常符合我；2.符合我；3.既没有符合也没有不符合我；4.不符合我；5.非常不符合我

洞察力（总分_____）

A."看事情时，我总可以看到大局"这句话：

5.非常符合我；4.符合我；3.既没有符合也没有不符合我；2.不符合我；1.非常不符合我

B."其他人不经常来问我的意见"这句话：

1.非常符合我；2.符合我；3.既没有符合也没有不符合我；4.不符合我；5.非常不符合我

第二类：勇气

勇敢（总分_____）

A."我经常在强烈的反对声中表明我的立场"这句话：

5. 非常符合我；4. 符合我；3. 既没有符合也没有不符合我；2. 不符合我；

1. 非常不符合我

B."痛苦和失望经常把我打败"这句话：

1. 非常符合我；2. 符合我；3. 既没有符合也没有不符合我；4. 不符合我；

5. 非常不符合我

毅力（总分_____）

A."我做事有始有终"这句话：

5. 非常符合我；4. 符合我；3. 既没有符合也没有不符合我；2. 不符合我；

1. 非常不符合我

B."做事时我总会分心"这句话：

1. 非常符合我；2. 符合我；3. 既没有符合也没有不符合我；4. 不符合我；

5. 非常不符合我

正直/诚实（总分_____）

A."我总能遵守我的诺言"这句话：

5. 非常符合我；4. 符合我；3. 既没有符合也没有不符合我；2. 不符合我；

1. 非常不符合我

B."我的朋友们从不说我是个脚踏实地的人"这句话：

1. 非常符合我；2. 符合我；3. 既没有符合也没有不符合我；4. 不符合我；

5. 非常不符合我

第三类：仁爱

仁慈（总分_____）

A."在最近一个月里，我自愿帮助过邻居"这句话：

5. 非常符合我；4. 符合我；3. 既没有符合也没有不符合我；2. 不符合我；

1. 非常不符合我

B."我对自己的好运比对他人的好运更感兴奋"这句话：

1. 非常符合我；2. 符合我；3. 既没有符合也没有不符合我；4. 不符合我；

5. 非常不符合我

爱与被爱（总分_____）

A."在我的生活中，有很多人关心我的感觉和幸福，就像关心他们自己的感觉和幸福一样"这句话：

5. 非常符合我；4. 符合我；3. 既没有符合也没有不符合我；2. 不符合我；1. 非常不符合我

B."我不容易接受别人给我的爱"这句话：

1. 非常符合我；2. 符合我；3. 既没有符合也没有不符合我；4. 不符合我；5. 非常不符合我

第四类：公正

团队精神（总分_____）

A."为了集体，我会尽最大的努力"这句话：

5. 非常符合我；4. 符合我；3. 既没有符合也没有不符合我；2. 不符合我；1. 非常不符合我

B."对于牺牲自己的利益去维护集体的利益，我很犹豫"这句话：

1. 非常符合我；2. 符合我；3. 既没有符合也没有不符合我；4. 不符合我；5. 非常不符合我

公平（总分_____）

A."我对所有人都一视同仁，不管他们是谁"这句话：

5. 非常符合我；4. 符合我；3. 既没有符合也没有不符合我；2. 不符合我；1. 非常不符合我

B."如果我不喜欢一个人，我很难公正地对待他"这句话：

1. 非常符合我；2. 符合我；3. 既没有符合也没有不符合我；4. 不符合我；5. 非常不符合我

领导力（总分_____）

A."我可以让人们为了共同的目标而努力，而且不必反复催促"这句话：

5. 非常符合我；4. 符合我；3. 既没有符合也没有不符合我；2. 不符合我；1. 非常不符合我

B."我不会很好地组织团体活动"这句话：

1. 非常符合我；2. 符合我；3. 既没有符合也没有不符合我；4. 不符合我；5. 非常不符合我

第五类：节制

自我控制（总分_____）

A."我可以控制我的感情"这句话：

5. 非常符合我；4. 符合我；3. 既没有符合也没有不符合我；2. 不符合我；1. 非常不符合我

B."我不能按计划节食减肥"这句话：

1.非常符合我；2.符合我；3.既没有符合也没有不符合我；4.不符合我；5.非常不符合我

谨慎（总分_____）

A."我避开有身体危险的活动"这句话：

5.非常符合我；4.符合我；3.既没有符合也没有不符合我；2.不符合我；1.非常不符合我

B."我有时交错了朋友或找错了对象"这句话：

1.非常符合我；2.符合我；3.既没有符合也没有不符合我；4.不符合我；5.非常不符合我

谦虚（总分_____）

A."当别人夸我的时候我会转移话题"这句话：

5.非常符合我；4.符合我；3.既没有符合也没有不符合我；2.不符合我；1.非常不符合我

B."我常常说起自己的成就"这句话：

1.非常符合我；2.符合我；3.既没有符合也没有不符合我；4.不符合我；5.非常不符合我

第六类：超越

美感（总分_____）

A."在前一个月中，我曾对优秀的音乐、艺术、戏剧、电影、体育运动、科学或数学感到非常的兴奋"这句话：

5.非常符合我；4.符合我；3.既没有符合也没有不符合我；2.不符合我；1.非常不符合我

B."一年里，我没有创造任何美的东西"这句话：

1.非常符合我；2.符合我；3.既没有符合也没有不符合我；4.不符合我；5.非常不符合我

感恩（总分_____）

A."我总说谢谢，即使是为很小的事"这句话：

5.非常符合我；4.符合我；3.既没有符合也没有不符合我；2.不符合我；1.非常不符合我

B."我很少停下来去想自己生活中遇到的幸运的事"这句话：

1.非常符合我；2.符合我；3.既没有符合也没有不符合我；4.不符合我；5.非常不符合我

希望（总分_____）

A. "我总抱有乐观的态度"这句话：

5. 非常符合我；4. 符合我；3. 既没有符合也没有不符合我；2. 不符合我；
1. 非常不符合我

B. "我很少为自己想要的东西制订精心考虑的计划"这句话：

1. 非常符合我；2. 符合我；3. 既没有符合也没有不符合我；4. 不符合我；
5. 非常不符合我

人生目的感（总分_____）

A. "我的生命有强烈的目标感"这句话：

5. 非常符合我；4. 符合我；3. 既没有符合也没有不符合我；2. 不符合我；
1. 非常不符合我

B. "我的生命没有目标"这句话：

1. 非常符合我；2. 符合我；3. 既没有符合也没有不符合我；4. 不符合我；
5. 非常不符合我

宽恕（总分_____）

A. "我总是既往不咎"这句话：

5. 非常符合我；4. 符合我；3. 既没有符合也没有不符合我；2. 不符合我；
1. 非常不符合我

B. "有仇不报非君子，总要报了才甘心"这句话：

1. 非常符合我；2. 符合我；3. 既没有符合也没有不符合我；4. 不符合我；
5. 非常不符合我

幽默（总分_____）

A. "我总喜欢劳逸结合"这句话：

5. 非常符合我；4. 符合我；3. 既没有符合也没有不符合我；2. 不符合我；
1. 非常不符合我

B. "我很少说好玩的事"这句话：

1. 非常符合我；2. 符合我；3. 既没有符合也没有不符合我；4. 不符合我；
5. 非常不符合我

热忱（总分_____）

A. "我会把自己完全投入我所做的事里"这句话：

5. 非常符合我；4. 符合我；3. 既没有符合也没有不符合我；2. 不符合我；
1. 非常不符合我

B. "我总是拖拖拉拉"这句话：

1. 非常符合我；2. 符合我；3. 既没有符合也没有不符合我；4. 不符合我；
5. 非常不符合我

扫一扫看分析

心灵工作站

活动：日常践行品格优势

在表 14-6 中，每行代表一种品格优势，每列代表一天。用简短的句子在相应的格子里记录下自己当天运用的品格优势。

表 14-6 日常践行品格优势

品格优势	星期						
	星期一	星期二	星期三	星期四	星期五	星期六	星期日
好奇心							
热爱学习							
开放性思维							
创造力							
社会智慧							
洞察力							
勇敢							
毅力							
正直/诚实							
仁慈							
爱与被爱							
团队精神							
公平							
领导力							
自我控制							

续表

品格优势	星期						
	星期一	星期二	星期三	星期四	星期五	星期六	星期日
谨慎							
谦虚							
美感							
感恩							
希望							
人生目的感							
宽恕							
幽默							
热忱							

章节小结

1. 品格优势的概念最早是从 Character Strengths 翻译而得来的，指任何一种持续地使得一个人的思考和行为都有益于其本人和社会的心理过程和机制。

2. 品格优势可被分为六大类，分别为智慧与知识、勇气、仁爱、公正、节制、超越；以六大类为基础，可被分为 24 种，分别为好奇心、热爱学习、开放性思维、创造力、社会智慧、洞察力、勇敢、毅力、正直/诚实、仁慈、爱与被爱、团队精神、公平、领导力、自我控制、谨慎、谦虚、美感、感恩、希望、人生目的感、宽恕、幽默、热忱。

3. 品格优势既能帮助我们放大和发展事物积极的一面，也能帮助我们将事物消极的一面重新进行学习并重建。

4. 品格优势对于人们的幸福感、学校适应和职业发展等具有积极的促进作用。

5. 品格优势建构计划的四个步骤分别为：

（1）认识和欣赏他人的优势。

（2）探索和利用你的独特优势。

（3）在生活的挑战中运用优势。

（4）让优势成为一种习惯。

> **拓展阅读**

1. 马丁·塞利格曼，《真实的幸福》，万卷出版公司，2010。

本书以一种通俗而不失科学严谨的方式告诉人们什么是真正的幸福，怎样才能变得更幸福。其实，真正的幸福来源于你对自身所拥有的优势的辨别和运用，来源于你对生活意义的理解和追求，它是可控的。如果你想变得更幸福一些，不妨照着塞利格曼博士的建议来试试：改变对过去的消极看法，重视当下的积极体验以及对未来的积极期望。

2. 塞缪尔·斯迈尔斯，《品格的力量》，立信会计出版社，2012。

本书讲述了作者在研究了历史上多个国家、多个领域的成功者之后发现，在人类文明中，存在着一些历久弥坚的优秀品质，它超越时代和地域，不断地引导着人们走向成功和幸福。人生的成功和幸福，没有捷径可走，最可靠的途径，就是遵循代代相传的优秀道德品行。这些品行是个人走向成功和幸福的唯一路径，也是国家和民族走向繁荣昌盛的不二法门。

项目十五
打开快乐之门——积极情绪

> **心路故事会**

1 阳光下的成长

在大学的日子里，我学会了很多，但最能让我成长的，是那些人际压力的考验。

一次辩论会上，我们讨论的是《百年孤独》中的象征主义。我坚持认为书中的蝴蝶象征着自由和变革，而资深社员却认为它代表的是逃避和死亡。我们的争论越来越激烈，最终不欢而散。那晚，我躺在床上，辗转反侧，心里充满了不安。我担心自己的坚持会不会破坏了团队的和谐，会不会让其他社员对我产生误解。但是，我没有沉溺于这些消极情绪中。我意识到，这是一次学习和成长的机会。第二天，我主动找到了那位社员，我们坐下来，平心静气地交流了彼此的看法。我学会了倾听，学会了尊重不同的观点，也学会了在坚持自己的同时，接受他人的意见。这次经历，让我的心态发生了转变，我开始以更加开放和包容的心态去面对不同的意见和观点。

在科学俱乐部，我也遇到了挑战。我们团队正在准备一个关于黑洞的实验项目，这个项目对我们来说意义重大，因为它关系到我们能否在学术竞赛中获得好成绩。然而，在一次关键的实验中，由于我的一个疏忽，实验数据出现了偏差，整个项目几乎要前功尽弃。那一刻，我感到了前所未有的压力。我担心队友们会责怪我，甚至在心中默默地抛弃我。但是，我没有逃避，而是选择了面对。我向队友们坦白了自己的失误，并请求他们的帮助。我们一起分析问题，共同寻找解决方案。这个过程，不仅挽救了项目，也加深了我们之间的信任和友谊。

这些经历，让我深刻地认识到，面对挑战和困难时，心态的转变至关重要。消极的心态会让我们陷入自我怀疑和逃避，而积极的心态则会激发我们的潜能，帮助我们找到解决问题的方法。我开始以更加积极和乐观的态度去面对生活中的困难和挑战。这种积极的心态，不仅帮助我解决了问题，也让我在个人成长上获得了巨大的收获。我学会了倾听和理解，学会了团队合作和沟通，学会了在压力中寻找成长的机会。我开始更加注重自我反思和自我提升，努力成为一个更好的人。

如今，当我回首大学生活，我感激那些让我成长的压力和挑战，它们塑造了我，让我变得更加成熟和坚强。我相信，无论未来的道路上会遇到什么样的困难，我都有能力去面对，去克服，去创造属于自己的精彩人生。

讨论：

1. 面对人际挑战时，"我"是如何利用积极的思维方式来应对的？

2. 你认为最有效的可以帮助你从失败中恢复并获得成长的心理策略是什么？

3. 在大学生活中，如何长期维持一个积极的心态？这种持续的积极心态对未来职业和个人生活的潜在好处有哪些？

心路故事会

2 微笑的力量

记得刚踏入大学校园时，面对全新的环境和陌生的人群，我内心充满了不安。在迎新会上，我紧张地站在角落里，不知道如何开始对话。但当我鼓起勇气，向经过的同学微笑时，他们回我以同样的笑容，就这样，我们开始了轻松的交谈。从那以后，我学会了用微笑去迎接每一个新的开始。微笑是我最有力的武器，每当我露出微笑，就像打开了一扇门，让友谊和温暖自然流淌进来。

在大学里，我有幸加入了志愿者协会，参与了许多公益活动。记得有一次，我们组织去康复中心帮助残疾人士。起初，我站在门口，心里有点忐忑，不知道如何与他们交流。但当我看到他们脸上的笑容，我意识到，微笑是我们共同的语言。我走上前，用微笑和简单的手势与他们交流，很快就融入了他们的世界。那天，我深刻体会到微笑的力量，它能够消融隔阂，连接不同的心。

在大学的学习生活中，挑战总是如影随形。那些堆积如山的课本，密密麻麻的笔记，还有那些似乎永无止境的考试，时常让我感到一种难以言说的沉重。有一次，面对即将到来的期末考试，我几乎要被压力击垮。那些复杂的公式、难以理解的概念，还有那些需要背诵的长篇大论，让我感到自己就像是被困在了一个没有出口的迷宫里。但是，就在我几乎要放弃的时候，我想起了奶奶曾经对我说过的话："孩子，无论遇到什么困难，记得微笑。微笑是打开心灵之门的钥匙。"于是，我站在镜子前，看着自己那张因焦虑而扭曲的脸，我强迫自己挤出一个微笑。起初，那笑容是那么的勉强，那么的不自然。但渐渐地，我发现自己的嘴角开始上扬，心中的乌云也开始慢慢散去。我对自己说："你可以的！"这句话仿佛有魔力一般，让我重新找到了前进的动力。我开始重新审视那些难题，用一种乐观的态度去面对它们。我将每一个挑战都视为一次成长的机会，每一次失败都当作是通往成功的垫脚石。我学会了在困难面前保持微笑，用积极的心态去迎接每一个挑战。

我还清晰地记得，有一次在图书馆熬夜复习，四周静悄悄的，只有我翻书的声音和笔尖在纸上划过的声音，我感到了前所未有的孤独和疲惫。但当我抬头看到墙上挂着的那句"保持微笑，好运自来"的标语时，我突然间感到了一种力量。我深吸一口气，给自己一个鼓励的微笑，然后继续埋头苦读。就这样，我用微笑和乐观的心态，一步步克服了学习上的困难。我开始更加主动地参与课堂讨论，勇敢地向教授提出问题，和同学们分享我的想法和见解。我发现，当我用积极的态度去面对学习时，我不仅能够更好地吸收知识，还能够影响到周围的人。我的同学们也被我的乐观所感染，我们一起讨论问题，共同进步。

大学生活让我深刻体会到，微笑是一种无声的语言，它能够传递爱与关怀，能够激发出人们内心的力量。正如马丁·塞利格曼所说，积极情绪能够增强个体的心理韧性，帮助我们更好地适应生活中的挑战。在今后的日子里，我将继续用微笑去面对生活，用乐观的态度去影响他人，让正能量在我们每个人的心中流淌。

讨论：

1. 在"我"的日常生活中，微笑如何影响"我"与他人的互动？
2. 积极心态如何促进个人的成长和发展？
3. 在逆境中，我们如何通过自我激励来保持动力和前进的方向？

> 心海导航塔

一、认识积极情绪

（一）积极情绪的定义

积极情绪是指个体在面对生活中的各种情境时所体验到的愉悦、满足、兴奋、幸福等正面的心理状态。这些情绪通常与个体的幸福感、生活满意度以及整体的心理福祉紧密相关。积极情绪不仅仅是简单的快乐感受，它还包括了更深层次的心理体验，如感激、希望、自豪、受激励、爱、兴趣和满足等。

积极情绪是人类情感体验中极为重要的一环，它涵盖了一系列正面的心理状态和感受。积极情绪的存在有助于我们建立和维护积极的人际关系，提高生活的满意度和幸福感，同时也能够增强我们面对压力和挑战时的心理韧性。此外，积极情绪还具有传染性，能够通过积极的社会互动影响他人，从而在更广泛的社会层面上产生正面效应。在个体发展的过程中，积极情绪的培养和维持被视为实现长期幸福和生活满意度的重要途径，它有助于我们在面对生活的起伏时保持乐观态度，积极寻求成长和进步的机会。

（二）积极情绪的种类

①喜悦：喜悦是一种由于满足、成功或好事发生而产生的愉悦情绪。它能够提升个体的生活满意度，并有助于建立积极的人际关系。

②逗趣：好笑的、滑稽的感觉。

③兴趣：兴趣是个体对某一事物或活动产生的好奇心和探索欲望。它能够激发学习和创造性思维，促进个体的成长和发展。

④自豪：自豪是个体在取得成就或完成某项任务后感到的自我价值和成就感。它有助于增强自信，并激励个体追求更高的目标。

⑤感激：感激是对他人的帮助或好意表示的感谢和珍视。它能够增强社会联系，促进合作和互助。

⑥爱：爱是一种深厚的情感，涉及对他人的深切关怀和愿意为对方付出。它是人类最基本的情感之一，对个体的心理健康和社会关系至关重要。

⑦希望：希望是对未来积极结果的期待和信念。它能够激发个体的积极性，帮助人们在面对困难时保持乐观和动力。

⑧受激励：激励是一种强烈的动力，促使个体追求更高的目标和理想。它通常来源于外部的榜样或内在的激情。

⑨宁静：宁静是一种内心的平和与安静状态，反映了个体对环境和生活的适应与接

受。它有助于减少压力，提升心理健康。

⑩敬畏：敬畏是对超越个体理解范围的事物或现象的深刻感受。它能够促进个体的谦卑情绪和对世界的敬畏感，激发探索和学习的欲望。

这些积极情绪不仅为个体带来愉悦和满足感，还能够促进个体的心理成长和社会功能，有助于构建积极的人生观和价值观。通过培养和体验这些积极情绪，个体可以更好地应对生活中的挑战，实现自我超越，享受更加丰富和有意义的生活。

（三）积极情绪的功能

积极情绪对个体具有多种重要的功能，这些功能在个体的身心健康、社会交往和个人发展等方面发挥着积极作用。以下是积极情绪的一些关键功能：

①支持应对：积极情绪能够帮助个体更好地应对压力和挑战。它能够提供心理资源，帮助个体在面对困难时保持乐观和积极的态度，从而更有效地解决问题。

②缓解压力：积极情绪有助于减轻压力和焦虑。它能够通过降低身体的应激反应，减少压力激素的分泌，从而对心理健康产生积极影响。

③恢复资源：经历压力后，积极情绪有助于恢复个体消耗的心理和生理资源。这种恢复作用有助于个体维持健康和活力，准备应对未来的挑战。

④拓宽注意范围：积极情绪能够扩宽个体的认知范围，使人们在思考问题时更有开放性和创造性。这种拓宽的注意范围有助于个体发现新的可能性和解决方案。

⑤提高行动效能：积极情绪能够增强个体的自我效能感，即对自己完成任务和达成目标的信心。这种信心的提升有助于激励个体采取行动，实现目标。

⑥促进身体健康：研究表明，积极情绪与更好的身体健康相关。它可以增强免疫系统的功能，减少炎症反应，降低患慢性疾病的风险。

⑦心理健康：积极情绪对心理健康有显著的正面影响。它有助于减轻抑郁和焦虑症状，提高个体的幸福感和生活满意度。

⑧社会连接：积极情绪能够促进个体与他人的积极互动，增强社会联系和支持。这种社会联系对于个体的情感满足和社会福祉至关重要。

⑨个人成长：积极情绪可以促进个体的成长和发展。它鼓励个体追求新的兴趣和目标，从而实现自我超越和个人潜能的实现。

⑩幸福感：积极情绪是幸福感的重要组成部分。通过体验和表达积极情绪，个体能够感受到更多的幸福和满足。

综上所述，积极情绪不仅对个体的心理健康和身体健康有益，而且能够促进社会关系和个人成长，提高生活质量和幸福感。通过培养和维持积极情绪，个体可以更好地应对生活中的挑战，实现更加丰富和有意义的生活体验。

课堂活动 15-1

情绪日志

1. 请你回想这一周自己的情绪变化，并描述触发这些情绪的具体事件或情境。

_____
_____
_____

2. 分析一下哪些情绪是积极的，哪些是消极的，以及它们对你的日常生活产生了什么影响。

_____
_____
_____

二、提升积极情绪与降低消极情绪

（一）积极情绪与消极情绪的对比

积极情绪和消极情绪是人类情感体验的两个基本方面，它们在我们的日常生活中扮演着重要的角色。

积极情绪指个体体验到的愉悦、满足、兴奋等正面的情感状态。其特点是：

①提升幸福感：积极情绪能够提升个体的幸福感，使人们感到更加满足和快乐。

②增强社交互动：积极情绪有助于增强人际关系，促进社交互动和合作。

③促进创造力：积极情绪能够激发创造力和创新思维，有助于解决问题、产生新想法。

④提升健康：长期体验积极情绪有助于减少压力，增强免疫系统，提高整体健康水平。

⑤目标导向：积极情绪通常与目标追求和个人成长相关联，有助于个体实现长远目标。

消极情绪指个体体验到的悲伤、愤怒、恐惧、焦虑等负面的情感状态。其特点是：

①应对挑战：消极情绪通常是面对挑战或威胁时的反应，有助于个体识别和应对潜在的问题。

②自我保护：消极情绪，如恐惧和愤怒，可以作为一种自我保护机制，促使个体采取行动以避免伤害。

③影响社交：长期的消极情绪可能会损害人际关系，导致社交隔离。

④健康风险：持续的消极情绪可能会导致心理健康问题，如抑郁症和焦虑症，也可能对身体健康产生负面影响。

⑤注意力集中：消极情绪可能会使个体过度关注问题和失败，从而影响整体表现和决策能力。

积极情绪和消极情绪都是人类情感的重要组成部分，它们各自有着不同的功能和影响。积极情绪有助于个体的心理健康和社会功能，而消极情绪则在提醒个体潜在威胁和促进问题解决方面发挥作用。

（二）如何提升积极情绪

提升积极情绪对于个体的整体福祉至关重要，因为它不仅能够增强心理韧性，帮助我们更有效地应对生活中的挑战和压力，还能够促进身心健康，提高生活满意度和幸福感。积极情绪能够激发创造力和生产力，改善人际关系，以及提升我们对生活的积极态度和乐观预期。通过培养和维持积极情绪，我们能够更好地享受生活的每一刻，实现个人潜能，促进自我成长和社会适应，从而构建更加和谐与充实的人生。提升积极情绪可以通过多种方法实现，以下是一些基于积极心理学研究和实践的建议：

①发现积极面：在日常生活中寻找积极的意义，重新定义不愉快的情境，看到事物的积极面。

②品味美好：当好事发生时，全身心地享受这些时刻，并在之后回顾和品味这些美好的体验。

③记录福气：通过感恩日志等方式，记录和感激生活中的好事，提升对积极事物的感知。

④增加善意：在人际关系中表达感激和善意，通过善行提升自己和他人的积极情绪。

⑤追随激情：投身于自己热爱的活动或工作中，体验心流状态，提升积极情绪。

⑥梦想未来：详细地构想和形象化自己理想的未来，激活积极情绪。

⑦发挥优势：了解自己的优势，并在日常生活和工作中运用这些优势。

⑧联结他人：与他人建立良好的社会关系，通过人际互动获得积极情绪。

⑨享受自然：花时间在自然环境中，享受自然带来的宁静和愉悦。

⑩开放内心：保持开放的态度，接受新的想法和经历，促进积极情绪的产生。

⑪运动和健康生活：定期进行体育活动，保持健康的生活习惯，有助于提升情绪。

⑫冥想和放松：通过冥想、瑜伽或其他放松技巧来减轻压力，提升内心的平和与积极情绪。

⑬专业帮助：如果需要，寻求心理健康专业人士的帮助，以更有效地管理和提升积极情绪。

通过这些方法有效地提升积极情绪，从而提高生活质量、增强心理韧性，并促进整体的幸福感。

课堂活动 15-2

培养积极情绪

你认为大学生应如何培养积极情绪来提高抗压能力和应对生活挑战的能力？

_____
_____
_____

（三）如何降低消极情绪

减少消极情绪对于维护个体的心理健康、提升生活质量、促进人际关系和谐、增强工作效率、保持身体健康以及促进个人成长都至关重要。长期的消极情绪不仅会降低幸福感和生活满意度，还可能导致心理健康问题，影响社交和职业表现，甚至对身体健康产生负面影响。因此，通过有效的策略管理和减少消极情绪，可以帮助我们更好地应对生活中的挑战，发挥个人潜能，享受更加积极和满足的生活体验。以下是一些有效的策略来应对和管理消极情绪：

①觉知和接纳情绪：首先，要学会识别和接纳自己的消极情绪。这意味着意识到自己的情绪状态，并且不对自己的感受感到羞耻或自责。接纳情绪是情绪智能的一个重要组成部分，有助于我们更好地处理情绪。

②调整思维方式：通过积极的思维方式来看待问题，寻找可以让自己接受的角度，从而远离消极情绪。例如，尝试从失败中学习，将其视为成长和进步的机会。

③寻找乐趣和放松：参与能够带来快乐的活动，如运动、兴趣爱好或与亲朋好友相聚，这些都有助于减轻压力和提升积极情绪。

④情绪转移：当出现消极情绪时，可以通过转移注意力的方式来减轻情绪的影响，如进行体育锻炼、听音乐或进行冥想等。

⑤情绪排解和宣泄：找到健康的方式来表达和宣泄情绪，如通过写日记、与信任的人交谈或进行艺术创作等。

⑥培养心理韧性：心理韧性是指从逆境中迅速恢复的能力，包括复原力、抗逆力和创伤后成长。通过培养心理韧性，我们可以更好地应对消极情绪。

⑦积极心理学的"八正法"：这是彭凯平教授提出的一种积极心理策略，包括平稳呼吸、闻香、抚摸自己、抬头挺胸、运动、专念、倾诉和写作等方法，以帮助人们调整情绪和实现创伤后成长。

⑧用积极的心理来转移、替代和升华：当消极情绪难以直接消除时，可以尝试用积极的心理体验来转移注意力，如回想美好的记忆或专注于当前的积极体验。

⑨建立积极的生活习惯：保持健康的生活习惯，如规律的作息、均衡的饮食和适量的运动，有助于提高情绪稳定性。

⑩寻求专业帮助：如果消极情绪持续存在并影响到日常生活，寻求心理健康专业人士的帮助是非常重要的。

通过上述方法，我们可以更有效地应对消极情绪，提高情绪智能和生活幸福感。消极情绪是人类正常的情绪反应，关键在于如何管理和利用这些情绪促进个人的成长和发展。

课堂活动 15-3

情绪表达练习

选择一种情绪（例如愤怒、焦虑、沮丧），尝试用不同的方式表达它，比如写一篇日记、创作一幅画或写一首诗歌。感受不同表达方式对你情绪的影响。

三、积极情绪培养策略

情绪管理是一项重要的生活技能，它涉及认识、理解和有效调节自己的情绪。首先，要学会观察和认识自己的情绪，了解情绪的来源和触发因素；接着，要学会接受和尊重自己的情绪，不要抑制或否定，而是接纳它们的存在，并寻求有效的方式来处理；同时，通过学习情绪调节技巧，如深呼吸、放松训练、运动等，可以帮助缓解负面情绪并提升情绪稳定性。

（一）放松训练法

放松训练法是一种有效的心理健康技巧，旨在减轻身体和心理的紧张和压力，促进身心放松和平静，包括渐进式肌肉放松和腹式呼吸等方法。

1. 渐进式肌肉放松

原理：渐进式肌肉放松是通过逐一放松身体各个肌肉群，从而达到全身放松的目的。该方法基于认为身体和心理之间存在密切联系，通过放松身体肌肉来减轻心理紧张和压力。

第一步：找一个安静舒适的环境，坐下或躺下，闭上眼睛。

第二步：从头部开始，逐一集中注意力放松身体各个部位的肌肉。可以从头部开始，依次向下放松面部、颈部、肩膀、手臂、胸部、背部、腹部、臀部、大腿、小腿和脚部的肌肉。

第三步：每次集中放松一个肌肉群，持续放松 10~15 秒，然后慢慢释放。

注意：在放松每个肌肉群时，尽量集中注意力，感受到肌肉的放松和舒适感。完成全身放松后，停留在放松状态中几分钟，享受身心放松和平静的感觉。

2. 腹式呼吸

原理：腹式呼吸是一种深而缓慢的呼吸技巧，可以帮助平静情绪、减轻焦虑和压力。通过调整呼吸方式，刺激自主神经系统的平静反应，从而促进身心放松。

第一步：找一个舒适的坐姿或躺下，闭上眼睛，放松肩膀和身体。

第二步：将手放在腹部，感受腹部的起伏。

第三步：缓慢而深呼吸，让气息自然地进入鼻子，然后通过口腔缓慢地呼出。

注意：在吸气时，腹部应该向外膨胀；在呼气时，腹部则缓慢收缩。尽量使呼吸变得深而均匀。集中注意力于呼吸过程，感受气息的流动和身体的放松。如果思绪飘散，可以轻轻地把注意力重新集中到呼吸上。

持续进行腹式呼吸，每次呼吸持续 5~10 秒，直至感到身心放松和平静。

（二）自我暗示法

自我暗示法是一种通过向自己重复积极的肯定性语句或思维来改变自己的心理状态和行为表现的技巧。这种方法基于认知心理学和行为心理学的理论，认为个体的思维方式和信念会影响其情绪和行为，通过积极的自我暗示可以改变负面的思维模式和行为习惯，提高自信心和积极性。

1. 确定目标

在使用自我暗示法之前，首先需要明确自己的目标或期望。这可以是任何方面的目标，如增强自信心、减轻焦虑、提高学习成绩、克服恐惧等。确立清晰明确的目标有助于指导后续的自我暗示练习。

2. 制定积极肯定的语句

制定一系列积极肯定的语句，与目标相关并能够激励自己。这些语句应该简洁明了、具体清晰，并且具有积极的情感色彩。例如，"我有能力克服困难""我每天都在进步""我是一个有自信心的人"等。这些语句旨在增强个体的自信心和积极性，帮助他们更好地应对挑战和压力。

3. 重复练习

将这些积极肯定的语句反复地在头脑中默念或大声说出来，以加强其影响力。可以选择在每天的固定时间进行自我暗示练习，如早上起床后、睡前、在面对挑战性任务之前。通过持续不断的重复练习，逐渐将积极的信念和思维模式内化为自己的一部分。

4. 坚持信念

在进行自我暗示的过程中，重要的是要坚信这些肯定的语句是真实有效的，并相信自己有能力实现目标。即使在面对困难或挫折时，也要坚持积极的信念和思维模式，相信自己能够克服困难并取得成功。

5. 观察效果

定期观察自我暗示法的效果，并对其进行调整和优化。如果发现某些语句对自己的影响不大或效果不佳，可以尝试调整语句内容或增加新的积极肯定语句。

自我暗示法是一种简单而有效的心理技巧，可以帮助个体改变负面的思维模式和行为习惯，提高自信心和积极性，从而更好地应对生活中的各种挑战和压力。通过持续的练习和坚持信念，个体可以逐渐培养出积极的心态和健康的心理状态。

（三）合理宣泄法

合理宣泄法是一种有效的情绪管理技巧，旨在通过适当的方式和途径来释放和表达内心的负面情绪，以减轻心理压力、缓解情绪紧张，并促进身心健康。这种方法可以帮助个体有效处理情绪，避免情绪爆发和情绪积压，从而提高心理适应能力和生活质量。

1. 认识和接纳情绪

首先，个体需要意识到并接受自己的情绪，包括愤怒、焦虑、沮丧等。情绪是人类正常的心理反应，不应该被抑制或否认。通过认识和接纳情绪，个体可以更好地理解自己的内心状态，从而更有效地处理情绪问题。

2. 选择适当的宣泄方式

根据个体的喜好和情境，选择适合自己的宣泄方式。常见的宣泄方式包括写日记、绘画、运动、跑步、打拳、唱歌、舞蹈、大声喊叫、向朋友或家人倾诉等。重要的是要选择一种合适的方式，能够有效地释放情绪并缓解心理压力。

3.控制情绪表达的方式和强度

在宣泄情绪时，个体需要控制情绪表达的方式和强度，避免过度放大或失控。可以通过深呼吸、冷静思考等方法来平复情绪，保持理性和冷静。此外，避免将负面情绪转移到他人身上，尽量选择独立和不侵犯他人的宣泄方式。

合理宣泄法是一种健康、积极的情绪管理技巧，可以帮助个体有效地处理负面情绪，缓解心理压力，促进身心健康。通过选择合适的宣泄方式、控制情绪表达的方式和强度，以及寻求支持和理解，个体可以更好地应对生活中的各种挑战和困难，提高心理适应能力和生活质量。

（四）转移注意法

转移注意法是一种有效的情绪调节技巧，通过将注意力从负面情绪转移到其他事物或活动上，从而减轻心理压力、缓解情绪紧张，并促进身心放松。这种方法可以帮助个体从烦恼和焦虑中解脱出来，更好地处理问题和挑战。个体可以选择将注意力转移到各种不同的事物或活动上，如做运动、阅读书籍、听音乐、观赏风景、参与社交活动等。重要的是要选择能够让自己感到愉悦和放松的活动，并全身心地投入其中，以有效地转移注意力，缓解情绪压力，提升心理健康水平。

课堂活动 15-4

情绪调整计划

制订一个情绪调整计划，包括每天的情绪调节练习和策略。比如，你可以列出一些放松技巧、自我关怀活动或积极思维方法，帮助自己更好地管理情绪。

_____

_____

_____

_____

心理自测台

你在过去一周的感觉如何？请回忆在刚刚过去的一周，你体验到的每一种情绪的程度，并填写在表 15-1 中。此量表共有 20 条描述情绪体验的句子，请你阅读每个句子，并在最符合你实际情况的选项上打"√"。

表 15-1 积极率测试量表

序号	题目	一点都没有	有一点	中等	很多	非常多
1	你感觉到的逗趣、好玩或可笑的程度有多少					
2	你感觉到的生气、愤怒或懊恼的程度有多少					
3	你感觉到的羞愧、屈辱或丢脸的程度有多少					
4	你感觉到的敬佩、惊奇或叹为观止的程度有多少					
5	你感觉到的轻蔑、藐视或鄙夷的程度有多少					
6	你感觉到的反感、讨嫌或厌恶的程度有多少					
7	你感觉到的尴尬、难为情或羞愧的程度有多少					
8	你感觉到的感激、赞赏或感恩的程度有多少					
9	你感觉到的内疚、忏悔或应受谴责的程度有多少					
10	你感觉到的仇恨、不信任或怀疑的程度有多少					
11	你感觉到的希望、乐观或备受鼓舞的程度有多少					
12	你感觉到的激励、振奋或兴高采烈的程度有多少					
13	你感觉到的兴趣、吸引注意或好奇的程度有多少					
14	你感觉到的快乐、高兴或幸福的程度有多少					
15	你感觉到的爱、亲密感或兴奋的程度有多少					
16	你感觉到的自豪、自信或自我肯定的程度有多少					
17	你感觉到的悲伤、消沉或不幸的程度有多少					
18	你感觉到的恐惧、害怕或担心的程度有多少					
19	你感觉到的宁静、满足或和平的程度有多少					
20	你感觉到的压力、紧张或不堪重负的程度有多少					

扫一扫看分析

心灵工作站

活动 1：彩色的星期

请将自己每天遇见的积极情绪事件记录下来（见表 15-2）。

表 15-2 彩色的星期

情绪	星期一	星期二	星期三	星期四	星期五	星期六	星期日
喜悦							
感激							
宁静							
兴趣							
希望							
自豪							
逗趣							
受激励							
敬畏							
爱							

活动 2：积极日记——美好生活记录册

在接下来的一周内，每天晚上记录当天发生的三件好事，可以是任何感到快乐、感激或自豪的事情。深入观察和记录自己生活中的每一个幸福瞬间，无论是微小的日常喜悦还是意义深远的成就。每天记录好事的同时，评估自己的情绪状态。一周后，比较每天的心情变化，观察记录好事与情绪状态之间的关系。

章节小结

1. 积极情绪是指个体在面对生活中的各种情境时所体验到的愉悦、满足、兴奋、幸福等正面的心理状态。

2. 积极情绪的种类分为喜悦、逗趣、兴趣、自豪、感激、爱、希望、受激励、宁静、敬畏。

3. 积极情绪的功能：支持应对、缓解压力、恢复资源、拓宽注意范围、提高行动效能、促进身体健康、心理健康、社会连接、个人成长、幸福感。

4. 积极情绪和消极情绪是人类情感体验的两个基本方面，它们在我们的日常生活中扮演着重要的角色。

5. 积极情绪和消极情绪都是人类情感的重要组成部分，它们各自有着不同的功能和影响。积极情绪有助于个体的心理健康和社会功能，而消极情绪则在提醒个体潜在威胁和促进问题解决方面发挥作用。

6. 情绪管理策略包括放松训练法、自我暗示法、合理宣泄法、转移注意法。

> **拓展阅读**
>
> 戴维·伯恩斯，《伯恩斯新情绪疗法》，天津科学技术出版社，2020。
>
> 本书为读者提供了多种可以自行实施的自助方法，在书中，伯恩斯解释了抑郁的原因以及抑郁情绪的常见特征，并提出了认知行为疗法的核心概念。他强调了负面思维模式对抑郁的影响，以及如何通过改变这些思维模式来缓解抑郁症状。书中包含了许多实用的工具和技巧，帮助读者识别和应对负面情绪，并建立更健康的思维习惯。本书不仅仅是一本针对抑郁症患者的自助手册，也适用于任何想要改善心理健康和情绪状态的人。它为读者提供了一套科学有效的工具和技巧，帮助他们走出抑郁的阴影，重拾生活的快乐和希望。

项目十六
建构积极的生活观——积极认知

> **心路故事会**

1 希望的力量

在大学这段青葱岁月里,我有幸成为学生会的一员,亲身体验了希望的力量如何像明灯般照亮前行的道路。

初入大学,面对未知的领域和挑战,我曾感到迷茫和不安。学生会的工作琐碎而繁重,有时我会感到力不从心。然而,正是在这些困难面前,我感受到了希望的力量。

记得那次,我们筹备一场大型文艺演出。从场地预定到节目安排,再到人员协调,每一个环节都充满了挑战。尤其是在排练阶段,由于时间紧迫,我们不得不加班加点地工作。有时,我会感到疲惫不堪,甚至想要放弃。但每当这时,我都会想起那些为了同一目标而努力奋斗的同学,他们的身影仿佛化作一束束光芒,照亮了我内心深处的黑暗。在希望的照耀下,我重新振作,克服了一个又一个的困难,最终演出圆满成功。

除了那次文艺演出,我还参与了学生会的其他活动。有一次,我们需要策划一场公益活动,筹集善款用于支持贫困地区的孩子。面对这项艰巨的任务,我们并没有退缩。相反,我们集思广益,共同商讨方案。在希望的驱使下,我们齐心协力,为公益事业贡献了自己的力量。

在学生会的日常工作中,我也见证了希望如何激发团队成员的潜能。有一次,我们需要在短时间内完成一份紧急报告。面对时间紧迫的压力,大家没有退缩,而是齐心协力、分工合作。在希望的驱使下,我们克服了种种困难,按时完成了报告,那种默契和团结让我深感骄傲和自豪。

在人生的道路上,我们都会遇到各种各样的挑战;但是,只要心中有希

265

望，我们就能够坚持下去，直到最后取得成功。希望让我们看到未来的可能性，让我们相信只要不断努力，就一定能够实现自己的目标。希望也是一种信念，让我们在面对挫折时保持乐观的态度，相信自己能够战胜一切困难。

　　这些经历让我深刻认识到，希望的力量是无穷的，它不仅能够照亮我们前行的道路，更能激发我们内心深处的潜能与激情。在未来的日子里，我将继续怀揣着希望的信念，勇敢地面对生活中的每一个挑战与机遇。我相信，只要心中有希望，我们就能够创造出更加美好的未来！

讨论：

1. 在你的个人经历中，希望是如何帮助你克服困难和应对挑战的？请分享一个具体的例子，并讨论希望在你应对挑战过程中的作用。

2. 你认为高希望者和低希望者具有什么样的特点？

3. 有些人可能认为，在面对现实的困境时，希望只是一种虚幻的安慰。你如何看待这种观点？

心路故事会

2 生活中的"小确幸"

　　大学的校园里，总有些不起眼的瞬间，却能在我心中激起层层涟漪，带来意外的温暖和幸福。

　　那是一个傍晚，我和几位好友漫步在操场上，畅谈着未来的梦想。夕阳的余晖洒在草地上，形成一片金色的海洋。我们被这片美景所吸引，决定就地坐下，享受这难得的宁静时光。草地上的微风轻轻拂过，带走了我们心中的疲惫和焦虑。我们谈笑着，分享着彼此的故事和梦想，时间仿佛在这一刻停滞。这个简单的瞬间，让我感受到了友情的温暖和珍贵，也让我更加珍惜与朋友们共度的每一刻。

　　还有一天，我独自一人在图书馆里学习，为了即将到来的期末考试。窗外的阳光透过窗户洒在书桌上，形成一片温暖的光晕。我沉浸在书本中，仿佛与整个世界隔绝。突然，手机震动了一下，是一条来自远方朋友的短信。她简单地写道："加油，别累坏了。"那一刻，我仿佛看到了她微笑的脸庞和鼓励的眼神。这条短信如同一缕阳光，瞬间驱散了我心中的疲惫和迷茫，让我感受到了来自朋友的关心和支持。我回复道："谢谢，我会的。"这个简单的互动，让我重新找回了信心和动力。

最令我难忘的一次经历,是参与筹备社团活动。那段时间里,我们面临着各种挑战和困难,每个人都在为活动的成功举办而努力。我时常因为意见不合、沟通不畅而感到沮丧和无力。但每当我看到团队成员们为了共同的目标而努力奋斗时,我又重新找回了动力。终于,活动圆满结束,看到同学们满意的笑容和热烈的掌声,我感受到了前所未有的成就感和幸福。那一刻,我明白了"小确幸"并不总是来自个人的成功,也来自与他人的共享和合作。这个经历让我学会了坚持和付出,也让我收获了珍贵的友谊和成长。

这些看似微不足道的"小确幸",却在我的大学生活中留下了深刻的印记。它们或许只是平凡的瞬间、简短的问候、简单的合作,却足以让我感受到生活的美好和幸福。它们让我明白,幸福并不总是遥不可及,而是存在于生活的每一个角落,等待我们去发现和感受。只有用心去体验每一个瞬间,我们才能真正理解生活的意义和价值。

在未来的日子里,我会更加珍惜这些"小确幸",让它们成为我前行的动力。无论遇到多少挑战和困难,只要我心中有这些"小确幸"的温暖和力量,我就有勇气去面对和克服一切。我相信,只要我们用心去寻找和感受生活中的"小确幸",我们的生活将会变得更加丰富多彩和有意义。

讨论:

1. 在你的大学生活中,有没有遇到过类似的"小确幸"?这些"小确幸"是如何影响你的情绪和生活态度的?

2. 你认为如何发现和珍惜生活中的"小确幸"?它们对你的生活有什么积极的影响?

3. 在面对困难和挑战时,你如何保持积极的心态并寻找生活中的"小确幸"?这些"小确幸"是如何帮助你克服生活中的各种挑战?

心海导航塔

积极心理学主张,我们并非简单地经历事件和环境,而是主动参与认知过程,这包括我们对当前事件的认知、解释和评价等,这是一个信息加工的流程,影响着我们看待世界的方式。

一、乐观的态度

（一）什么是乐观

乐观是对未来事件的积极期望，相信好的结果更有可能发生。根据塞利格曼及其同事的习得性乐观理论，乐观的人在面对消极事件时，更倾向于采用一种适应性的解释风格。

乐观的作用有以下几个：

①乐观能够帮助我们避免产生无助感，从而降低陷入抑郁的风险。乐观者在逆境中通常能快速摆脱消极情绪，寻求解决方案或改变现状。

②乐观能激发我们的潜能，促进学业和事业取得更好的发展。乐观者相信自己的努力能够改变未来，因此他们在生活中更具坚持和毅力，这往往也会促使他们取得更好的成绩。

③乐观更容易保持良好的健康习惯，增强免疫力。乐观者通常会具有更多的积极情绪，这种积极情绪会提高体内儿茶酚胺和内啡肽等神经递质的活性，从而增强个体的免疫系统功能。

④乐观赋予生活动力和乐趣。适度的悲观使我们决策更为谨慎，理想的生活状态是大部分时间保持乐观，偶尔适度体验悲观，这种平衡让我们既能享受生活，又能面对挑战时保持冷静和理智。

（二）如何更乐观——情绪 ABC 理论

20 世纪 50 年代，美国心理学家阿尔伯特·艾利斯（Albert Ellis）提出情绪 ABC 理论。他认为事件 A（Activating event）只是引发情绪的行为后果 C（Consequence）的间接原因，而引起 C 的直接原因是个体对于事件 A 的认知和评价而产生的信念 B（Belief）。对事件的想法和解释有时是不合理的，这种不合理信念可能会导致消极的情绪后果。

因此，如果我们想要改善不良情绪及行为，就要对不合理信念 B 进行反驳 D（Disputation），反驳可以激发 E（Energization）个体逐渐产生积极的情绪及行为，建立乐观的解释风格，反驳不合理信念的过程（见图 16-1）。

不合理信念通常具有以下特征：绝对化的要求、过度概括化和认为事情糟糕至极（见表 16-1）。绝对化的要求通常与"应该""必须""一定要"等词汇相连，个体期望事件必须符合自己的想法。例如，"我必须取得成功。""别人必须对我好。"过度概括化是用个别的事件来评价整个个体或情景，具有以偏概全的特点。例如，因为一次失败就认为自己一无是处。糟糕至极是认为一旦发生不好的事情，就会带来非常严重的后果。例如，"如果我这次没有考好，我的未来就完了。"

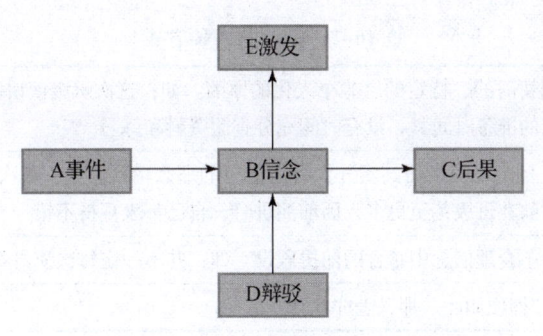

图 16-1 改善不良情绪及行为示意图

表 16-1 十一类常见的不合理信念及表现举例

不合理信念	表现举例
灾难化	要是不能通过这个考试，我的人生就完了
低容忍度	我无法忍受和没素质的人打交道
欲望遮蔽	我非常在乎那个梦想，必须实现
个人化	看到熟人在朋友圈发表人性的弱点，我觉得是针对我
完美主义	我皮肤上的小毛病让我日夜焦虑和懊恼
外在归因	我的坏心情大多数是由别人引起的
寻求赞许	如果不能得到肯定，我的一切努力没有意义
鞭长莫及	亲友身患疾病，我无法给予帮助，我是废人
偏好确定	如果对明天要做的事情没有把握，我会很焦虑
苛求命运	我的原生家庭造成我有很多痛苦
苛求别人	他不该做出那样的事情

这些不合理的信念会导致我们在面对生活中的挑战时，产生不必要的焦虑或者消极情绪。通过情绪 ABC 理论，识别不合理信念，练习形成积极的认知方式，可以让我们变得更加乐观。比如，某次班级演讲的结果不理想，导致一直陷入消极的情绪中。

A（事件）：某次班级演讲的结果不理想。

B（信念）：遭遇演讲失败后觉得自己将一事无成。

C（结果）：心情非常糟糕（10 点抑郁量表上的得分，从平时 1 分变化为 8 分）。

D（辩驳）：个体可以通过重新解释、寻找证据、质疑假设、思考后果这四种方式（见表 16-2）进行辩驳。

表 16–2　辩驳的四种方式

重新解释	为事件找到暂时的、特定的、非个人化的原因。如：这次班级演讲的主题是自己不熟悉的，而且演讲前的准备时间紧，没有时间充分查阅资料和练习
寻找证据	通过寻找反例来说明事情其实并没有之前想的那么糟糕。如：这次演讲后还有部分同学反馈不错，以前在班级甚至更多人面前演讲时，自己都表现得不错
质疑假设	识别并质疑不合理信念中暗含的前提假设。如：并不一定每次演讲都要非常完美
思考后果	问问自己："即便如此，那又怎样？"

E（激发）：改变的效果，如现在的感受如何（10分的抑郁量表上得分从8分变为3分）。

通过以上的辩驳，你可能会发现事情并没有那么糟糕。即使这次演讲不理想，可能在教师、同学面前的表现不够完美，但也不会产生太严重的后果。在未来有演讲机会时，可以更加认真地准备，展现出更好的自己。在日常生活中，也可以和好朋友一起进行训练，告诉他激发的事件，然后告诉他你的信念如何，并进行辩论，最后检查效果如何。

（三）解释风格

解释风格是指一个人对事情的习惯性解释，包括一件事情发生的原因是什么，以及这件事情在未来会产生什么样、什么程度的影响。

塞利格曼对人们解读生活事件的风格进行了阐述，他认为解释风格是一个人对成功或失败进行归因时表现出来的一种稳定的倾向。通过解释风格我们可以衡量一个人在面对好事或坏事时的乐观水平。

1. 解释风格的三个维度

解释风格有三个维度：普遍性、永久性和个人化。

（1）普遍性

普遍性是指对事情的解释在空间上的维度，可以分为普遍的、特定的解释，是指一个人对所发生的事件覆盖面和影响范围的认知。当前发生的事件或许会带来正面和负面的影响，那么这些影响是仅仅针对这件事情本身，还是对其他事情也有一定的影响呢？

（2）永久性

永久性是指对事情的解释在时间上的维度，可以分为永久的、暂时的解释，是指对当前发生的事件的影响时间的估计。认为这件事情的影响持续的时间是暂时的，还是长久的？比如发生在自己身上的"厄运"是"永久的""从不的"，还是"有时会发生""最近才出现"的？

（3）个人化

个人化是指个体如何看待自己在事件中的作用。个体在归因时是习惯性地将事情发生的原因归结到自己，还是认为事件问题出在他人或环境上，即"自我感觉良好"或"都是你/我的错"？

2.积极和消极的解释风格带来的影响

面对同样的事情，不同解释风格的人会对事情作出不同的解读，并对之后的行为形成不同的影响（见表16-3）。

表16-3 积极和消极的解释风格带来的影响

维度	好事		坏事	
	积极的解释风格	消极的解释风格	积极的解释风格	消极的解释风格
普遍性	（普遍情况）一切都很美好	（个别情况）只是一件小事	（个别情况）只是一件小事	（普遍情况）会毁掉一切
永久性	（总是如此）好事持续很久	（有时如此）暂时的好事	（有时如此）暂时的坏事	（总是如此）坏事持续很久
个人化	（内部归因）都是我的好	（外部归因）有其他原因	（外部归因）有其他原因	（内部归因）都是我的错

（1）面对坏事

①消极的解释风格者：坏事的发生全都是因为自己，都是自己的原因导致了事情的失败。这件事情影响很大，会在之后的时间和生活中继续影响自己，导致失败的原因一直存在，自己无法克服也无法躲避。在这样的低自尊状态中，很容易认为自己"一文不值"，在之后的学习和生活中不敢于承担任务，出现"习得性无助"。

习得性无助，是指一个人经历了失败和挫折后，面对问题时产生的无能为力的心理状态和行为。

转换步骤：

a.战胜永久性悲观：坏事发生时，不要把它推广为永久性的坏事，它不见得以后还会一直发生。

b.战胜普遍性悲观：坏事发生时，不要把它推广成为普遍的坏事，它不见得还会在你的其他领域发生。

c.战胜个人化悲观：坏事发生时，不要认为这是个人化的坏事，它不见得是由你的品格引起的。

②积极的解释风格者：坏事的发生也不能全都怪罪自己，他人和环境的问题也在很大程度上（或是全部程度上）导致了事情的失败；一件事情失败了，也不会影响其他事情的发展；一件失败事情的影响只是暂时的，失败事情过去了一切就都会好起来的。

（2）面对好事

①消极的解释风格者：好事的发生是因为他人或环境的原因促成的，与自己的能力无关；一件好事的发生也仅仅是这件事情恰巧成功了，不代表自己完成其他事情也会成功；这件事情的成功只是暂时的，事情过去了，好运也就消失了。

转换步骤：

a. 获得永久性乐观：好事发生时，要体验成功带来的喜悦，并相信成功会来带下一次的再次成功。

b. 获得普遍性乐观：好事发生时，要把它推广成为普遍的好事，这样的幸福还会在你的其他领域发生。

c. 获得个人性乐观：好事发生时，要认为这是个人化的好事，他的成功来源于你的能力、努力和好运气。

②积极的解释风格者：好事发生归功于自己，比如成功是因为自己"能力强"；好事的发生是普遍的，生活中会发生很多好的事情；一件成功的事情所带来的影响会持续很久，这样的解释会让个体充满自信，并勇于接受下一次的挑战，出现"习得性乐观"。

3. 归因偏差

归因偏差是指大多数人具有的无意或非完全有意地将个人行为及其结果进行不准确归因的现象。人们对自己和他人行为做出的归因，对于他们以后的行动会有很大的影响。

常见的归因偏差包括以下三种：

（1）基本归因错误

这是一种极为常见的偏差，指人们在对他人行为进行归因时，往往倾向于将其归结于内在的人格特质，而忽视了外在情境因素的影响。例如，看到一位同事上班迟到，第一反应可能是认为他这个人懒惰、没有时间观念，却很少去考虑他也许是因为遭遇了堵车、家中突发急事等外部情境因素所致。这种偏差产生的原因，一方面是人格特质相对稳定、可见，更易引起关注；另一方面，将问题归咎于人而非复杂多变的情境，能让我们感觉自己对世界有更强的掌控力。

（2）自利性归因偏差

在涉及自身成败时，这种偏差就会显现。当取得成功时，个体通常会将其归因为自身的能力、努力等内部因素，比如一个学生考试取得好成绩，就觉得是自己聪明又刻苦学习的结果；而一旦遭遇失败，却倾向于把原因推给外部环境，比如考试失利就抱怨题目太难或者老师教得不好。其根源在于维护自尊的心理需求，人们都希望看到自己是有能力、能掌控局面的，所以会不自觉地进行这样利己的归因。

（3）行动者—观察者偏差

这一偏差体现在行动者（即行为的执行者）与观察者（观察他人行为的人）对同一

行为的归因差异上。行动者在解释自己的行为时，更多地强调外在情境因素，例如一个人在聚会上话很少，他自己会解释是因为现场氛围沉闷、不熟悉其他人；而观察者却倾向于认为是这个人性格内向、不善交际。这种差异是因为行动者对自身所处情境有直接体验，了解各种复杂因素，而观察者往往只能看到表面行为，依据行为推断内在特质。

二、饱满的希望

（一）什么是希望

希望是我们对未来生活充满积极、正面的预期，或者主动实现未来目标的动机趋向，是一种非常普遍的心理现象，这种现象可以解释人类的许多行为。

（二）高希望者和低希望者

高希望者拥有积极的情绪集合，充满热情，把阻碍看成挑战，他们会有更强大的动因思维支持其实现目标，困难会使他们越挫越勇，灵活地实现目标；而低希望者具有消极情绪、迷茫，这源自他们追求目标的失败经历。

希望能够促进人们达成目标，发挥主观能动性来改变自己以及自己的处境，较高水平的希望对身心发展水平、身体健康水平、积极情绪、人际关系等有很好的预测作用。

（三）充满希望的方法

希望让我们对未来充满美好的期待，正是这种期待，激励我们持续行动，达成预期的目标。在生活中，我们要对未来持有积极、正面的期望。

希望被认为包含三个要素，即"目标设定、路径思维、动力思维"。目标设定：希望通常围绕着一个或多个目标展开。这些目标可能是短期的或长期的，具体的或抽象的，它们为个体提供了行动的方向和焦点。路径思维：这是希望的认知成分，涉及个体对实现目标的具体方法和计划的思考。高希望者往往能够形成更多具体的、可行的路径，并在必要时调整这些路径。动力思维：这是希望的动机成分，指的是个体相信自己有能力根据已有的路径达到所期望的目标。这种信念给予了个体执行任务的动力和决心。

这三个要素共同构成了积极心理学中"希望"的理论框架。它们相互作用，共同推动个体朝着设定的目标前进。可以围绕希望的三个要素，从以下三个方面着手：

1. 设定有意义且可达成的目标

要让自己对未来充满希望，就要做好目标管理。首先可以寻找到一个自己感兴趣的目标，或者对自己而言特别重要的目标。其次，目标的难度要适当，可以分步骤设定目标，让每一步都能够通过努力达到。如果设定的目标付出很大的努力都不能实现，那么这个目标不会带来希望，只会带来失望，甚至挫败感。最后，目标要明确而具体，为什么我们有时候看不到希望和未来，就是因为我们设定的目标过于模糊、笼统，确定具体的目标并实现能够增强我们的掌控感。

2. 形成具体的行动方案

面对问题和挑战时，我们需要学会制定具体而可行的行动方案。这不仅涉及问题的识别，还包括有针对性地寻找解决方案。在确立目标之后，我们需要在实践活动中形成一个具体而可行的行动方案，并按照这个方案达成目标。例如，在准备考试时，可以制订一个详细的复习计划，包括每天的学习时间和内容，以及定期的自我检测，以确保知识的吸收和记忆。这样会让我们体验到未来实实在在的落地过程，体验到希望逐渐变成现实。

3. 强化持续性动机

希望的实现还需要有持续性动机。在实现目标的过程中，我们总会遇到各种障碍和困难。因此，除了要有克服困难的决心和勇气，还需要有持之以恒的行动力和百折不挠的毅力。

当我们遇到困难的时候，可以先通过运动锻炼等生理调节方式、改变认知、积极幻想等激发自己的积极情绪。之后聚焦遇到的具体问题，灵活地选择应对策略，具体问题具体分析，有效地利用身边的各种资源和力量，找到解决问题的思维路径，保持积极向上的状态。

三、创造力和智慧

（一）创造力

1. 什么是创造力

创造力是能够想出崭新而有效的方法做事或解决问题的智力品质。它不仅需要个体具备想象力、独立思考和解决问题的能力，而且要求个体能够将这些想法转化为实际行动，创造出具有社会或个人价值的产品。

2. 创造的心理过程

契克森米哈赖将创造的心理过程分为准备期、酝酿期、洞悉期、评价期和完成期五个阶段。

准备期是创造过程的开始阶段，个体开始被一系列引人入胜的问题所吸引。这些问题或源自个人的生活体验，或源自工作领域的挑战，或源自社会环境的压力。在这个阶段，个体会对问题进行探索，积极搜索信息和知识。

酝酿期这个阶段可能看似平静，但实际上大脑在后台进行大量的信息处理和整合工作。在这个阶段会有一些想法和感觉涌现，这些都可能成为后续创造的灵感来源。

洞悉期这个阶段，个体突然获得了一种新的理解或认识，这种理解可能是对问题的全新视角，也可能是对已有知识的全新整合。这个阶段通常伴随着强烈的喜悦和兴奋感，因为个体找到了解决问题的新思路。

评价期是在洞悉期之后，个体需要冷静下来对自己的新发现进行评估，判断是否具有真正的价值，是否值得投入更多的时间和精力去深入研究。

完成期是个体开始付诸实践，包括详细的规划、精心的设计、严谨的实验以及不断的修正和完善。这个阶段通常需要个体付出大量的时间和精力，进行精心加工。

创造力的五个阶段持续的时间与问题的复杂程度有关，可长可短，也可能循环往复。

3. 激发创造力

契克森米哈赖通过对 91 位世界各地具有创造力的杰出人士进行访谈，并从中提取出培养兴趣和好奇心、善用自己的注意资源、培养发散性思维、合作创造力四点有益建议，可以让每个人的生活变得更富有创造力。

课堂活动 16-1

白纸上的黑点

下面的纸上有一个黑色的点，当看到的时候你会想到什么？你会怎样处理白纸上面的黑点呢？请大家发挥自己的聪明才智，在这张白纸上绘制一幅属于自己的独特作品。

分享方向：如果我们把这张白纸看作人生，那么这个黑点就可以代表我们人生中不可避免的缺憾或挫折。白纸上的黑点是一个开放性的主题，它可以引发我们对生活中各种情况的思考。通过创造性的方式处理这个黑点，我们可以在面对困难和挑战时保持积极乐观的态度，从而更好地应对生活中的各种情境。

（二）智慧

1. 智慧的定义

智慧是一种关于生活中基本的、重要的、实际的问题的专家知识系统，包括对复杂的、不确定的人类生活情境的深入洞察、判断和提出适宜建议的能力。

2. 智慧发展的条件

智慧发展是一个复杂的过程，它涉及多个因素的相互作用。以下是一些关键因素，它们共同影响着智慧的发展。

①人格特质和心理状态：个体的自尊、应对方式、社会支持、心理健康等都是影响智慧发展的重要因素。例如，高自尊的个体往往具有较高的生活满意度，而积极的应对方式可以提高智慧发展水平。

②人生阅历和生活经历：丰富的人生经历，如旅行、阅读、与智慧导师的讨论等，有助于智慧的发展。这些经历可以帮助个体从不同的角度看待问题和处理问题。

③宏观环境：教育背景、文化环境、社会经济状况等宏观环境因素也会对智慧发展产生影响。例如，受过良好教育的个体更有可能拥有智慧。

④主观能动性：即使具备了上述所有条件，也不意味着个体就自然而然地获得了智慧。个体需要通过积极的行动来组织和调节自身智慧的发展，这包括制订生活计划、进行生活管理和反思。

智慧的发展不是简单的线性过程，而是多因素交互作用的综合结果。我们需要在不同的生活阶段和环境中不断学习和成长，从而实现智慧的提升。

3. 评价智慧的标准

巴尔特斯认为智慧的五个标准的程度表现包括：

①事实知识：也就是之前是否经历或者见识过类似的事件。

②程序知识：也就是对于每种情况有很多的经验。

③毕生情境论：也就是不仅可以从自己的角度看待问题，也能从当事人的角度看待问题，对与自己习惯不同的文化观念，可以保持宽容的态度。

④识别和管理不确定性：能够意识到不确定性的存在，并可以作出适合当前情况的判断。

⑤了解弱点和局限：能够意识到自己的经验、判断力等是存在局限的，在面对他人建议的时候，可以采用谨慎并且建设性的方式。

积极心理学认为，普通人通过应用智慧也能过上美好的生活。也就是说，智慧是每一个人都可能拥有的，并且智慧是可以学习和成长的。这些事实性的知识和程序性的知识一旦掌握，就能在实践中灵活运用。

四、生活满意度

（一）什么是生活满意度

生活满意度是我们对当前生活质量的主观体验和满意程度。这种感觉可能源于某个具体需求的实现，也可能来自对当前生活状态的满足。生活的满意度揭示了我们的生活状况和生活品质。

一般来说，生活满意度分为一般生活满意度和特殊生活满意度。一般生活满意度是对生活质量的整体性评价，特殊生活满意度是针对不同生活领域的质量的评价，比如学校生活满意度、家庭生活满意度、工作满意度等。

（二）影响生活满意度的因素

1. 个体因素

在我国，学者们的研究显示，大学生的生活满意度受到多种因素的影响，其中包括自尊、应对方式、社会支持以及心理健康等方面。自尊被认为是预测大学生生活满意度最有力的指标之一，高自尊的大学生通常具有更高的生活满意度。积极的应对方式，如解决问题和寻求帮助，也可以提高大学生的生活满意度。此外，良好的社会支持系统，包括家庭、朋友和学校提供的支持，也对大学生的满意度有正面影响。

2. 社会文化因素

社会文化因素是影响大学生生活满意度的重要因素之一。跨文化的研究发现，来自不同国家的大学生生活满意度存在显著的差异。积极的情感体验、自我满意和社会关系满意能够提高大学生的生活满意度，而消极的情感体验则会降低大学生的生活满意度。这种差异在不同的文化背景下有所不同，主要是由于个人主义和集体主义的影响。

3. 社会环境因素

现有的研究发现，大学生的生活满意度与家庭生源地、年级、家庭经济状况、生活支出有密切的关系。综合现有的调查结果来看，农村大学生的生活满意度通常低于城市大学生，高年级大学生的学习满意度得分较低，家庭经济状况较好的大学生生活满意度更高，生活支出较高的大学生生活满意度更强烈。

（三）提升生活满意度的方法

生活满意度直接反映着个体的心理体验，对个体的终生发展和心理健康具有非常重要的影响作用。生活满意度的提高，可以增强我们的获得感，进一步提高生活质量。以下是一些提升生活满意度的方法。

1. 把握发展阶段的需求重点

在不同的成长阶段，个体的需求和面临的挑战不同，因此在提升满意度时应考虑这些差异，采取相应的措施，从而增加满意度。例如，初中阶段应增强学生的归属感和认同感，高中阶段应加强学业指导，大学阶段则应引导学生建立良好的人际关系。

2. 增加社交活动

与他人共享快乐体验，如帮助他人、与家人和朋友共度时光，可以显著提高个人的生活满意度。

3. 改善生活习惯

不良的生活习惯，如抽烟、熬夜等，会影响生活满意度。因此，改掉这些不良习惯对于提高生活满意度至关重要。

4. 增加体育活动

定期的体育活动不仅能保持身心健康，还能减轻压力，提高生活满意度。

5. 培养阅读习惯

阅读可以帮助人们放松心情、拓宽视野、丰富内心世界，从而提升生活满意度。

6. 记录生活点滴

记录生活中的美好时刻，无论是通过写作、摄影还是其他形式，都可以帮助人们珍藏回忆，提高生活满意度。

7. 创造人生关键时刻

通过有意识地创造积极的情绪巅峰体验，如庆祝特别的日子、实现长期目标等，可以提升生活满意度。

通过这些方法，我们可以在日常生活中提升生活满意度，进而提高整体的幸福感。

课堂活动 16-2

三件好事

请你写下今天发生的三件好事，也可以更多，可以是日常生活中让自己开心的、有意义的小事，并写下事情发生的原因。

大家也可以每天进行练习，这个活动能够帮助我们在生活中有意识地去注意、发现让自己感到幸福的小事，锻炼聚焦美好的能力，增加幸福感。

事件	原因
今天课上我很专注	我很喜欢这位老师的讲课风格

心理自测台

表 16-4 是对于一些行为和思想的描述。请你仔细阅读，并选择这些行为和思想对你而言实际出现的频率（请按照你实际的而不是理想中的想法和做法作选择），在最符合自己情况的选项上打"√"。

表 16-4　创造力自我报告量表

题目	从不	很少	有时	经常	总是
1. 我有一些别人可能从来没有想到过的创意					
2. 我有一些能够让我的工作变得更轻松的方法					
3. 我在解决问题时会考虑多种可能的方法					
4. 我经常有一些不同寻常的想法					
5. 当我看到一个图案时（比如在路边或者外面的任何地方），我会根据它的形状联想到很多东西					
6. 我会产生相互矛盾的想法					
7. 我擅长将一些观点和想法以别人从未尝试过的方式组合起来					
8. 我会产生去跟一个我很想见的人见面的想法					
9. 面对一个问题时，我不会满足于第一个想到的办法，而是会想出其他备选办法					
10. 在课外做数学题时，我会尝试不一样的解题思路和想法					
11. 当我看到白云或者影子的时候，我会根据它们的形状想象它们是什么东西					

续表

题目	从不	很少	有时	经常	总是
12. 面对问题时，我会花时间寻找各种可能的解决方法					
13. 我会产生一个不同于自己以往任何想法的新想法					
14. 在走路或者锻炼身体时，会突然有一个想法闯入我的脑海中					
15. 尽管有人告诉我该如何做一件事情，我还是会想出其他不同的方法					
16. 我经常更换我的用户名和密码					
17. 我有一些布置或者重新布置家中家具的想法					
18. 我会从不同角度看待一个问题					
19. 我有一些关于手机或电脑上新"App"的奇思妙想					
20. 我会想出省钱的新招数					
21. 我会以一种最佳的、平衡的方式思考问题：我不会仅仅从我作为男性或女性的角色出发，我会充分考虑各种可能性					
22. 我有一些关于发明创造的想法					
23. 我会突然想起要画点什么					
24. 我会为看过的电影起个更好的名字					

创造力自我报告量表（Runco Ideational Behavior Scale，RIBS）由美国 Runco 教授等编制，张景焕进行中文版的翻译修订。该量表只测量个体实际的创造力观念生成表现。修订之后的创造力自我报告量表共 24 道题目，即 RIBS-24，采用 Likert5 点计分，"从不"计 1 分，"很少"计 2 分，"有时"计 3 分，"经常"计 4 分，"总是"计 5 分。量表共分为流畅性、独创性和灵活性三个维度，项目的平均数为量表总分（见表 16-5）。

表 16-5　创造力自我报告量表计分

流畅性	题号：2、5、8、11、14、17、20、23		
	得分：		均分：
独创性	题号：1、4、7、10、13、16、19、22、24		
	得分：		均分：
灵活性	题号：3、6、9、12、15、18、21		
	得分：		均分：

心灵工作站

活动 1：建立属于自己的希望清单

请在表 16-6 中写出你在对应时间范围内的希望，并具体想好自己的目标、方案以及将要采用的强化持续性动机的方法。通过这个小活动我们可以尝试更好地规划和管理自己的生活，明确自己的期望和目标，还能在实现目标的过程中体验获得更多的幸福和满足感。

表 16-6　建立属于自己的希望清单

希望	设定有意义且可达成的目标	形成具体的行动方案	强化持续性动机的方法
我今天的希望			
我本周的希望			
我本月的希望			
我今年的希望			

活动 2：ABC 扫描

请选择几件你认为近期对自己影响比较大的生活事件，思考相对应的 ABC，并尝试进行辩驳，看看积极的认知方式会带来什么样的效果（见表 16-7）。

表 16-7　ABC 扫描

生活事件 A	我的想法 B 是……	结果 C 是……（情绪和行为反应）	辩驳 D	效果 E

续表

生活事件 A	我的想法 B 是……	结果 C 是……（情绪和行为反应）	辩驳 D	效果 E

章节小结

1.乐观是对未来事件的积极期望，相信好的结果更有可能发生。

2.通过学习情绪 ABC 理论可以形成积极的认知方式，可以改变悲观的解释风格。

3.希望是我们对未来生活充满积极、正面的预期，或者主动实现未来目标的动机趋向，是一种非常普遍的心理现象，这种现象可以解释人类的许多行为。

4.可以通过设定有意义且可达成的目标、形成具体的行动方案、强化持续性动机三种方式进一步提升希望。

5.创造力是能够想出崭新而有效的方法做事或解决问题的智力品质。

6.智力、知识、思维风格、人格特质、动机和环境都会影响创造力。

7.创造力分为准备期、酝酿期、洞悉期、评价期和完成期五个阶段，持续的时间与问题的复杂程度有关，可长可短，也可能循环往复。

8.智慧是一种关于生活中基本的、重要的、实际的问题的专家知识系统，包括对复杂的、不确定的人类生活情境的深入洞察、判断和提出适宜建议的能力。

9.巴尔特斯认为智慧的五个标准的程度表现包括事实知识、程序知识、毕生情境论、识别和管理不确定性、了解弱点和局限。

10.生活满意度是我们对当前生活质量的主观体验和满意程度。

11.生活满意度可以通过把握发展阶段的需求重点、增加社交活动、改善生活习惯、增加体育活动、培养阅读习惯、记录生活点滴、创造人生关键时刻等方式进行提升。

> **拓展阅读**

1. 马丁·塞利格曼，《活出最乐观的自己》，万卷出版公司，2010。

这本书探讨了悲观与乐观的概念，以及如何通过培养乐观的态度来改善个人的生活，塑造成就。书中包含三个主要部分："什么是悲观，什么是乐观""乐观的人生为什么精彩"以及"如何活出最乐观的自己"。书中提供了许多实用的建议和技巧，帮助读者在面对挑战和压力时保持积极的态度。

2. 哈里·希斯赞特米哈伊，《创造力：心流与创新心理学》，浙江人民出版社，2015。

这是一本探讨创造力本质和过程的心理学术著作，作者通过对包括多位诺贝尔奖得主在内的创新者们的访谈，分析了他们的人格特征以及在创新过程中的"心流"体验，从而总结出创造力产生的运作方式。

3. 马丁·塞利格曼，《持续的幸福》，北京联合出版有限责任公司，2022。

在这本书中，塞利格曼不再仅仅关注传统心理学中减轻痛苦的方法，而是专注于如何建立和维持人们的幸福感。他提出了 PERMA 模型，描述积极情绪、投入、良好的人际关系、有意义和目的、成就感这五个实现幸福生活所需的关键元素。这本书提供了具体的方法和练习，可以帮助读者探索自己的态度和目标，进而在生活中获得最大的利益和幸福感。

项目十七
发现更好的自己——积极自我

> **心理故事会**

1 遇见更好的自己

小明是一个即将毕业的大学生，他在面临未来职业规划时感到困惑和焦虑。他经常想不清楚自己想要的是什么，也不知道应该选择什么样的工作去追求。这种不确定性和迷茫导致他整日心情低落，缺乏动力和目标。为了缓解自己的焦虑情绪，他与心理咨询师开始一起探讨未来规划。咨询结束后，小明按照老师留的任务，详细写出对未来的规划。

学业进步计划是我最重要的计划之一。我将制订一个详细的学习计划，包括每天的学习时间安排、科目重点复习计划、考试备考策略等。我还将努力提高自己的学习效率，通过参加课外活动、实习等方式，拓宽自己的知识视野，完善自己的学业能力，争取获得更多的实践机会和学术荣誉。

运动提升计划方面，我将定期进行体育锻炼，保持身体健康，提高体能。我将选择一项自己感兴趣的运动项目，比如篮球或者跑步，每周至少进行一次有氧运动，维持良好的体态和身体素质。此外，我还计划参加校内的体育比赛，锻炼意志力和团队合作精神。

社交拓展计划是我打破自我局限，认识更多朋友的重要途径之一。我将积极参加各种社交活动、加入社团组织、参与志愿者活动、结交各界人士，拓宽自己的人际网络。我将学会沟通协调，培养合作精神，提升自己的社交能力，为将来的职业发展打下坚实基础。

艺术修养计划是我锻炼自己审美眼光、文化素养的一个重要方式。我将定期参加各类文化艺术活动，如音乐会、画展、戏剧演出等，培养自己的文化修养；我还计划学习一门艺术技能，比如绘画、音乐等，提高自己的艺术水平，增加人生的乐趣和精彩。

财富增长计划是我确保未来经济独立和生活质量的重要措施。我将学习理财知识，控制消费，合理规划投资，争取通过自己的努力赚取更多的财富，实现财务自由；我还将参加暑期实习，锻炼职场技能，为将来的求职打下扎实基础，确保自己能够在未来找到一份满意的工作。

讨论：

1. 你对未来的自己有清楚的规划吗？
2. 如何平衡未来规划与个人发展？
3. 关于未来规划，你有哪些具体的方面？

心理故事会

2 奶奶写给我的一封信

亲爱的宝贝：

我希望你知道我永远都是支持你的，不管你犯了什么错误或者遇到了多大的困难。我知道你有一颗柔软的心，有时候会因为胆小而感到不安。但是我想告诉你，每个人都有自己的弱点和不足之处，这是很正常的。

我观察到你有时会因为害怕而犹豫不前，不敢尝试新的事物。这个弱点并不是让你感到羞愧的事情，相反，它是你成长过程中的一部分。我们每个人都会遇到挑战和困难，但是，只要勇敢地面对，你就会发现自己可以克服一切。

尽管你可能会感到犹豫和胆怯，但我相信你拥有无限的潜力和能力。只要你敢于尝试，相信自己，你就能够克服任何困难，实现自己的梦想。记住，失败并不可怕，重要的是你要从失败中吸取经验和教训。

我希望你能够接受自己的弱点，并努力克服它们。不要害怕失败，失败不是从头开始，而是下次从经验开始。只有经历了失败，我们才能不断成长和进步。我会一直在你身边支持你，鼓励你，无论何时何地，我都相信你，永远爱着你。

希望你能够坚强勇敢地面对生活的挑战，相信自己，相信你的能力。无论遇到什么困难，都要记得，慈祥的奶奶永远都会在你身边，默默支持你。我相信你会成为一个勇敢坚强的人，能够实现自己的梦想。

我爱你，亲爱的宝贝。

> **讨论：**
> 1. 在面对自己的弱点时，你是如何应对的？是否有一些积极的方式来帮助你接受自己的不足？
> 2. 你认为他人对你的期望对你的自我认知和自我接受有何影响？如何在与他人的比较中保持自信和坚强？
> 3. 你觉得理解、接纳和鼓励自己对于心理健康和情绪稳定有何重要性？你会采取哪些措施来培养自己的积极心态和自我肯定？

心海导航塔

一、认识自我意识

（一）什么是自我意识

自我意识也称自我，指的是个体对自己的各种身心状态的认识、体验和愿望。它具有目的性和能动性等特点，对人格的形成、发展起着调节、监控和矫正的作用。自我意识不仅仅是对自己的感知，更是一个复杂的心理过程，涉及认知能力、情感体验、社会互动和自我概念等多个方面。

自我意识的认识过程是特殊的，主体、客体都是自身，是主我对客我进行认知，根据社会要求进行客我的调整。自我意识有着深远的作用，影响着个体的行为、情感和思维方式，也是人类文化、社会组织以及人际关系的基石之一。自我意识是一个人对自己的意识和认识，具有健康自我意识对个人的发展和生活至关重要。

（二）自我意识的结构

自我意识具有多个维度和层次，并且受到个体的文化背景、社会环境和个人经历等多种因素的影响。从形式上看，自我意识表现为认知的、情感的、意志的三种形式，分别称为自我认识、自我体验和自我调控。

自我认识是指一个人对自己各种身心状况的认识，是自我意识的认知成分，指个体对生理自我、心理自我和社会自我的认识。它包括自我感觉、自我观察、自我观念、自我分析和自我评价等层次，比如性格特质、兴趣爱好、价值观念等，涉及"我是什么样的人""我为什么是这样"等问题；它包括对个体生理自我、社会自我和心理自我三个维度的认知，比如"我是开朗的人""我是幽默的人"等。自我意识是个体认知自己的基础，也是塑造个体行为和情感反应的重要因素。

自我体验是自我意识的情感成分，是在自我认识的基础上产生的，反应个体对自我认识的一个情感反馈。它包括自我感受、自爱、自尊、自信、自卑、内疚、自豪感、成就感、自我效能感等层次，其中，自尊是自我体验中最主要的方面。高自尊水平对幸福感、满意度、人际交往、适应能力、学业成功等方面都有积极作用。

自我调控是自我意识的意志成分，指个体对自己心理活动和行为的调节与控制，包括自我理想、自我监督、自我塑造、自我克制、自我教育等层次。其中自我控制和自我教育是主要成分，自我控制能力强的个体往往能表现出自信、自尊、自强，拥有更稳定的情绪，遇事冷静，韧性强；而自我控制能力弱的个体往往目标不清楚，容易受环境干扰，缺乏主见。教育的最高点是自我教育，树立明确的是非观念，追求真、善、美，反对假、恶、丑。

从内容上看，自我意识可分为生理自我、心理自我和社会自我三类。

生理自我指个人对自己生理属性的意识，包括个体对自己的身高、体重、外貌、身材等方面的意识等。对生理自我悦纳的个体不容易产生容貌焦虑和身材焦虑，充满自信。

心理自我也称心理自我概念，是指个体对自己心理属性的意识、情感和评价。包括个体对自己感知、记忆、思想、智力、性格、气质、动机、需要、价值观和行为等心理过程、心理状态和心理特征的认知和评价自我意识的功能。心理自我可分为过去的我、现在的我和理想的我。过去的我是现在的我对以前自己的觉知和评价，现在的我是个体从现实出发，对现实中我的认识，理想的我是个体从当下的认知出发，评价将来的自己会成为什么样的人。

社会自我是指个人对自己的社会属性的意识，包括自己认知的在社会中的地位、所承担的义务和拥有的权利；也是指对自己在群体中的地位、作用以及自己和他人相互关系的认识、评价和体验。

（三）自我意识的心理功能

自我意识与个体成长发展密不可分，具有导向激励、自我控制、内省调节等功能。

1. 导向激励功能

目标是人才发展的导航机制。一个人要想成就一番事业，就必须从自身的实际出发，制定明确的目标，只有如此，才会调动自身的潜能，激发强大的动力。个体通过正确的自我认识，确立较为合理的"理想自我"，就为个体将来的发展确定了目标，对个体的认知、情感、意志、行动会产生很大影响，是个体活动的动力。自我意识健全的个体，在从事一项活动之前，活动的目的和结果就以观念的形式存在于头脑之中了，并依此做出计划，指导自己的活动，从而激发起强大的动力，达到预期的目标。

2. 自我控制功能

一个人如果有了发展目标而不付之于行动，其结果仍然是一无所获。个体要想将来有所建树，首先要有科学的目标，同时还要有自立、自主、自信、自制的意识，并对自己偏离目标的情感和行动加以调节和控制。在通往成功的大道上，很多人与成功失之交臂，并不是因为缺乏机会和才华，而是因为缺乏自我控制的意识和能力。自我控制是自我意识发挥能动作用的一个重要表现，它是目标的保护神，是成功的卫士，是自我意识的一项很重要的功能。缺乏自我控制的意识和能力的人，是一个盲动、情绪化的人，缺乏恒心与毅力的人，终将一事无成。

3. 内省调节功能

自我意识健全的个体，不仅能够确立符合个体的理想自我，而且能够通过自我控制来实现预期目标。而由于主客观条件的制约，理想自我的实现常常会遇到各种障碍，致使个体产生不同程度的挫折感。这时，自我意识就会对自己的认识、情感、意志、行为等进行反省，找到受挫折的主客观原因，并重新调整认识，形成新的理想自我，使其与现实自我趋于统一。内省和调节就是个体成长中所进行的自我监督和自我教育，每个人要想使自己成为自我实现的人，就需要有积极的自我意识，随时对自我的认识、情感、意志、行为加以反省和调节。

二、大学生自我意识

在当今社会中，大学生自我意识发展具有重要意义。大学生正处于生命发展的关键阶段，身心发展迅速，同时也面临着各种新的挑战和困惑。因此，培养和发展良好的自我意识对于大学生的成长和发展具有重要意义。

（一）大学生自我意识的发展

1. 大学生自我意识的分化

打破了原来笼统的"我"，出现了主体自我和客体自我，开始意识到自己不曾注意的许多"我"的细节。理想自我和现实自我分化，这种分化使大学生主动迅速地关注自己的内心世界和行为，带来了种种激动和不安、焦虑和喜悦，自我沉思增多，要求有属于自己的空间，渴望被理解、被关怀。这种分化是自我意识开始走向成熟的标志。

（1）自我认知的形成

大学生在自我意识的发展过程中，首先需要建立对自己的认知。通过思考、体验和与他人的互动，他们逐渐了解自己的兴趣、价值观、优势和弱点，并逐渐形成自己独特的个性。

（2）自我情感的培养

情感是自我意识的重要组成部分。大学生在面对各种挑战和压力时，需要学会管理自己的情绪、情感，并培养积极的情感态度。同时，他们也需要关注他人的情感体验，培养同理心和情感表达能力。

（3）自我目标的设定

大学生应该树立明确的自我目标，明确自己想要达到的成就和愿景。通过设定目标，大学生可以更好地规划自己的人生道路，并迅速行动起来，积极追求自己的理想。

2. 大学生自我意识的冲突

自我意识矛盾冲突带来了主体自我与客体自我的矛盾斗争，理想自我和现实自我的矛盾加剧，如理想自我与现实自我的冲突、独立意识与依附心理的冲突、渴望交往和心灵闭锁的冲突，自信心与自卑的冲突，追求上进与自我消沉的冲突、理智与情感的冲突，个体有很大的内心痛苦和激烈的不安感。

（1）理想自我与现实自我的冲突

理想自我是指个人想要达到的完美的形象，是个人追求的目标，它引导个体实现理想中的个人自我。现实自我是个人从自己的立场出发，对现实中自我的各种特征的认识。现实自我又称个人自我，主观性较强。在现实生活中，大学生的理想自我与现实自我总是存在着一定的差距。合理的差距能够使人不断进步、奋发有为；但是，如果差距过大，则有可能引起自我的分裂，导致一系列心理问题。

（2）独立意识与依附心理的冲突

大学生生理与心理的成熟使他们渴望独立，希望能在学习、经济、生活和思想等方面脱离家长、老师的管束，以独立的个体面对遇到的问题；但心理上又希望家长、老师能及时给予帮助，例如当应激事件出现时，盼望父母、老师能够替自己分忧。大学生自我意识的独立与心理和经济上的不独立形成了明显的反差。他们在迫切希望摆脱约束、追求自立的同时，却又不可能真正摆脱家长、老师的支持和帮助。

（3）渴望交往与心灵闭锁的冲突

大学生有强烈的交往需要，希望得到知己，也渴望爱情，更寻求归属和认同。在这个时期，大学生都渴望着爱与友谊，渴望着交往与分享，渴望着自我价值得到实现，渴望着探讨人生的真谛，寻找人生的知己，希望成为群体中受尊敬与欢迎的人。但同时又十分"社恐"，存在一定程度的自我闭锁，人际关系中表现出戒备心理强、不愿主动袒露心扉、不敢在公共场合发言，感觉总是不能与别人灵魂契合。这种渴望交往与自我闭锁常常让大学生产生人际困扰。

（4）自信心与自卑的冲突

一方面，大学生群体具备较高的自尊与自信，他们渴望成功，不甘落后，对成功的渴望与预期高，当自身有小成就时也容易表现出骄傲自大、唯我独尊、自我中心的自我心理；另一方面，当大学生遭遇挫折和失败时，例如考试挂科、失恋等，也很容易怀疑自己的能力，产生自我否定、自我怀疑甚至自暴自弃的自卑情绪。

（5）追求上进与自我消沉的冲突

充满上进心的大学生群体在追求自我价值实现的道路上会遇到很多挫折和失败，他们既害怕困难，又想克服困难，内心非常矛盾不安。

（6）理智与情感的冲突

这是自我控制方面的冲突。大学生情绪的一个显著特点是容易两极分化，或高或低，波动性大，易冲动，不易控制。大学生处理问题往往"两肋插刀"多于理论判断，这是个体迈向成熟的必然的一步。

3. 自我意识的整合

自我分化和矛盾会不断促使大学生寻求解决方法，求得自我意识的统一，消除矛盾。一般有三种做法：一是努力改善现实自我，逐渐接近理想自我；二是修正理想自我中某些不切实际的过高标准，使之与现实自我趋近；三是放弃理想自我而迁就现实自我。

（二）大学生自我意识的特点

①大学生对自我认识充满兴趣和急迫感，自我评价的水平大为提高，表现为自我评价的概括性：概括的理论性，即不是就事论事，而是脱离一定的情景从理性上进行评价；概括的综合性，即可综合社会期望、信息内化了的主观态度、兴趣、理想评价自己；概括的辩证性，即能辩证地看待自己；概括的定型性，即能各自根据自己的性别特点来评价自己。还表现为广泛性，能对自己的优缺点、才华、性格、气质、道德品质进行细腻、深刻、明晰、广泛的评价。自我评价的途径进一步多样化、完善化、社会化。具备追求知识、追求成长的积极性。勇于接受新的挑战和机遇，不断学习和进步，为自己的未来发展奠定坚实的基础。

②自我体验强烈而敏感，不时还带有直觉的特点，陷入一种突如其来的激情，有强烈的自尊需要。

③自我控制的愿望十分强烈，自我控制水平明显提高，能进行较深刻的自我反省。绝大多数人在他人帮助下能进行自我教育，自我发展，发挥自我潜能。

④自我意识的发展已具有明显的独立性。大学生具有独立思考、独立决策和独立行动的能力。他们在面临问题和困难时能够自主解决，不依赖他人的指导和支持。

⑤自我意识的发展表现出明显的矛盾性，即理想自我与现实自我，主体自我与社会自我的矛盾。这种矛盾运动的结果是：绝大多数大学生向积极方面转化，达到新的水平上的积极同一；少数大学生也会向消极方面转化，达到消极同一。

⑥大学生自我意识还不十分成熟，自我评价有时仍有盲目性、肤浅性、片面性，自我体验有时仍有自负心理，自吹自擂。自我控制还不十分稳定，常立志但缺乏持之以恒的意志。

（三）大学生自我意识的调适

1. 正确认识自我，全面评价自我

正确的自我认识和评价是大学生完善自我意识的基础。自我认识是指对自己的性格、特长、兴趣、爱好和家庭对自己的影响进行全面、正确评价。自我评价是终身的过程，经常进行自我反思才是进步的前提。通过正确认识自我，可以量力而行，为确立合适的理想自我而不懈努力。

2. 积极悦纳自我，恰当展示自己

积极悦纳自我是发展健全自我的核心和关键。"金无足赤，人无完人"，要悦纳自我，首先，要无条件地接受自己的一切，包括好的、坏的、成功的、失败的。面对自己不能改变的短处，能够正确认识，不过分纠结；面对自己可以改变的短处，能够积极完善。其次，喜欢自己，肯定自己的价值，对自己有价值感、自豪感、满足感。珍惜自己的独特性，多对自己的成就作出鼓励和奖赏。悦纳自我的人能够以积极的态度接受自己的一切，以发展的眼光看待自己。最后，正确地面对挫折和失败。没有谁的人生能够一帆风顺，挫折和失败是不能避免的，从失败中积累经验，不盲目否定自己，更能促进健全自我意识形成，磨炼意志。

3. 努力塑造自我，不断超越自我

在自我认识、自我悦纳的基础上，还要更进一步达到自我实现。自我实现是完善自我意识的关键，个体的自我意识发展需要经过不断完善和调整。大学生应该根据社会的需要和自身特点，辩证地看待社会，分析自我，把握自我，开拓与发展，才能实现自我价值，形成健康的自我意识，提高心理素质。

4. 合理调控自我

理想自我是一个远大的目标，需要现实自我进行分解，将阶段目标与长远目标相结合，解决理想自我与现实自我的冲突。在改变现实自我向理想自我实现的过程中，大学生要面对现实，从实际出发，排除各种干扰，合理定位。并在这一连续的自我监控、自我呈现、自我修正的自我调适系统运行过程中，努力培养自己良好的意志品质，从而做到自我的有效控制，最终实现理想自我。

三、积极自我塑造

（一）自尊

1. 自尊的内涵与作用

美国机能主义心理学家威廉·詹姆斯（William James）1890年在《心理学原理》一书中提出了一个自尊的公式：自尊＝成功÷抱负。意思是说："自尊取决于成功，还取决于获得的成功对个体的意义，增大成功和减小抱负都可以获得高的自尊。成功或许有许多制约因素，不是很容易就做到的，但我们可以降低对工作和生活的期望值，这样，一个小的成功，就可能使我们欣喜不已。"高自尊水平有利于维持幸福感，能够体验更多的积极情绪，面对挫折和困难时能够保持理性，具备更高的适应能力；高自尊水平的人倾向于依靠内在动机学习，有助于目标的达成；在人际关系方面，高自尊水平的人在人际交往中表现得更主动、乐观，能够掌握沟通的能力和技巧，倾向于主动扩大交往的范围，建立稳定的社会支持系统。

2. 自尊的威胁

2011年，陈以欣等人考察了三至六年级的学生对教师口头反馈的感知与学生自我概念之间的关系。教师口头反馈分为四种，学业领域的积极反馈、学业领域的消极反馈、非学业领域的积极反馈和非学业领域的消极反馈。学生的自我概念包括一般自我概念（例如，总的来说，我很喜欢我自己）、学业自我概念（例如，大家经常表扬我的成绩）、与非学业自我概念（例如，当同学遇到困难时，他们喜欢让我来帮助他们）。考察结果发现，教师的口头反馈越积极，学生的自我概念也越积极。相反，教师的消极反馈会降低学生的自我概念。

马克·利瑞（Mark Leary）提出的自尊的社会计量器理论认为，自尊就像是记录他人态度的计量器。当他人对我们表现出接纳和喜欢态度时，我们的自尊水平上升，并引发愉悦、满足等积极情绪；而当他人对我们表现出拒绝和排斥态度时，我们的自尊水平下降，并引发焦虑、沮丧等消极情绪。通过这一理论我们可以发现自尊的状态容易受到他人反馈的影响，但即使自尊水平因为他人的消极态度而下降，也不必停滞在消极情绪之中，而是应该积极行动起来，做更多有益于改变他人态度的事情。

利昂·费斯汀格提出的社会比较理论认为，人们会通过与他人的比较实现对自我的评价。按照社会比较方向可以将社会比较分为上行社会比较和下行社会比较。

上行社会比较是指人们与高于自己的人进行比较，下行社会比较是指人们与低于自己的人进行比较。当人们觉得自己好于下行社会比较对象时，就会提升自我评价。如果我们设置的比较目标过高或者长期进行下行社会比较，会在一定程度上影响自尊状态，例如对自己否定或者形成较低的成长动机等，所以我们要多与那些略优于自己并经过努力可以达到的人们进行比较，从而产生激励，产生行动计划。

（二）自尊的维护

1. 可能自我

马库思（Markus）和纽瑞尔斯（Nurius）在1986年正式提出可能自我的概念。可能自我是指有关个体如何思考其潜力和未来形象的自我概念以及有关未来定位的自我描述，即我们想要成为的自我、可以成为的自我和害怕成为的自我。

理想自我是人们希望得到并努力追求的自我形象（例如独立的自我、乐观的自我等）。

预期自我是个体认为自己将来最有可能成为（大概率会成为）的样子。

恐惧自我是人们害怕成为的并试图避免的自我形象（例如脆弱的自我、悲观的自我等）。

缺乏理想自我和沉迷理想自我对个体的发展都会产生不利影响。理想自我的存在能够帮助我们拥有目标和憧憬，但过于沉迷理想自我也会影响预期自我的明确。理想自我的内容应该对自己是有意义的，并且能够被社会认可，不断引领个体努力向前。预期自我的内容应该是能够实现的。恐惧自我的存在能够帮助个体明确规避的方向，例如，想象自己成绩优异并且害怕失败的可能自我降低了青少年的犯罪率，促使他们获得更好的成绩。

2. 增长型自我

增长型自我观是动态的、可成长的自我信念。持增长型自我观的个体相信自我不是一成不变的，而是可以通过学习和努力得到发展和完善的。增长型自我观认为"我应该终身学习""失败能积累经验""批评对我很宝贵"等，激励个体不断学习。与增长型自我观相对的是固化型自我观。固化型自我观是静态的、不可改变的自我信念。持这种自我观的个体认为"我不喜欢批评""我对我的现状无能为力""他人的成功是对我的威胁"，而失败和挫折更会严重伤害持固化型自我观的个体的自尊。

心理学家德韦克提出，通过下面四个步骤可以改变思维模式，培养增长型自我观念：

第一步：接受，拥抱你的固定型思维模式。我们每个人的思维模式都是成长型和固定型的混合物，我们要面对和接受它，但接受不等于赞同和放任。

第二步：观察，明确是什么激发了你的固定型思维模式。试着问自己几个问题：

①我的固化型自我通常在什么情况下出现？

②我的固化型自我出现的时候我有什么表现？怎么看自己和他人？

③回忆最近一次固化型自我产生的原因。

当你了解了自己的固定型思维模式，并明确了激发它出现的原因，不要急着评价，先观察一下。

第三步：命名，给我们的固定型自我起个名字。想象它是我们大家庭中的一员，能够没有负担地讨论它。

第四步：教育，我们需要教育我们的固定型自我。通过劝说教育我们的这位家庭成员，让它认识到自己的问题和增长型自我的好处，并邀请它加入我们走向成长型思维模式的流程。

（三）自卑与超越

自卑情结是由阿德勒提出的，是个体心理学的重要概念，是指当一个人面对一个他无法有效应对的问题时，他表示绝对无法解决这个问题，这时出现的就是自卑情结。我们每个人都存在自卑感。阿德勒通过深入剖析与研究每个人生命中的一系列自卑、不足情结，为我们提供了克服自卑心理，从而化自卑为动力、不断超越自己、追求优越、实现个人与社会和谐发展的有效途径。

超越自卑的方法有以下几种类型：

①支配统治型：通过努力把自己的弱项变为强项。比如：身体瘦弱的通过锻炼变得强壮；相貌平平的，想通过化妆变得貌美；或者通过其他方面来弥补，比如体弱者想成为谋略型人才，外貌平平的想变得多才多艺。无论上述哪种情况，只要有一颗与人攀比的心，就可能演变成藐视别人、支配别人、控制别人的支配统治型的生活风格。

②依赖索取型：通常不相信依靠自己的努力能够超越别人，选择依附强者或权力的幻想。比如：贫寒的人嫁给富裕的人，工作能力弱的人试图用交际能力回避自己能力不足问题。

③回避型：直接逃避让自己不自信的场合和自己不擅长的事，表示自己主观不在意或者不喜欢来避免失败感和自卑感。

④社会利益型：把自己的成就和他人的幸福建立在一起，有着浓厚的社会兴趣，将个人的价值感与人类社会的发展紧密联系在一起。比如，成绩好的同学帮助成绩差的同学解惑，到敬老院去探望老人，能从为别人作贡献的角度思考人生的问题。拥有社会兴趣使人们能够更好地处理人生问题——职业、人际关系和婚恋。

每个个体都尝试超越自卑，不同个体会形成不同的生活风格。在四种风格中支配统治型、依赖索取型和回避型都属病态的生活风格，只有社会利益型才能促进个体的全面发展和社会的和谐进步。

心理自测台

表 17-1 中是关于自我评价的 10 个题目，请根据自己的实际情况在相应表格内打"√"。

表 17-1　自我评价

题目	非常不符合	不符合	符合	非常符合
1. 我感到自己是一个有价值的人，至少与他人在同一水平上				
2. 我感到自己有许多好的品质				
3. 归根结底，我倾向于觉得自己是个失败者				
4. 我能像大多数人一样把事情做好				
5. 我感到自己值得自豪的地方不多				
6. 我对自己持肯定态度				
7. 总的来说，我对自己是满意的				
8. 我希望我能为自己赢得更多尊重				
9. 我确实时常感到自己毫无用处				
10. 我时常认为自己一无是处				

扫一扫看分析

心灵工作站

活动 1：积极的社会比较

请思考在学业、运动、身材、社交、艺术、财富方面，哪些是你努力也赶不上的人，哪些是你努力能赶上的人，哪些是不如你的人，请把他/她的姓名缩写填在表 17-2 对应格子内。

表 17-2 积极的社会比较

与他人比较的结果	学业	运动	身材	社交	艺术	财富
你努力也赶不上的人						
你努力能赶上的人						
不如你的人						

接下来，请聚焦于表中那些"你努力能赶上的人"，写出你的行动计划。

学业进步计划：_____

艺术修养计划：_____

财富增长计划：_____

运动提高计划：_____

身材改善计划：_____

社交拓展计划：_____

活动 2：独特的我（我的长处和限制）

活动目的：帮助个人具体界定自己的长处和限制，学习接纳自己和欣赏自己，同时，肯定自己是一个独特的人。

活动过程：

1. 请认真地自行填写表 17-3。

表 17-3 我的长处和限制

我的长处	我的限制

2. 假如你所填的长处太少时，说明你是一个自我概念比较低、自我形象贫弱的人，同时你肯定也是一个不能接纳自己的人。因此，接下来所要做的就是设法具体地发掘、界定你的长处，对自己作出肯定。下面要做的是：邀请你的家人或者熟悉你的同学、朋友（起码要有两位）参与进来，让他们根据对你的了解，分别说出他们认为你拥有的长处。然后，你把包括你自己在内的三（或更多）种回答比对一下，看看其中有多少项是你没有发现，而别人却看法一致的。遇到这些项目时，你还可以和参评人做些讨论，了解自己在他人眼中是一个什么样的人。经过别人的帮助和启发后，你的表格中往往是长处多过限制。请再填写表 17-4。

表 17-4　我的分析

通过多角度的分析和评价，当我再一次看清楚自己的长处和限制之后，我感到：	

3. 还可以进一步深入地进行一些探讨：在限制方面，按"不能改变"的限制和"可以改变"的限制进行分类。分好类后，对于后者，还可制订出改进的计划和方法。

4. 小组交流后团体分享，或直接进行团体分享。

章节小结

1. 自我意识的结构从形式上分为自我认识、自我体验和自我调控；从内容上分为生理自我、心理自我和社会自我。

2. 自我意识的心理功能包括导向激励、自我控制、内省调节。

3. 大学生自我意识的发展是分化—冲突—整合的过程。

4. 大学生自我意识的矛盾冲突主要表现在理想自我与现实自我的冲突、独立意识与依附心理的冲突、渴望交往与心灵闭锁的冲突、自信心与自卑的冲突、追求上进与自我消沉的冲突、理智与情感等方面的冲突。

5. 增长型自我观是动态的、可成长的自我信念；固化型自我观是静态的、不可改变的自我信念。

6. 改变思维模式的四个步骤是接受、观察、命名和教育。

7. 超越自卑的方法包括支配统治型、依赖索取型、回避型、社会利益型。

拓展阅读

1. 阿尔弗雷德·阿德勒，《自卑与超越》，浙江文艺出版社，2016。

这本书立足于个体心理学观点，从教育、家庭、婚姻、伦理、社交等多个领域，用大量的实例论述，阐明了人生道路的方向和人生意义的真谛，帮助人们正确面对缺陷，不断超越自我，追求卓越。

2. 岸见一郎、古贺史健,《被讨厌的勇气》,机械工业出版社,2015。

这是一本比较经典的阿德勒个体心理学与哲学结合的心理学书籍。人世间所有的快乐与悲伤,其实都是人际关系。书中主要采用对话的形式,来探讨人际关系给你带来的烦恼,让你从被定义的束缚中摆脱出来,走向自己真正的内心;让你有勇气独立,勇敢做自己。

参考文献

［1］于志英，李迪．大学生心理健康教程［M］．南京：南京大学出版社，2021．

［2］陈利利，陈昌芬，谢艳．大学生心理健康教育［M］．长沙：湖南大学出版社，2022．

［3］樊富珉，费俊峰．大学生心理健康十六讲［M］．北京：高等教育出版社，2023．

［4］潘越，常棚．地方本科院校学前教育专业学生学校归属感与专业认同的关系研究：基于T学院的实证分析［J］．心理月刊，2024（3）：60-64．

［5］伏干．大学新生适应的层次模型［J］．江苏教育，2022（64）：12-14．

［6］盖笑松．当代心理科学精华理论［M］．长春：东北师范大学出版社，2017．

［7］马建青．大学生心理健康教程［M］．杭州：浙江大学出版社，2022．

［8］冯正玉，李焰．大学生心理健康［M］．北京：高等教育出版社，2021．

［9］盖笑松．积极心理学［M］．上海：上海教育出版社，2020．

［10］周宇．自控力［M］．成都：四川文艺出版社，2020．

［11］谭树华，郭永玉．大学生自我控制量表的修订［J］．中国临床心理学杂志，2008（5）：468-470．

［12］威廉·戴蒙．目标感．［M］．北京：国际文化出版公司，2022．

［13］塔亚布·拉希德，马丁·赛利格曼．积极心理学治疗手册［M］．北京：中信出版集团，2020．

［14］夏洛特·斯戴尔．积极心理密码：一门幸福、乐观、向上的学问［M］．北京：中国社会科学出版社，2012．

［15］王丽．积极心理教育：培育学生心理资本［M］．成都：西南交通大学出版社，2015．

［16］瑞安·涅米耶克，罗伯特·麦格拉斯．品格优势：六大维度解析品格的奥秘［M］．赵昱鲲，段文杰，译．北京：电子工业出版社，2022．

［17］盖笑松．生涯规划指导（中级版）［M］．长春：东北师范大学出版社，2021．

[18] 苏珊娜·M.达格.职业规划心理咨询全案［M］.北京：中国人民大学出版社，2020.

[19]《十二五全国职业素质建设工程指定系列培训教材：职业道德与工作价值观》编写组.职业道德与工作价值观［M］.北京：中国工人出版社，2012.

[20] 陈红.积极心理学［M］.北京：首都经济贸易大学出版社，2023.

[21] 张萍.大学生心理健康教育［M］.重庆：重庆大学出版社，2022.

[22] 雷鸣，王琛.幸福心理学［M］.武汉：华中科技大学出版社，2020.

[23] 李志勇，秦赟.大学生积极心理健康教育［M］.北京：中国商务出版社，2019.

[25] ALAN CARR.积极心理学 关于人类幸福和力量的科学［M］.北京：中国轻工业出版社，2008.

[26] 苏京，詹泽群.大学生心理健康教育［M］.天津：天津科学技术出版社，2009.

[27] 林崇德.心理学大辞典［M］.上海：上海教育出版社，2003.

[28] 王孝清.积极心理学：活出幸福感［M］.北京：中国书籍出版社，2023.

[29] 王玉杰.大学生心理健康［M］.北京：北京工业大学出版社，2018.

[30] 陶国富，王祥兴.大学生恋爱心理［M］.上海：华东理工大学出版社，2002.

[32] 陈泉、郭利伟、周妍.网络信息检索与实践教程［M］.2版.北京：清华大学出版社，2023.

[33] 黄令贺.大学生信息素养教程［M］.北京：国家图书馆出版社，2022.

[34] 韩永礼."互联网+"背景下的教育教学发展研究［M］.银川：宁夏人民教育出版社，2021.

[35] 刘桂斌.大学生心理健康教育［M］.天津：天津大学出版社，2020.

[36] 肖宇.大学生心理健康与人生发展［M］.成都：西南财经大学出版社，2022.

[37] 赵燃，侯舒艨，华丹.大学生心理健康教育［M］.哈尔滨：哈尔滨工业大学出版社，2021.

[38] 文书锋，侯瑞鹤，胡邓.大学生心理健康通识［M］.北京：中国人民大学出版社，2022.

[39] 郑日昌，田宝伟.大学生心理健康自主与自助手册［M］.北京：高等教育出版社，2022.

[40] 苏京，詹泽群.大学生心理健康教育［M］.天津：天津科学技术出版社，2009.

[41] 胡月琴，甘怡群.青少年心理韧性量表的编制和效度验证［M］.科学出版社，2008.

[42] 于肖楠，张建新.韧性（resilience）：在压力下复原和成长的心理机制［J］.心理科学进展，2005（5）：658-665.

［43］张妍妍，赵帅.大学生心理韧性研究综述及展望［M］.北京：高等教育出版社，2024.

［45］黄希庭.当代中国大学生心理特点与教育［M］.上海：上海教育出版社，1999.

［46］张爱卿.动机论：迈向二十一世纪的动机心理学研究［M］.武汉：华中师范大学出版社，1999.

［47］刘电芝，黄希庭.学习策略研究概述［J］.教育研究，2002（2）：78-82.

［48］莫雷.教育心理学［M］.广州：广东高等教育出版社，2005.

［49］史耀芳.二十世纪国内外学习策略研究概述［J］.心理科学，2001（5）：586-590.

［50］赵俊峰，杨易，师保国.大学生学习策略的发展特点［J］.心理发展与教育，2005（4）：79-82.

［51］刘儒德.论学习策略的实质［J］.心理科学，1997（2）：179-181.

［52］张晓峰.自主学习与合作学习：两种教学策略的比较研究［J］.教育理论与实践，2019，39（8）：54-56.

［53］王明霞，周鹏.基于元认知理论的高中生英语学习策略培养［J］.教学与管理（理论版），2020（4）：86-88.

［54］刘电芝.学习策略研究［M］.北京：人民教育出版社，2019.

［55］李红.初中生英语学习策略应用现状及其与成绩的相关研究［D］.上海：上海师范大学，2020.

［56］马郑豫，张家军.中小学生学习策略研究现状、问题与展望［J］.课程·教材·教法，2017，37（10）：35-42.

［57］赵丽琴.学习策略及其培养［J］.教育科学，2018，34（2）：34-37.

［58］李雄鹰.大学生心理健康教程［M］.西安：西安交通大学出版社，2019.

［59］杨雪华，郑爱明.自我探索与成长：大学生心理健康与教育［M］.西安：电子科技大学出版社，2019.

［60］易春丽.重建依恋［M］.北京：世界图书出版有限公司，2018.

［61］Self-Directed DBT Skills: A 3-Month DBT Workbook to Regulate Intense Emotions and Create Lasting Change with Dialectical Behavior Therapy. Elliot Weiner, Kiki Fehling.

［62］TANGNEY J P, BAUMEISTER R F, BOONE A L. High self-control predicts good adjustment, less pathology, better grades, and interpersonal success［J］. Journal of Personality, 2004（72）: 271-324.

［63］BRATSLAVSKY E, MURAVEN M, TICE D M. Ego depletion: Is the active self a limited resource？［J］. Journal of personality and social psychology，1998，74（5）：1252-1265.

［64］DANZIGER S，LEVAV J，AVNAIM-PESSO L. Extraneous factors in judicial decisions［J］. Proceedings of the National Academy of Sciences，2011，108(17)：6889-6892.

［65］TURNER M G，PIQUERO A R. The stability of self-control［J］. Journal of Criminal Justice，2002，30（6）：457-471.